ZHONGXIAOXUE TIYU YUNDONG FENGXIAN
FANGKONG JIQIAO YU ANLI

中小学体育运动风险
防控技巧与案例

杨 峰 / 著

宁波出版社
NINGBO PUBLISHING HOUSE

图书在版编目（CIP）数据

中小学体育运动风险防控技巧与案例 / 杨峰著 . 宁波 : 宁波出版社 , 2025. 1. -- ISBN 978-7-5526-5460-8

Ⅰ . G633.962

中国国家版本馆 CIP 数据核字第 20247FG314 号

中小学体育运动风险防控技巧与案例

ZHONGXIAOXUE TIYU YUNDONG FENGXIAN FANGKONG JIQIAO YU ANLI

杨　峰　著

策　　划	陈　静
责任编辑	侯立华
责任校对	虞姬颖
出版发行	宁波出版社
地址邮编	宁波市甬江大道 1 号宁波书城 8 号楼 6 楼　315040
装帧设计	金字斋
印　　刷	宁波白云印刷有限公司
开　　本	787 毫米 ×1092 毫米　1/16
印　　张	16.25
字　　数	260 千
版　　次	2025 年 1 月第 1 版
印　　次	2025 年 1 月第 1 次印刷
标准书号	ISBN 978-7-5526-5460-8
定　　价	62.80 元

序　言

随着校园体育的蓬勃发展，体育课内和课外训练的强度日益加大，这导致中小学生运动损伤的发生率也呈现出快速上升的趋势。中小学生正处于生理和心理成长的关键时期，他们的自我保护能力和防范意识相对较弱，这使得他们在参与体育活动时更易遭受意外伤害。

目前，各级学校在体育课堂的安全管理方面存在明显不足。学校的安全教育往往停留在理论教学层面，缺乏实践演练。这种单一的教学方式无法有效地提升学生的自我保护能力，也难以让他们在紧急情况下做出正确的反应，从而使得体育课堂中的运动伤害事故屡见不鲜。为了改善这一状况，学校需要采取更为全面和深入的措施来加强体育课堂的安全管理。基于此，笔者根据多年一线教学经验，撰写了《中小学体育运动风险防控技巧与案例》一书。

《中小学体育运动风险防控技巧与案例》基于人教版的中小学教材，紧密结合中小学体育教学的实际需要，以增强学生的运动安全意识和提升他们的自我保护能力为目标，通过介绍系统的理论知识和丰富的实践案例，为教师和学生提供了一套全面的运动风险防控方案。本书分为上、下两篇。上篇主要介绍中小学体育运动风险的成因、特征及类别，中小学体育运动风险防控管理体系的建设与实践，中小学体育运动风险防控的相关制度与方案；下篇则聚焦于体育教学过程中产生的损伤的现场救护案例，包括每项运动损伤案例的案例回顾、案例剖析、课堂紧急处理办法、预防策略、恢复性方法与建议等内容。笔者从体育课堂运动安全防范的角度，分析、总结了不同运动项目发生的损伤、损伤产生的原因和特点，并对各种运动损伤的处理方法和预防策略进行了详细的介绍。

本书是笔者对多年来教学实践的总结。希望本书能够为学校体育管理者、广大体育教师、教研员、科研人员等提供参考和帮助。

许多专家和学者为本书的出版付出了巨大的心血。同时,本书的出版也得到了镇海区教研室及广大一线教师的关心和支持。在此,一一表示感谢!

杨　峰

2024 年 5 月

目　录

上　篇　中小学体育运动风险防范体系的建设与实施

下　篇　体育教学伤病的现场救护案例

上　篇

中小学体育运动风险防范体系的建设与实施

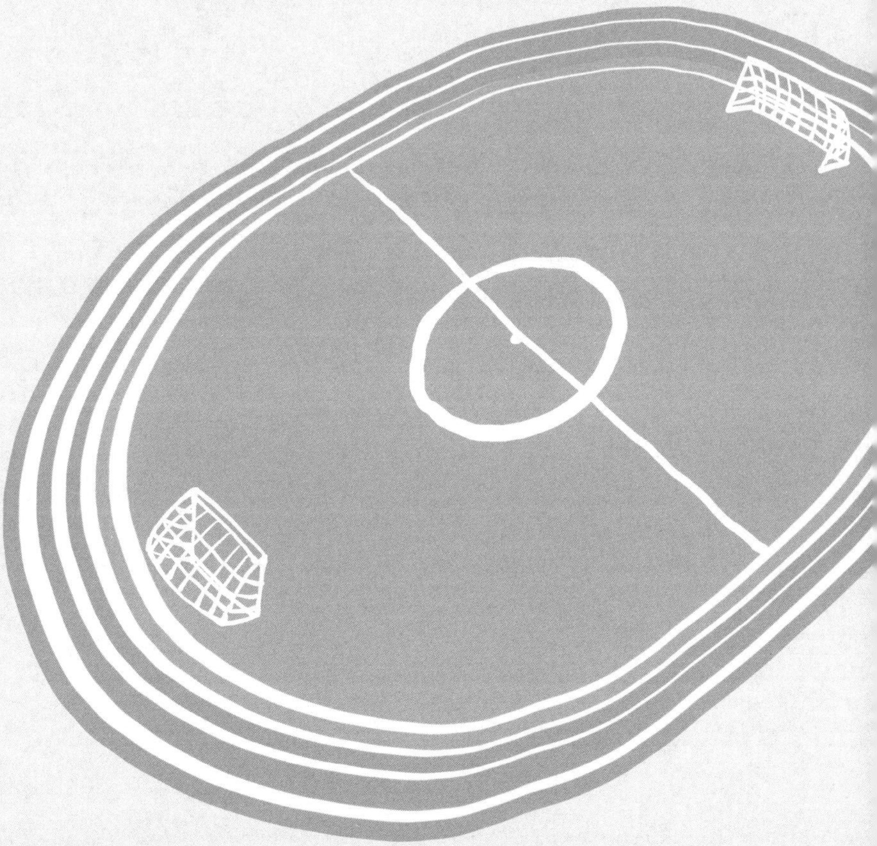

第一章

中小学体育运动风险的成因、特征及类别研究

第一节　中小学体育运动风险的成因

体育运动风险已经成为中小学体育活动的最大障碍，它不仅阻碍了学校体育工作的正常开展，还影响了学生体质健康水平的提升和学生运动技能的习得。中小学体育提质增效，首先要解决的就是学生体育运动的安全问题。切实做好中小学体育运动风险防控工作，需要全面分析引发中小学体育运动风险产生的原因。

中小学体育运动风险，根据主客观分类，可以分为因主观因素产生的风险和因客观因素造成的风险；根据活动类型分类，可以分为体育课堂中产生的运动风险、校内体育活动过程中产生的运动风险和校外体育活动过程中产生的运动风险；根据体育风险责任主体的不同，可以分为学校、教师和学生三类。此外，中小学体育运动风险的产生原因也可以分为外因和内因两大类。

中小学体育运动风险产生的外因是指因受到外界因素影响而导致的运动风险事故。引起学校体育运动风险的外因较多，主要有以下几个方面。

一、制度不全，管理不善

国家针对学校体育运动风险管理出台了一系列的制度，如《国务院办公厅

关于加强中小学幼儿园安全风险防控体系建设的意见》《教育部等五部门关于完善安全事故处理机制维护学校教育教学秩序的意见》《中小学公共安全教育指导纲要》《大中小学国家安全教育指导纲要》《学校体育工作条例》等。这些制度在落实到一线学校的过程中存在三个问题。一是照搬照抄文件。学校以“拿来主义”的方式照搬照抄文件条款,没有根据学校实际情况进一步细化文件,使细化文件成为校本制度、校本方案。二是缺少专题性研究。学校没有完全领会文件精神,有的只是简单地传阅文件,没有开展体育运动风险制度建设的针对性研究。三是学校没有建构顶层体育安全防范制度。学校对体育工作的重视程度和学校的专业化水平等方面有待提升,没有从学校长远发展的角度出发,构建起一套全面的体育安全防范体系。此外,学校管理上也存在一定问题,学校体育运动风险管理意识淡薄,分管体育工作的负责人未将风险管理制度落实到位,班主任等管理者缺乏体育风险管理能力,体育教师课堂教学过程中对体育运动风险的管理能力亦有待提升,师生体育运动风险干预和紧急处理能力欠缺,等等。

二、教育欠缺,培训不够

中小学生体育运动风险防控意识和能力需要通过专门培训才能够得到强化和提升。调研结果表明,很多中小学虽然重视对师生的安全教育,但对体育运动风险防控方面的安全教育还停留在泛泛的宣讲层面,没有系统地开展体育运动风险课程,针对学生开展的体育运动风险知识和技能专题培训甚少。体育教师作为体育运动风险防控的干预者,对体育运动风险的专业知识和技能掌握得不充分。

三、体质下降,技能不佳

多项资料表明,近年来中小学生体质健康水平持续下降,而学生体质健康水平的下降也更增大了学生体育运动中遭遇风险的概率。很多学校谈“伤”变色,视体育运动伤害事故如猛虎,导致学校体育课程中取消了单双杠、跳箱、跳马等存在一定运动风险的教学项目,有些学校甚至不让学生在休息时间去学校器械区活动，以减少学校体育运动风险事故的发生。

四、器材损坏，场地不足

随着城市化进程的快速推进，城市中的学校均面临体育活动场地严重不足的问题，学生体育课、体育活动的开展受到非常大的限制，而场地的不足也直接增大了活动中体育运动风险发生的概率。因受资金、管理、维护等方面的限制，有些学校仍在使用老、旧、破的体育器械，这也加大了中小学生体育运动的风险。

引发中小学体育运动风险的内因是指受学生个体内在因素影响而产生的体育运动风险事故。中小学体育运动风险产生的内因有以下几个方面。

一、思想麻痹，意识不清

中小学生体育运动风险防范意识淡薄，严重缺乏体育运动风险防控的知识和技能。在参与体育运动过程中，他们往往忽视对体育运动风险的评估。具体表现为：活动前，不做准备活动，不观察体育活动环境中存在的风险；活动中，全情参与，竞争激烈，动作幅度过大，运动强度过大；活动后，不重视运动后的恢复，使身体处于过度疲劳状态。这些都是学生在校发生体育运动风险事故的重要原因。

二、特殊体质，重视不足

特殊体质的中小学生是发生体育运动风险事故的最主要群体，也是严重风险事故占比最高的群体。这类学生在身体上存在先天或后天的缺陷，不能或不适合参与有一定强度的体育运动，但部分学生家长和学生不把真实情况告知学校，学校无法了解其真实的身体状态，在体育活动中无法实施针对性的保护，从而导致学生因运动不当引发基础疾病，产生运动损伤。

三、心理障碍，疏导不够

近些年学生心理问题愈加严重，有些学生在心理上恐惧体育运动或害怕参与某体育运动项目。这类学生在参与体育活动过程中，因恐惧心理会产生动作变形、发力不当等问题，这些问题极易导致运动损伤的发生。

除上述常见的体育运动风险事故发生的原因外，还存在一些特殊的原因，如不可抗力因素导致的骨折等。中小学体育运动风险事故严重影响了学生的身心健康，制约了学校体育工作的开展。

第二节　中小学体育运动风险的特征

中小学体育运动风险具有客观性、突发性、预见性、急迫性四大特征。

一、客观性

中小学校园内，只要有学生进行体育运动，就有可能发生运动损伤事故，由此可以认为，体育运动风险客观存在于体育运动之中。运动风险主要来源于三类。一是人自身存在的风险。若参与体育运动的学生其身体或心理存在先天缺陷，身体处于不健康状态，则该生极易在体育运动过程中发生运动损伤，如先天性心脏病患者在剧烈体育运动中容易发生猝死。二是体育运动项目的固有风险。每一个体育运动项目都存在一定的运动风险，这种风险与人为因素有关，但也客观存在于特定体育运动项目之中，如网球项目存在网球肘的运动风险、短跑项目存在肌肉拉伤的运动风险等。三是体育场地、器械存在的潜在风险。中小学校园体育场地和器材也存在一定的风险。例如，由于占地面积的限制，许多学校田径场地设计不合理，跑道形状不规则，弯道半径过小，这在快速跑时，极易引发运动风险。此外，体育器材的老化也会造成运动损伤。

二、突发性

突发性与学生的年龄特点密切相关。中小学生通常活泼好动，好奇心强，但对某些行为可能带来的后果考虑得不够周全，所以在进行体育运动过程中，极易发生运动损伤。如:学生参加比赛前,因过于兴奋没有进行充分的准备活动,比赛过程中极易发生运动损伤;群体活动中,学生之间合作不当,容易发生撞伤、踩伤等。

三、预见性

中小学的体育主要包括体育课、课外体育活动、业余训练、体育竞赛等内容,所有体育活动和体育项目的开展都是在学校整体规划范围内的。根据体育活动的内容和体育项目的特征,学校可以提前预设常规的运动风险,做好预防工作。

四、急迫性

急迫性与体育运动风险产生的后果密切相关。体育运动风险的发生会造成运动参与者机体损伤,严重者会危及生命,所以体育运动风险发生后需要及时、准确、有效地对参与者进行救治。同时,要避免二次损伤或扩大损伤范围。中小学生是祖国未来的建设者和接班人,在体育运动损伤发生后,更要及时对伤者进行治疗,以免影响其健康成长。

第三节　中小学体育运动风险的类别

由于学校体育活动的广泛性与多样性,其伴随的运动风险成因同样错综复杂,深入剖析不难发现,这些风险事件往往横跨学校的多个活动领域,如日常的体育课教学、课外体育活动以及正式的体育竞赛场合。风险的根源多元且相互交织,既涵盖了物理环境的局限,如校园体育场地面积不足,未能满足每位学生的安全运动需求;也涉及器材设备的老化与损坏,成为潜在的安全隐患;更不乏自然条件的突变,如活动中突遇降雨,场地湿滑,极易引发意外伤害。此外,人为因素同样不容忽视,教师管理上的疏忽与学生个人行为的不慎,都是触发运动风险的重要推手。

鉴于此，我们有必要对中小学体育运动风险进行系统性分类，以便对其进行更加精准的识别与防控。基于风险成因的主导性，我们将其大致归纳为六大类别：安全认知类风险，规划管理类风险，场地、器材类风险，人为因素类风险，环境变化类风险以及医疗救济类风险。每一类别下又进一步梳理出共计三十项最为显著的问题点，旨在全面覆盖并深入剖析这些风险的具体表现与潜在危害，为学校制定有效的风险管理策略提供坚实依据。中小学体育运动风险的类别具体如下。

一、安全认知类风险

1. 学生安全意识淡薄，运动行为失当引发的体育运动风险。

2. 教师管理疏忽，指导有误，课堂安全常规落实不够到位、不够细致引发的体育运动风险。

3. 学校体育安全教育实践的缺失引发的体育运动风险。

4. 学生在体育学习过程中思想麻痹，未按照运动规律和课堂要求进行练习引发的体育运动风险。

5. 有先天性疾病的学生对运动风险缺乏了解而引发的体育运动风险。

二、规划管理类风险

1. 学校制度不完善，安全风险监管不力引发的体育运动风险。

2. 严重缺乏体育运动损伤的应急处置方案和相关经验引发的体育运动风险。

3. 体育活动开展前，缺少运动热身指导引发的体育运动风险。

4. 比赛规则不明确、落实不到位、比赛强度过大引发的体育运动风险。

5. 体育活动设计策划不合理引发的体育运动风险以及体育活动组织无序造成的体育运动风险。

三、场地、器材类风险

1. 学校体育场地、设备老旧破损引发的体育运动风险。

2. 体育教学和比赛中器材布置与使用不合理引发的体育运动风险。

3. 体育活动中，场地安排不合理造成的运动风险。

4. 体育器材管理不善引发的体育运动风险。

5. 体育场地、器材不达标引发的体育运动风险。

四、人为因素类风险

1. 教师体育教学内容难度偏大引发的体育运动风险。

2. 有先天性疾病的学生在体育课堂教学中突发意外的风险问题。

3. 体育教师课堂教学不认真、脱岗，管理人员不足或缺位引发的体育运动风险。

4. 学生未认真学练和掌握重要的应急救护技能引发的体育运动风险。

5. 师生临场应变能力薄弱，缺少有效的应急指挥人员引发的体育运动风险。

五、环境变化类风险

1. 体育活动过程中天气变化引发的体育运动风险。

2. 体育场地临时调整引发的体育运动风险。

3. 体育设施设备更换引发的体育运动风险。

4. 体育人文环境欠佳引发的体育运动风险。

5. 体育公平竞争环境引发的体育运动风险。

六、医疗救济类风险

1. 体育活动缺乏必要的医疗保障引发的体育运动风险。

2. 校园缺少必备的 AED（Automated External Defibrillator）等应急救援设施、设备引发的体育运动风险。

3. 学校大型体育活动中未安排医疗保障组从而加大损伤的体育运动风险。

4. 学校未设置校医，未定期收集学生健康数据引发的体育运动风险。

5. 学校缺少相关专业医疗支持引发的体育运动风险。

第二章

中小学体育运动风险防控管理体系的建设与实践

中小学校园体育运动的主体是中小学生，校园是其主要活动场域。校园体育运动风险事故对青少年的身心健康影响非常大，因此，校园各类体育运动事故也越来越受到社会各界的广泛关注。为了降低中小学校园体育运动风险事故的发生率，把中小学生体育运动伤害事故影响降到最低，保护中小学生身心健康，提高学校办学和治理水平，构建适合中小学校体育运动风险防控管理体系显得尤为重要。

第一节　中小学体育运动风险防控管理体系总纲

中小学校体育运动风险防控管理体系旨在预防、减少学校体育运动中可能出现的安全风险事故并确保体育运动的顺利开展，达成体育运动目标。其构建要从运动风险预防和运动损伤事故应急处理两个层面着手，包括防控流程、学校防控和学生防控三大部分内容。防控流程是一个闭环式的完整系统；学校防控要注重四个步骤——厘、管、急、改，即厘清问题、精细管理、紧急响应、改进提升；学生防控要做到学、练、用、思，即学会辨别、熟练掌握、应急运用和反思警醒。

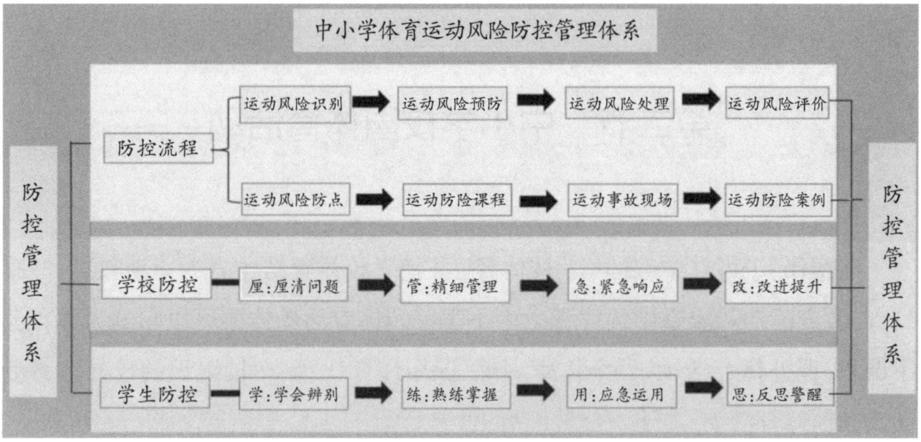

图 1 中小学体育运动风险防控管理体系结构图

中小学体育运动风险防控管理体系包括中小学校园体育活动、中小学体育运动风险识别、中小学体育运动风险预防、中小学体育运动风险处理和中小学体育运动风险管理评价五个子体系。

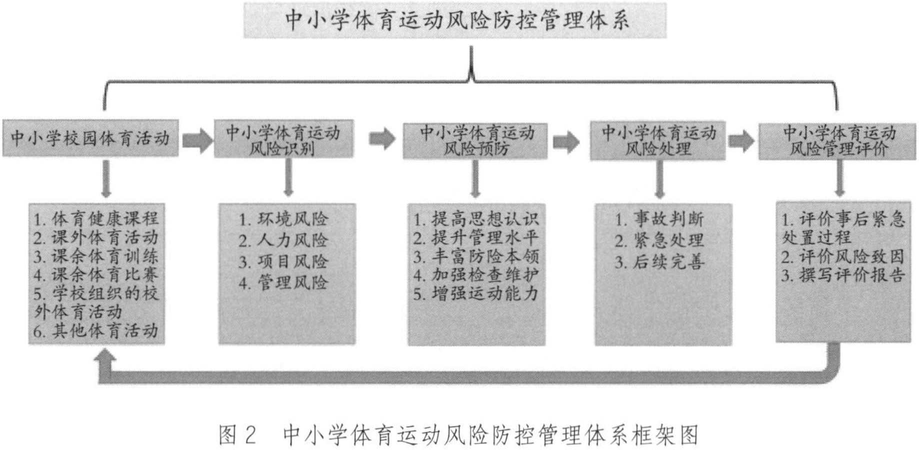

图 2 中小学体育运动风险防控管理体系框架图

第二节　中小学校园体育活动

潘绍伟、于可红主编的《学校体育学》把学校体育结构分为运动教育、健康教育、教育活动和家庭中的体育。中小学校园体育活动体系可以归纳为体育健康课程、课外体育活动、课余体育训练、课余体育比赛、学校组织的校外体育活动及其他体育活动。

表1　中小学校园体育活动体系

中小学校园体育活动体系	体育健康课程	室内体育课 室外体育课
	课外体育活动	大课间活动 体育活动课
	课余体育训练	体育拓展课 田径、球类等体育兴趣小组
	课余体育比赛	运动会：田径运动会、体质测试达标运动会 嘉年华：篮球等校本特色体育比赛等 专项赛：冬季长跑、跳长绳、踢毽子等
	学校组织的校外体育活动	体育夏令营活动 体育研学活动
	其他体育活动	家庭体育活动 社区体育活动

丰富多样的中小学体育活动是学校“以体育人”的基础，是落实“立德树人”根本任务的基本保障。体育运动风险伴随着体育活动而来，只有全面了解学校体育活动体系，深度分析学校体育活动体系中各项目存在的体育运动风险点，制定针对性的风险防范措施，才能够有效减少学校体育运动风险的发生。

第三节　中小学体育运动风险识别

识别体育运动风险是预防体育运动风险发生的前提。根据中小学体育风险的类别,我们可以从环境风险、人为风险、项目风险和管理风险四个方面对中小学体育运动风险进行识别。

环境风险主要指在体育课堂教学、比赛、活动等环境场域下存在的体育运动风险。其影响因素有天气、场地、器材、设施设备及其他。体育环境是体育运动安全的重要影响因素。体育运动因其特殊性,对活动环境的要求比较高,所以体育环境对体育运动安全风险影响很大。环境不佳或者环境变化都容易导致体育活动风险的发生。

人为风险是指体育运动中人为因素导致的体育运动风险。体育运动本身就是人在一定环境中进行的一种行为,人是体育运动风险的决定性因素。人为风险可以分为自身因素风险和他人因素风险。自身因素风险是体育运动者在运动认知水平、运动能力、体质健康水平和运动风险防控能力等方面存在不足而引发的体育运动安全事故。他人因素风险是他人因素造成的体育运动风险事故,主要产生于他人的无意行为、有意行为两个方面。

项目风险是指与体育运动项目本身或者其实施条件相关联的潜在的体育运动风险。所有体育运动项目都存在一定的体育运动风险,但动作复杂、完成难度大的运动项目风险点高,群体对抗性强的体育项目运动风险点高。

管理风险是指学校体育活动中因组织不当、管理缺位、责任不清、人员不足等原因造成的体育运动风险事故。因管理问题引发的体育运动风险在体育活动中最常见到,管理风险也是中小学体育活动中最容易被忽视的一种风险。管理风险点存在于学校体育活动的各个环节,如体育课堂、体育比赛、体育活动等。

学校体育运动风险防险点及相对应的防范措施可以参考《中小学体育运动风险点一览表》,具体内容见表 2。

表2　中小学体育运动风险点一览表

运动风险识别		运动风险防范点	运动风险防范措施
环境风险	天气	1. 雾霾天。 2. 高温天。 3. 阴雨天。 4. 极寒天。	1. 提前了解天气情况，做好针对性防范。 2. 根据临场天气变化，及时做出调整。
	场地	1. 大小、软硬、平整度等。 2. 适切性。	1. 提前检查场地，保障达到活动使用要求。 2. 合理分配场地，满足活动最低人均使用标准。
	器材	1. 安全可用，无损坏。 2. 合理使用，不滥用。 3. 及时调整，少影响。	1. 使用前进行安全检查。 2. 使用中注意及时整理，不能影响活动。 3. 使用后进行回收、保养。
	其他	特殊情况特殊防范	根据实际情况及时规避
人为风险	教师	1. 教师安全意识不足。 2. 活动设计中安全问题考虑得不全面。 3.活动前没有进行安全教育。 4. 活动中在组织、管理、调控方面存在安全问题。 5. 活动后没有进行安全调整和指导。	1. 增强安全意识，掌握安全技能。 2. 活动前认真准备，考虑周全，进行安全教育；活动中组织得当，观察细致，及时提醒；活动后进行安全指导和总结。 3. 加强自身安全知识学习和经验的总结。
	学生	1. 意识提升。 2. 掌握方法。 3. 相互关照。 4. 重在践行。	1. 重视体育运动安全。 2. 掌握风险预防方法。 3. 同伴相互提醒警示。
	其他	注意其他人对课堂教学的影响	
项目风险	技术动作	1. 熟知动作结构。 2. 明确风险防范点。 3. 保护、帮助到位。	1. 注明技术动作风险点。 2. 明确规避风险的措施。
	游戏比赛	1. 遵守规则。 2. 量力而行。 3. 关注同伴。 4. 提醒帮助。	1. 明确比赛规则与要求。 2. 合理选择参赛方式。
	其他	关注与项目相关联产生的运动风险	
管理风险	课堂常规	1. 夯实常规。 2. 内化行动。	1. 统一课堂常规，人人落实到位。 2. 时刻贯彻执行，定期演练警醒。
	课中管理	1. 关注突发。 2. 随机管控。	1. 预设突发情况，提早规范风险。 2. 提高驾驭水平，有的放矢地进行学练。
	课后调整	1. 放松身心。 2. 指导到位。	1. 全身放松，疲劳减轻。 2. 家庭学练，与校相同。
	体育活动或比赛	1. 规则不明、职责不清。 2. 管理无序、人员不足。	1. 制订方案，明确规则，压实主体责任。 2. 责任到人，监督检查。

第四节 中小学体育运动风险预防

学校体育运动要坚持“健康第一”的指导思想，体育运动风险防控一定要坚持安全第一与预防为主的理念，切实做好“事前”工作，尽量避免运动风险的发生，即便发生了体育运动损伤，也要将体育运动事故产生的损伤降到最低。

以体育运动风险诱发的因素为突破口，体育运动风险防控可以从以下五个方面着手。

一、提高思想认识

思想麻痹、对运动风险的预防不够重视是导致体育运动风险发生的最大因素，在进行体育运动时一定要提高认识，把安全运动、健康运动放在首位。体育运动之前要做好充分的准备工作，穿戴合适的运动装备，充分热身以达到一个良好的准备状态，全面梳理运动中可能发生的运动风险，提醒自己在运动中要注意这些问题。体育运动中要保持头脑清醒，切忌冲动，运动强度不要超出自己身体的负荷，保持适度的运动量，不做对他人有害的动作，确保自己和他人的运动安全。在进行体育运动后，要全面审视自己的身心状态，及时做好放松和调整，切忌在疲劳状态下开展大运动量的活动。

二、提升管理水平

学校体育运动风险防控与学校体育工作管理水平是成正比例关系的，体育管理工作越严谨规范，发生体育运动风险的概率就越低，反之就越高。学校要从管理层面着手，用制度限制、用规范约束、用监督检查反馈并解决问题，以此降低体育运动风险事故的发生概率。学校体育管理的首要任务是完善管理制度。学校体育工作要完善各项管理制度，制度的制定要符合实际且要适切，从制度层面入手降低体育运动风险发生率，以此达到降低体育运动风险的目的。

其次为强化课堂管理。遵循体育课堂教学规律,制定体育课堂教与学的各项规范。再次是规范体育活动。体育活动空间小,竞争激烈,就容易发生体育运动风险。学校要针对不同的体育活动进行专项的运动风险预判、教育和监督管理,多角度、多层面地开展体育活动安全教育、警示与指导,让学生明确体育活动中应该注意什么、该怎么注意。最后是加强监督、检查、反馈和整改。构建闭环式的体育运动风险管理评价系统,切实提升管理效能。

三、丰富防险本领

体育运动风险预防能力是我们每个人必备的生存技能之一。学生是体育运动的主体,每一个学生都需要掌握体育运动防险基本技能、专项技能和运动损伤应急处理技能。防险基本技能包括体育运动防险的基础知识、体育锻炼防险的原则与方法、体育游戏或比赛的运动防险保护技术与注意事项、不同体育运动项目的体育运动风险点及相关风险预防的手段。专项技能是学生进行体育专项技能学练和比赛前、比赛中、比赛后的专项防险能力,包括专项热身运动、赛中的自我保护、专项运动后的放松活动与自我评估能力。运动损伤应急处理技能主要是学生体育运动中或运动后发现自己已经发生了运动损伤而现场紧急采取的处置措施,目的是降低运动损伤带来的风险。

学校老师要掌握应急救护的自救互救知识和技能,体育教师要掌握体育运动损伤的风险预防、运动损伤的应急处理和简单的康复训练技能。体育教师是体育课堂的执教者,是学校体育活动的策划者、组织者和管理者,是学校体育场地、器材的监管者,等等。因此,体育教师一定要具备体育运动风险预判和识别的能力,把体育运动风险预防工作做在体育风险发生之前。

四、加强检查维护

体育运动环境管理是体育运动安全的基础保障。体育运动需要使用体育运动场地、器材、设施设备等,因此学校要根据《中小学体育场地配备标准》合规地配足、配齐学校体育场地、器材和设施设备,保证生均体育使用面积和器材使用数量。学校要建立对体育场地、器材、设施设备的检查、保养、维护、更换的闭环式管理制度，确保做到保障充足、定期养护、随时检查、及时维修、准时更换。

五、增强运动能力

学生体育运动能力对体育运动风险有着决定性影响。体育运动风险大多发生在学生体育运动过程中。体育运动风险的发生与学生体育运动能力存在着紧密关联。体育运动能力不仅包括运动的基本能力，更涵盖了体育专项运动能力。体育专项运动能力越强，学生对体育专项运动理解和运用的水平就越高，对该项目的体育运动风险发病点也就越了解，这样，学生在运动中就能够有意识地规避体育运动风险。此外，学生也能够对自己进行相对准确的评估，有效控制身心疲劳状态，调控体育活动节奏。所以，体育运动风险防控的核心之一便是提高学生运动能力，这不仅包括提高学生基本运动能力，还包括提升其体育专项运动能力。

第五节　中小学体育运动风险处理

中小学体育运动风险预防是首要功能工作，体育运动风险处理则是中小学体育运动防险的核心工作。体育运动防险处理的原则是将损伤及其影响降到最低。学校要成立体育运动安全风险防治应急组织，建立健全学校体育运动风险事故发生后的应急响应机制，根据不同伤情制定不同类别的应急预案。应急组织内部应权责清晰、分工明确、责任到人。中小学体育运动风险处理流程包括事故判断、紧急处理、后续完善。中小学体育运动风险事故发生后，工作人员应迅速保护现场，避免伤者发生二次损伤；迅速开展现场急救，根据现场实际情况判断事件的严重程度；迅速呼救、上报学校的应急部门。应急部门接到报案信息后，迅速组织相关人员参与救援行动，并做好向上级部门的汇报，请求医疗部门支援，班主任联络家长，校医和相关教师临场急救。所有救治工作完成后，学校要组织与事故紧密相关的人员，即班主任、任课教师等上门对学生及其家

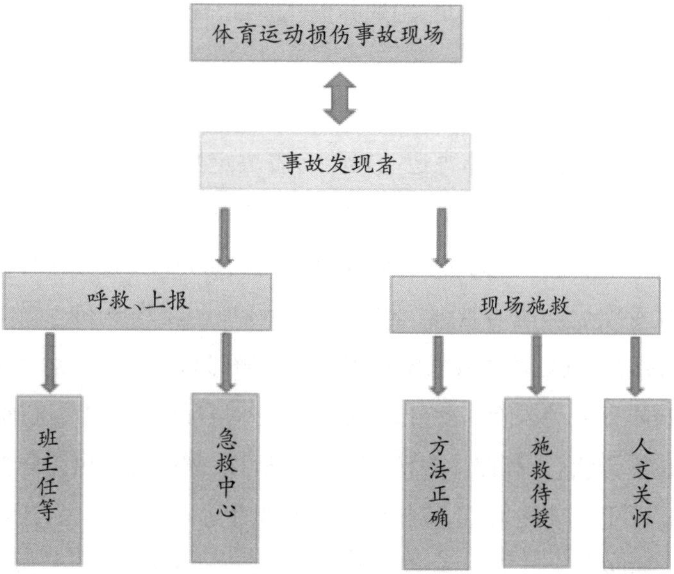

图3 校园体育运动损伤事故处理流程

长进行人文关怀，做好后续工作的妥善处理。

第六节 中小学体育运动风险管理评价

体育运动风险管理评价是一个非常复杂的系统工程，中小学校园内的体育运动风险管理评价可以以实际需求为导向，以问题为驱动，简化体育运动风险管理评价的相关指标，直接指向学校体育运动风险防控的三项内容，按照操作流程进行倒叙推演的方式展开评价，目的是通过评价解决学校体育运动风险管理中存在的问题。第一步，评价怎么做，即评价体育运动风险发生后紧急处置过程，如运动风险事故紧急处置是否及时，操作流程是否正确，判定运动风险的损失程度时是否把损伤或损失降到了最低，后续善后工作是否妥善处理，等等。第二步，评价发生的原因，调查分析体育运动损伤发生的原因，查明原因后深度分析发生的根源在哪里,为什么在原有防控体系下没能避免本次风险事件的发生。深度研究中小学体育运动风险致因是为了进一步完善管理。第三步,撰写评价报告,明确整改措施,防止发生同类事故。中小学体育运动风险管理评价是对中小学体育运动风险识别、中小学体育运动风险预防和中小学体育运动风险处理三个维度内容的补充和完善,是整个体育运动风险防控管理体系的重要一环。

中小学体育运动风险防控管理体系的建设与实施,能够从学校安全管理的顶层设计上思考并落实学校体育运动安全防范工作。完善的体育运动风险防控管理体系能够从实践操作、管理层面做好推进和落实,确保学校体育工作的顺利开展,促进学校体育教育的高质量发展。

第三章

中小学体育运动风险防控的相关制度或方案

教育部2015年4月30日印发了《学校体育运动风险防控暂行办法》(以下简称《办法》),本《办法》共五章二十一条,明确了学校体育运动风险防控遵循预防为主、分级负责、学校落实、社会参与的原则。本《办法》的目的就是加强各级各类学校体育运动风险防控工作,保障学校体育工作健康有序开展。教育行政部门和学校应当建立健全学校体育运动风险防控机制,预防和避免体育运动伤害事故的发生。本《办法》扎实落地于一线学校,学校必须建设好校本级的体育运动风险防控方案、制度,实现制度管理。为了从管理层面约束或限制学生的体育运动行为,以期达到防控体育运动风险的目的,体育运动风险防控方案、制度建设可以紧密围绕学校体育运动风险识别出的风险防范点来制定,要有可行性、实效性和针对性。关于中小学体育运动风险防控制度、方案的示例见下表:

表3　中小学体育运动风险防控制度或方案(示例)

项目		制度或方案(示例)	备注
环境风险	天气	学校体育运动环境管理制度	
	场地	学校体育场地维护、管理、检查制度	
	器材	体育器材和设施安全检查工作制度 体育器材使用借还登记制度	
人为风险	教师	体育教师常规工作职责	
	学生	学生健康档案管理制度 特殊体质学生管理制度 学生体育比赛意外伤害保险制度等	

续　表

项目		制度或方案（示例）	备注
项目风险	体育课	体育课堂常规管理制度	
	体育活动	大型体育活动规范管理制度 小型体育竞赛组织管理制度	
管理风险	体育工作	学校突发体育运动风险事件应急处理预案 体育设施对外开放突发事件应急处理预案	

第一节　中小学体育运动风险防控制度建设（示例）

学校突发体育运动风险事件应急处理预案

为切实贯彻学校体育“健康第一”的理念，扎实推进学校体育运动风险防控工作，保障学校师生体育运动安全，及时妥善处理学校突发体育运动风险事故，将学校突发体育运动安全事故损失降到最低限度。现根据《学校体育运动风险防控暂行办法》，依据“预防为主，救治及时，妥善处理”的原则，结合学校实际制定本预案。

一、健全机构，加强领导

为使各项工作落到实处，特成立学校突发体育运动风险事故应急处置领导小组，其组成人员如下：

组长：书记、校长。

成员：副校长、政教处所有老师、教务处所有老师、总务处所有老师、卫生保健室所有老师、体育组所有老师、各年级组长、班主任等。

（一）事故处理联络组

组长：政教处主任。

组员：各年级组长、事故发生班班主任。

主要职责：启动救援行动方案，迅速了解情况，及时向学校体育运动风险事故应急处置领导小组组长报告情况;尽早向知情者、见证人调查事故起因,掌握好第一手资料。

(二)医疗急救组

组长:卫生保健医生。

组员:保健医生、体育组老师。

主要职责:及时实施抢救,组织护送伤者或发病者去医院救治;配合医院的救治工作,追踪了解伤(病)员动态;做好到达医院的伤(病)员的安抚工作。有特殊情况及时报告校长。

(三)现场保护组

组长:总务处主任。

组员:体育教师、各班主任。

主要职责:保护现场,必要警戒,劝离无关人员,维护秩序,稳定伤者和相关人员的情绪,防止出现混乱局面。

(四)接待来访者

组长:副校长。

组员:教务处老师、政教处老师。

主要职责:接待来访者的家长及亲属,做好稳定工作,确保学校正常的教育教学秩序,防止发生过激行为,避免激化矛盾。

(五)调查与善后处理组

组长:副校长。

组员:教务处主任、政教处主任、总务处主任、体育组老师、班主任。

主要职责:负责事故的调查、分析、原因查找和责任认定等善后工作。

(六)后勤保障组

组长:总务处主任。

组员:体育组老师、班主任。

主要职责:全力做好后勤支援工作,及时配合医疗、防疫部门进行现场消毒、取样分析等工作;做好上级来人和家长(属)来校接待的后勤服务工作。

（七）宣传通信组

组长：副校长。

组员：教务处老师。

主要职责：负责突发公共事件全过程的各种信息资料采集、整理取证、相关数据的统计分析、撰写书面报告等工作；管理并有效运用通信设备，确保信息传递的及时性和准确性。

二、学校体育运动风险事故报告及处理程序

1. 一把手负责制：实行学校一把手负责制。

2. 第一时间上报。学校突发体育运动安全事故后，必须在最短时间内向领导小组报告，必要时，及时向上级教育主管部门、120急救中心等相关部门报案请求援助。学校发生或接到突发安全事故报告后，根据事故情况在第一时间及时向镇（区）政府及区教育局汇报，安全事故应急领导小组在最短时间内到达事故现场，组织抢救和善后处置工作。对缓报、瞒报、延误有效抢救时间造成严重后果的，将依法追究相关责任人的责任。

3. 第一时间救援。学校本着“先控制，后处置；救人第一，减少损失”的原则，果断处理，积极抢救，指导现场师生离开危险区域，保护好学校的珍贵物品，维护现场秩序，做好事故现场保护工作，将突发安全事故有关材料上交给学校。

4. 做好人文关怀。积极主动地探望运动损伤的学生，关心学生健康、学习和生活，妥善做好善后处理工作。

三、学校突发安全事故师生注意事项

1. 无论发生何种体育运动风险事故，教师和学生都应沉着冷静，迅速查找引发事故的原因。教师控制事故现场，并组织学生有序地撤离现场，防止事态扩大。同时，向学校领导进行报告。

2. 学生要在教师的指导下，迅速而有序地撤离现场，不得拥挤、起哄，坚决不做违反安全规则、违反纪律的事情。

3. 学校领导及应急人员得到突发事件报告时，除及时向上级主管部门报告，

要迅速采取果断措施，积极地投入救助突发事件工作中，以免事态扩大，把损失降到最低限度。

学校体育设施对外开放突发事件应急处理预案

为全面贯彻国务院发布的《公共文化体育设施条例》和《全民健身计划纲要》，落实国家体育总局、教育部关于全国学校体育场馆向公众开放的有关文件精神，不断满足学校周边居民日益增长的体育健身活动的需求，增加群众体质和提高健康生活的质量，学校体育设施田径场地、篮球场地、足球场地和体操活动场地实施对外开放。为切实保障学校体育设施对外开放中的各类突发事件能够及时、有序、有效地得到处理，根据上级有关部门要求，结合本校实际情况，特制定本预案。

一、成立突发事件应急处理领导小组

组长：校长。

副组长：副校长，办公室、政教处所有老师，总务处所有老师。

组员：体育教师、值周教师。

领导小组主要职责：

1. 指挥责任。有关管理人员、工作人员立即到达规定岗位，采取相应的应对措施。

2. 救援责任。安排有关管理人员、工作人员开展相应的抢险排危工作或者实施救护工作。

3. 上报责任。及时对参加活动人员进行疏散，并根据事件性质，报请上级部门迅速依法采取紧急措施。

4. 督查责任。根据需要对事件现场采取控制措施，对本校的突发事件的应急处理程序进行督查指导。

二、监测与报告

1. 巡视监测。学校管理人员都负有巡视监测学校突发事件的责任，发现有

突发事件或可能发生突发事件的情况时，应向学校领导汇报，并立即着手解决问题。

2. 信息与报告。校园体育设施对外开放过程中，有突发事件发生或有可能发生突发事件的信息，要落实逐级汇报制度，事件第一发现人应及时向领导小组汇报，学校应在第一时间向学校主管部门汇报，并随时与上级单位保持密切联系。

3. 重大事件程序。对于突发事件，学校应急领导小组应迅速判断事件性质及严重程度，及时向社会、政府各救治排险机构求助，并向相关的政府职能部门、上级主管部门逐级汇报。同时，对事故可能影响善后处理的现场、证件证物等要素进行保护。

4. 突发事件发布。经突发事件处理领导小组同意，经上级有关部门鉴定核实后，决定突发事件的对外发布，任何人员都不得瞒报、谎报或者授意他人隐瞒、缓报、谎报突发事件。

三、调查与救治

突发事件发生后，突发事件应急处理领导小组应当根据“生命第一”的原则，果断判断是否启动应急预案，并在第一时间内向上级主管部门报告，确保信息畅通无阻。社区与学校有关部门则需各司其职，迅速响应，共同投入到紧急应对工作中，全力以赴保障生命安全。

1. 首要任务是确保现场安全，防止二次损伤的发生。

2. 专业团队立即对受伤人员进行初步评估，检查其意识状态、呼吸情况、循环状况和出血情况等，为后续救治提供精准指导。

3. 根据评估结果，学校应急处理领导小组及相关人员迅速实施现场急救措施，并根据伤情轻重缓急，及时拨打 120 急救电话或安排就近就医。若无法判断伤者伤情，则须维护现场秩序等待专业医护团队的到来。

4. 在保障救治工作的同时，对事件的时间、地点、初步原因等关键信息进行全面记录，必要时可拍摄现场照片或视频，为后续的深入调查、治疗计划及可能的法律程序提供有力支持。

5. 学校与社区紧密合作，迅速保护现场，有效疏散无关人员，维护现场秩序。同时，加强对受影响居民的心理关怀，通过思想政治工作稳定居民情绪，避免恐慌情绪的蔓延。

6. 校方及社区立即启动信息通报机制，第一时间将事件情况告知伤者家属，并安排专人进行耐心细致的安抚工作，传递温暖与关怀，减轻家属的心理负担。

7. 学校与社区联合组建专项调查组，通过详尽的现场勘验、严谨的证据收集、细致的目击者访谈等手段，对突发事件进行全面深入的调查。同时，对事件的危害程度进行科学评估，为后续的处理工作提供决策依据，确保类似事件不再重演。

四、学校体育场地设施使用规定

（一）田径场地使用规定

1. 严禁不通过学校门卫登记进入学校田径场地。

2. 严禁携带易燃、易爆及油质物品进入学校田径场地。

3. 严禁一切交通工具、儿童玩具车等进入学校田径场地。

4. 严禁在体育场地内做危险性体育活动项目，如投掷标枪等。

5. 严禁在学校田径场地内私设各类营业摊点。

6. 严禁在学校田径场地内吸烟、吐痰、吃带皮或核的食物和乱扔杂物、乱吐口香糖等。

7. 严禁在田径场活动时穿损伤塑胶跑道的鞋，如高跟鞋等。

8. 严禁随意挪动田径场内的设施和取用场内器材。

（二）篮球场地使用规定

1. 严禁在篮球场地内开展有偿教学或培训活动。

2. 严禁推拉和挪动篮球场内的任何设施，不得拉篮筐和篮网。

3. 严禁在篮球场内开展滑板、溜旱冰等活动。

4. 严禁携带有腐蚀性的饮料、食品及其他物品进入篮球场地。

5. 严禁在篮球场内吸烟、随地吐痰、吐口香糖、乱丢垃圾等。

（三）单双杠等体操设施活动场地规定

1. 严禁在无人保护的情况下使用体操设施设备。

2. 严禁在锻炼过程中嬉戏打闹，做各类危险动作。

3. 严禁损坏体育场地、器械等行为的发生。

4. 严禁携带有腐蚀性的饮料、食品及其他物品进入场地。

5. 严禁在场内吸烟、随地吐痰、吐口香糖、乱扔垃圾等。

学校体育工作安全管理制度

1. 体育教师有责任、有义务保护学生的健康和运动安全，发现学生有不安全的运动行为须立刻制止，并进行安全教育，如果遇到学生出现意外运动伤害事故，要及时给予帮助、救治或送医院治疗，并做好上报、现场维护等工作。

2. 体育教师在组织学生上体育课时，必须坚持“以生为本”“健康第一”的指导思想，要充分考虑天气、场地、设备、器材等方面的安全问题，尽量避免意外伤害事故的发生。

3. 学校组织总务处、体育组的老师每月对学校老师在体育课堂中使用的体育设施、器材进行安全检查，发现不安全因素，要及时以书面形式报告学校，学校要及时对体育设备、器材进行维修或更新。

4. 上体育课前，体育教师要做好集合整队，清点人数，记录考勤，安排见习生，对学生进行与本节课相关的安全教育。

5. 上室外体育课时，体育教师一定要带领学生做好充分的热身准备活动，严格要求体育课堂服装、鞋等装备，对不符合上课要求的学生要求其予以更换。

6. 体育教师应合理安排运动量和运动强度，关注体质较弱学生、特殊体质学生和特体学生。因病或因特殊情况不能上体育课的学生，必须有班主任的签字单，并课前报备当堂课的体育教师。

7. 教学中体育教师要讲明动作要领，做出示范动作，明确保护与帮助的措施，提出具体要求、注意事项等，加强安全防护指导。

8. 课堂上，学生有嬉戏、打闹或做出危险动作的行为，体育教师要立即纠正或制止，并给予针对性安全教育。

9. 下课前，体育教师要安排学生做好放松活动，集合整队，做简单的安全讲评，同时观察学生是否有身体不适或有强烈的不良反应，如果有，要及时通知校医和班主任。

10. 体育课上发生学生呕吐、晕倒、受伤等突发情况应立即采取以下处理措施：迅速通知校医、班主任和学校领导；体育教师对学生进行初步诊断及必要的处置，并上报学校，事后要及时做好学生伤情及临时处置情况的记录；如果学生伤情较为严重，要立即送往医院进行治疗，班主任和相关领导及时将学生伤病情况通知学生家长，并上报学校领导小组，学校根据情况严重程度上报上级教育主管部门；体育教师处理完事故后及时写出现场情况书面报告，并会同当日上体育课的教学设计一同作为资料上交学校。

学校体育器材管理制度

1. 学校体育器材是学校的基本设施设备，是学校的固定资产，是保障学生进行体育学习活动的重要物资。学校要加强管理，确保体育教学、活动、业余训练、体育比赛等学校体育工作正常开展。

2. 体育器材设备要按照教育部、省教育厅颁布的学校体育器材设施设备基本标准配足、配齐，并进行分类入账，做到账物相符。每学期都要定期盘点，做好检查审核工作。

3. 学校体育器材保管室由体育组教师负责管理。体育器材室要保证环境整洁，体育器材按照性能做好防尘、防潮、防锈、防损坏等保护工作。体育器材分类管理，做到管理有序，便于使用。损坏的器材要及时维修或报废，要求对方保障体育教学、体育活动的正常使用。

4. 体育器材室是学校重要场所，不允许非工作人员、学生私自入内。各种器材设备一般不外借。对公外借时，应经过学校负责人审批，做好备份，并要求对方如期归还器材。对私人一律不外借。

5. 体育器材室建立《体育器材登记册》，对所有入库的体育器材都要登记，做到登记入库、定期清查、报废上报、账物相符。

6. 体育器材室建立《体育器材借还登记册》，一切器材设备的领用和归还均应办理领用归还登记手续，并检查器材的完好情况。对于损坏、丢失的器材应该按照相关规定处理。任何人不得长期占用学校的体育器材。

7. 任课教师使用体育器材时，要根据教学计划合理使用，并提前通知体育组内其他教师，课前准备好体育器材，并做好必要的检查，确保体育教学的正常进行。

8. 任何人不得擅自转借或持物离开使用场地。要加强课间体育器材管理，在未经体育教师同意的情况下，任何学生不得在课间使用上课用的体育器材。

9. 体育器材报废时，需要学校总务负责人一同清点报废的体育器材，并办理相关手续，做到当场清点账物，遇有账物不符时，要查明原因。

10. 学校体育器材管理落实“谁管理谁负责”的原则，体育教师要高度重视学生在体育教育教学活动中的器材管理安全问题，防止体育运动风险意外事故发生。

第二节　中小学体育运动风险防控阵地建设（示例）

建设运动防险阵地　创新数据赋能体育

“互联网 +”教育模式下，未来学校体育工作的落脚点一定在体育与信息技术结合之处。因此，学校应结合自身发展条件，积极进行数据赋能下体育精准教学改革，创新体育运动风险防控实验室基础建设，组织开展多种形式的体育精准教学活动，加强体育教师信息素养的提升，在体育教育教学的内容、形式、方法和组织等方面实现全方位的改进和提升。此外，聚焦精准教学理念，积极推动学校体育运动风险防控工作的深入实施。

一、建设体育运动风险防控阵地

为保证体育精准教学工作的顺利进行，全面探索数据赋能下学校体育运动风险防控工作，学校以体育馆为主体，整合体育馆内部设施设备和生存技能体验基地，坚持以“节约、少改、重创”的原则进行体育运动风险防控阵地建设暨体育精准教学创新实验室建设。

（一）完善场地规划，购置实验设备

一方面，根据学校顶层设计，结合学校体育工作的整体规划，开展体育运动风险防控阵地建设暨体育精准教学创新实验室建设全面调研工作，向区教育局、教研室、教育装备站等部门申报项目，学校体育组、信息技术组、总务处组成联合筹备小组，最终根据实验室的实际需求，学校将体育馆空间划分为“一室五区”，即“大数据＋”体育研究室、体育精神文化区、体育精准教学实验区、体质健

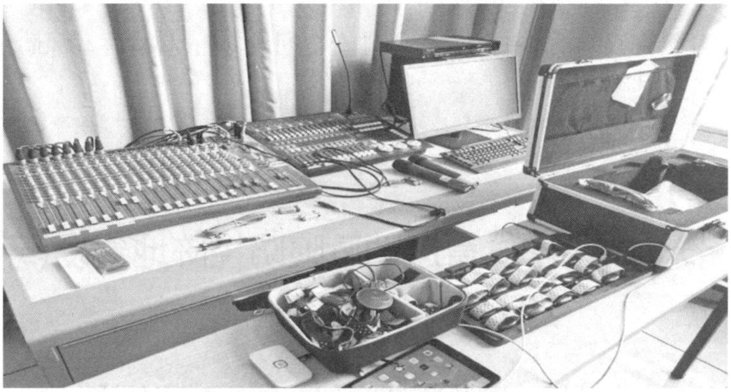

图 4　“大数据＋”体育研究室设备

图 5　体育精神文化区

图 6　运动智能手环及体育数字化素养培训

康自主测评区、运动风险防控实操区、体艺精品活动展示区。

另一方面，学校投入 10 多万元购置运动智能手环、信息数据采集系统和接收设备等各类设备设施用于实验室初期建设，采购 2 套智能手环穿戴设备用于精准教学实验，10 套心肺复苏模拟人用于运动风险防控实操等。

（二）组建师资团队，提升防险素养

体育运动风险防控阵地建设由宁波市体育名师主持，由镇海区幼、小、初、高四个学段的名优教师组成的体育教学研究共生体负责开展研究工作，并以浙江省教育规划课题“基于大数据精准分析促进学生体质健康发展的实践研究”为契合点，聘请省市专家指导创建工作，确保工作扎实推进。

团队主要负责人先后组织并聘请了专业技术人员对团队成员进行运动智能手环的使用监测和数据采集系统等前沿技术的培训。此外，团队还主持了《中国学校体育》杂志“草根争鸣”总第 135 期话题研讨 —— 体育教学中的“数据”运用。在这次研讨中，团队与全国各地的体育学者、专家进行了深入探讨，旨在提升对信息技术的认知和素养，助力体育大数据的发展。

（三）弘扬体育精神，强化文明素养

体育运动风险防控阵地建设与体育信息化实验室同步建设，首先确立了体育精神作为引领，体育文化作为内核。学校体育精神是“尚强健体魄，志文明校誉”，含义是每个学生要崇尚强健的体魄，立志文明精神，美誉学校。学校体育精神文化墙建设主要包括体育精神文化部分、学生“吉尼斯”挑战墙、学校体育之最、体育信息化发展等板块。通过体育精神文化引领学生体育文明素养；通过体育之最挑战宣扬体育竞技精神，激励学生追求“更快、更强、更高”的奥林匹克精神；通过体育信息化板块展示，让学生了解体育信息化的发展趋势，明确体育与科学的完美结合，提升利用信息化来开展体育运动的意识和能力。

二、创新教学方式，深化课程建设

学校积极推动创新实验室的应用，探索教学方式的变革，以教师和学生为根本，以课程为依托，构建了基础性课程、拓展性课程、精准化教学实验和学生体质自评在内的教学体系。基础性课程包括体育与健康课程，每周 15 节；拓展性课程涵盖了生命健康社团、篮球社团、艺术社团活动，每周 6 节；精准化教学实验包括精准教学实验活动，每周 2 节；学生体质自评环节，确保每周 200 人次参与自评。

（一）降低运动风险，学会紧急救护

学校对全校学生进行分批次实验，让学生佩戴心率采集设备，让教师按规定的体育与健康课程中某一内容进行授课，同时观察同一运动强度下每个学生的最高心率。对于超过个人最大心率阈值的学生应立即给予提醒，并记录相关数据，以避免猝死等运动风险的发生。对全校班级进行多次试验后，记录下各班“高运动风险”“中高运动风险”学生名单，并告知班主任、体育教师和医务室。在进行体育教学或体育活动时，教师将对“高运动风险”“中高运动风险”学生给予特别关注，并配备专人对这两类学生进行跟踪观测。同时，及时更新“高运动风险”“中高运动风险”学生名单，确保信息的时效性。

运动风险防控工作是学校体育工作中的重点工作。目前，学校依托体育精准教学创新实验室中的运动风险防控实操区，实现了全体教师都是红十字救护员的目标。在发展教师救护能力的同时，开设运动风险防控实操课，教授学生运动风险的防控与紧急救护方法，提升其防控意识，确保学生掌握体育运动风险预防的基本方法，学会应急救护的知识和实操技能，从而提升学生运动风险的防控能力。

图7　心肺复苏展示课

（二）佩戴智能手环，实现自我监测

学校目前的运动智能手环及配套设备支持实时心率、消耗卡路里、步数、课堂练习密度、课堂心率曲线、课堂平均心率等数据的监测。学生可在课中和课后观看自身的运动数据，了解自身的运动情况与身体状态。这大大提高了学生对体育与健康课程的兴趣。

（三）发现教学问题，改变评价方式

传统体育课堂只能通过估算实现数据分析，而在实验室中，体育教师可以在课程结束后，对练习密度、练习强度等进行分析，发现自身课堂的不足，如相关研究发现体育课堂中最高心率出现的时间应该在技术和能力结合部分，但现在的体育教学中，最高心率往往出现在准备活动部分。

数据的介入改变了课堂评价，将绝对性评价和发展性评价、定量性评价相结合，实现了精准评价。这些数据为教师有效开展教育管理、精准教学、诊断分析学生运动能力提供了有力支撑。教师也可以通过横向对比分析学生对某一类型运动的投入程度，从而对其进行个别疏导或辅导，以实现精准教学。如某体育教师在对学生不同体育课程的数据进行分析时发现，小张同学在篮球课上的平均心率、练习密度都高于本节课平均数据，而在体操课中却均低于本节课平均数据。而后体育教师找到该学生了解情况，发现该学生在小学阶段学习前滚翻时扭伤了脖子，之后一遇到体操课便不活跃了。体育教师立即对其进行心理疏导和课堂的强化关注，逐渐帮助该学生克服了心理障碍，该学生的数据水平得分明显提升。

（四）开发校本课程，实现人人受益

体育运动风险防控阵地建成后已开发运动风险防控实操课程。以后我们将继续提供更多课程，如基础性体育教学课程、基于“大数据 +”的体育创新实验研究课程、运动风险防控实操课程、学校体育精神文化建构课程等。根据课程建设需要再次添置器械设备，确保将阵地建设成有温度、有文化底蕴的活动空间和人人能够使用、人人能够受益的新型教学空间。

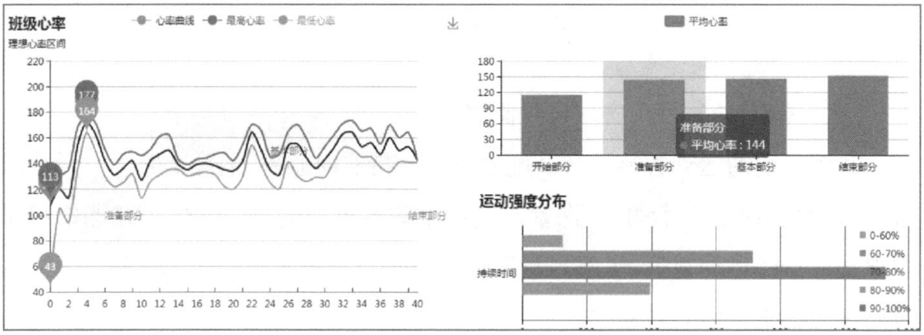

图 8　课堂教学分析

三、聚焦精准风险防控，创新数据赋能体育

体育运动风险防控阵地暨体育精准教学创新实验室的建成，不仅使体育课堂的强度更适宜、练习分组更合理、教师指导更精准、课后反馈更便捷，还对教师队伍的建设和综合能力的提升有巨大的帮助。全校 56 名教师均获区红十字救护员证书，其中 2 人获取红十字救护师资，1 人获取美国心脏协会（American Heart Association，简称 AHA）基础生命支持（Basic Life Support，简称 BLS）证书。“体育与健康理论——增强安全意识　提高避险能力”获“一师一优课、一课一名师”活动省级优质课；“基于大数据精准分析促进学生体质健康发展的实验研究”获省级课题立项；“后抛实心球”课程在“第二届基础教育课程改革试验区课改项目与课例展示活动”中获教学创意课堂。学校实验室的建成与应用不仅实现了教学方式和评价手段的改革，提升了学生的课堂效率，丰富了校园文化生

活;更是辐射附近地区,加快了区域性教学变革的速度和区域内教师教学能力的提升。2023 年 10 月,实验室智能运动手环系统应用于浙江中小学体育与健康教学活动评比,助力宁波市镇海区蛟川书院教师钱丹丹荣获省初中组一等奖。

四、总结

学校将继续以信息技术为引领,发展体育运动风险防控阵地和体育教学精准实验室,将信息技术与教育教学深度融合,坚持以课堂教学为核心点,以自主学习为发展点,以体质健康为落脚点,促进学生的健康成长和身心发展。同时,提升教师团队信息素养,力争“人人能操作,人人能分析”。推动学校教育教学改革,实现“互联网 +”的教学模式,辐射附近地区,力争形成地区特色和信息化标杆。

第三节　中小学体育运动风险防控学生安全教育(示例)

七年级新生开学第一节体育理论课教学四策

良好的开端是成功的一半。七年级新生开学第一节体育课即小升初后上的第一节体育课,标志着初中体育教学开启新起点。体育教师要抓住开学第一节理论教育课的契机,充分运用“首因效应”,精心设计教学计划,创新理论课教育形式,让学生全面了解体育的价值、魅力、课堂规则和体育安全等,激发学生体育学习的兴趣和热情,为初中体育学习奠基。

一、交流互动察学情

立足学情是体育教师课堂教学的根本和依据,新生入学阶段第一要务就是了解学情。学生学情包括身体健康状况、运动经历、运动兴趣、运动特长、家庭体育方面的情况。首堂课上,体育教师可以采用小组合作互动方式,通过问题情景设置来促进学生交流,拉近师生和生生之间的距离,从交流中了解学生健康和运动状况，为后续课堂教学调整做准备。例如：学期伊始，可以采用小组合作互动制作健康卡模式来了解学生现有情况。操作方法是就近前后或左右相邻四人为一组；各组成员进行“真心话自述”，小组成员整理并填写健康卡（见表4）。完成健康卡正面后，每个人单独填写卡背面“心里话悄悄说”（见表5）并上交教师，其主要目的是在保护学生隐私的情况下快速地了解有先天性心脏病、哮喘等特殊体质的学生的情况。体育教师课后通过分析学生的“健康卡”，深入了解学生运动经历和兴趣爱好，发现特殊体质的学生，以便有针对性地开展本学期的体育教学工作。

表4 “真心话自述”健康卡（正面）

体育任课教师：××× 授课专长：篮球、足球、排球 本学期教学主要内容：（此部分自留）	体育运动经历：
	兴趣与特长：
	家庭体育活动项目：

表5 “心里话悄悄说”健康卡（反面）

运动与健康贴心话	我的健康我知道
我想大声告诉你： 1. 我的健康我做主。 2. 让运动与众不同，非一般的感觉。 3. 运动，一切皆有可能。 4. 运动参与，我能行！ ……	让我悄悄地告诉您： 1. 我的身体健康方面： 2. 我的运动方面： （保护隐私，教师之责） 学　生：××

二、明确规划重引领

上初中室内首堂课时，体育教师要让学生树立初中体育学习规划意识。体育教师可以根据初中学生的身心发展规律、学科核心素养和体育教学任务等制定《初中生体育与健康学习发展规划表》(见表6)。体育教师对该表进行解读,让学生初步了解初中三年的学习框架,明确初中体育学习内容、活动形式和学业质量评价等。针对学生有疑惑或有畏难情绪的学习内容,体育教师要结合所学内容的项目特征,借用室内多媒体平台上的优质视频资源,做好理论知识渗透和思想情绪疏导等工作。例如:耐久跑项目是学生畏难情绪最重的项目,体育教师可以围绕耐久跑项目的"极点""第二次呼吸"等知识点,通过视频讲解"极点"的含义,"极点"产生的原因以及如何克服"极点";"第二次呼吸"讲解阶段,亦可以借助视频让学生了解这一过程是"坚持"与"放弃"左右摇摆的过程,也是挑战自我、鞭策自我、战胜自我的过程。课后,体育教师应根据规划表内容和学生实际情况,指导学生制定个人三年学习规划,帮助每一个学生搭建初中三年体育学习的框架,构建目标引领、形式多样、层次递进的学习规划。

表6　初中生体育与健康学习发展规划表

发展方向	相关内容
运动能力	1. 形成2项运动技能。
	2. 掌握体育与健康课程中必修、选修类内容。
	3. 体育中考相关项目成绩优异。
	4. 体质健康测试项目成绩优异。
健康行为	1. 珍爱生命，热爱生活，身心健康。
	2. 积极参与校内外体育活动，坚持自主体育锻炼，养成体育锻炼的习惯。
	3. 养成良好的团队合作和自我调节能力。
	4. 关注运动安全，掌握体育运动风险防控知识和技能。
体育品德	1. 体育运动中学会尊重他人，遵守规则。
	2. 养成勇于克服困难、积极进取、顽强拼搏的意志和品质。
	3. 正确对待并合理解决运动中的冲突，提高自我约束力。
	4. 关心同伴，互帮互助，敢于担责。
家庭体育	1. 开展"家庭体育日"，和父母一起设计家庭体育项目。
	2. 营造家庭体育运动氛围，和父母交流运动、健康知识等。

三、师生共议定常规

没有规矩不成方圆，体育课堂教学常规是确保课堂教学有序开展和高效推进的制度保障。七年级新生开学第一节体育课就要制定能够约束教师和学生双方的课堂常规，针对教师的常规有课前备课、讲解示范、个体辅导等，针对学生的常规有课堂礼仪、上课着装、队列队形、课后作业等。课堂常规要在教师引导下，由全体学生共同商议制定。民主型课堂常规有助于课堂常规高效落实，能够快速拉近师生距离，使他们建立良好的师生关系。教师可以和全体学生共同制定《课堂队列队形“四规范”表》（见表 7），将常规管理与计分量化考核相结合。可以将起始分设定为 100 分，根据学生具体表现进行相应的量化扣分。此外，亦可以评选班级每月和学期“队列队形之星”，以评价导向保障体育教学顺利进行。

表 7　课堂队列队形“四规范”表

项目	要求	执行形式	管理措施
规范一	行进队形要有序	学生在教室外排成两路纵队，每班安排两名体育委员负责管理。两人分别排在队伍的前后，负责引领和管理队伍，保持队伍快、静、齐行进。	首次发现大声喧哗、动作拖拉、配合不当者给予警告；再次不听规劝者扣除当堂课堂表现 0.5 分。
规范二	提前排队静候课	学生到达上课指定场地后，体育委员负责组织排列上课队形，静待教师上课。	候课期间，肆意打扰、扰乱其他人排队或做准备工作者扣除当堂课堂表现 0.5 分。
规范三	热身慢跑“三落实”	落实体育教师参与慢跑活动；落实每节课都有不同的学生做轮值领跑员；落实队伍在行进过程中要保持整齐、匀速和安静状态。	热身跑过程中消极怠跑、大声喧哗、乱穿跑道、故意扰乱秩序者扣除当堂课堂表现 0.5 分。
规范四	队形变换限时间	用时间限定法来管理学生的队形变换，解决学生队形调动过程中拖沓懒散的问题。比如，5 秒完成体操队形的集合或解散，10 秒完成体育委员整队工作等。	若该组超出集合规定时间，第一次则在该组组长的带领下以集体蹲跳 5 次的形式提醒；若第二次违反则整组扣 0.5 分。

四、防救结合保安全

七年级新生上开学第一节体育理论课时，我们首先要让学生树立"安全大于一切"的意识，并明确体育课堂安全的基本原则是"预防为主，防救结合"。此外，还需要让学生掌握简单实用的体育课堂安全事故紧急救护流程图（见图9）。体育教师运用现代化多媒体技术，结合实际案例解读紧急救护操作流程和讲解安全事故防治办法，为后期体育课的实践模拟练习打下基础。

下面，以体育课堂中学生运动摔倒后引发的小腿骨折事件为例，详细展示安全事故紧急救护的教学步骤。一是提高学生运动风险意识。通过PPT播放运动中学生摔倒引起骨折事件的视频，让每一个学生都认识到体育运动风险就潜伏在我们身边，从而提高其运动风险防范意识。二是讲解紧急救护流程。告诉学生，遇到突发运动损伤事件，目击的学生要保持冷静，大声呼救，立即告知体育教师。教师将根据实际情况积极开展救护工作，并组织相关人员帮忙拨打120，上报班主任。此外，教师需要对伤者进行语言安慰、人文关怀，以消除伤者的恐惧心理，其他同学应协助体育教师对伤者进行急救。

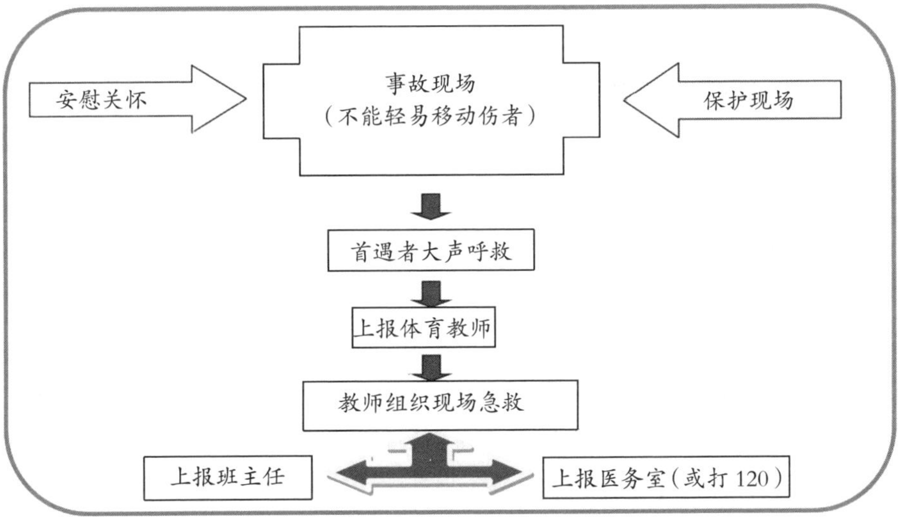

图9 体育课堂安全事故紧急救护流程图

初中体育课堂心源性运动猝死的防治策略

近年来，初中体育课堂教学中运动猝死事故时有发生，其中心源性运动猝死占比最高。此部分内容在分析初中体育课堂教学过程中发生心源性运动猝死的原因和影响的基础上，提出了具有针对性和可操作性的“四防一救”的防控措施和急救方法，能够有效预防和减少中学生心源性运动猝死现象的发生。

一、概念界定

世界卫生组织（1970 年）和国际心脏病学会、美国心脏病学会（1979 年）将猝死定义为急性症状发生后即刻或在 24 小时内发生的意外死亡。

运动性猝死是指与运动相关的急性症状发生后即刻或在 24 小时内发生的意外死亡。运动性猝死又包括心源性病、脑源性病和其他病引起的猝死，其中心源性运动猝死占比极大。在欧洲每年的运动性猝死病例中有 90% 以上都是心源性猝死。[1]

二、原因探究

心源性运动猝死的病因主要有先天性心脏病、心肌炎和心力衰竭三种，具有突发、隐蔽、危险、影响大等特征。初中体育课堂发生心源性运动猝死的原因主要有三方面。

（一）缺乏对运动猝死的认知

当下仍有部分初中学校、教师、家长和学生存在功利主义思想，他们只重视体育中考应试分数，不重视体育与健康知识的学习，更缺少对心源性运动猝死这一严重威胁学生健康问题的了解和研究。有些初中生在身体不适、月经期、睡眠严重不足甚至有心血管系统疾病等情况下，仍旧参加高强度的跑类运动和体育竞赛等，这类情况都可能引发心源性运动猝死。

---

[1] 冯大志，沈雁飞．高校内发生运动猝死的原因调查及预防对策 [J]. 北京体育大学学报，2012，35（11）：94.

（二）先天性心脏疾病突发导致猝死

有许多初中生和家长出于隐私考虑，不愿向学校和教师透露孩子患有先天性心脏病等身体状况，这导致体育教师无法第一时间了解学生的身体健康状况。在开展一定运动强度的体育教学时，患有先天性心脏病的学生可能会因承受过大的身体负荷而突发心脏病，甚至发生猝死。

（三）超负荷运动造成猝死

已有研究表明，运动性猝死的概率会随着运动绝对强度或相对强度的增加而增加。在体育中考这一重要考核的压力下，初中学段体育教学强度相比其他学段要大很多，学生每节体育课都要承受较重的运动负荷。如果学生在小学阶段没有打好坚实的运动基础或长期没有进行体育活动，机体缺少一定运动强度的刺激，那么在初中体育课堂上骤然参加运动强度较大的体育活动时，非常容易引发心源性运动猝死。

三、影响分析

体育课堂中发生学生运动猝死事件的影响是非常严重的，对学生、家庭、学校和社会都会造成无法挽回的损失，主要影响有以下几方面。

（一）危及生命，影响家庭

心源性运动猝死危害性大，死亡率高，危及生命，对学生个体和家庭的影响是无法估量的。

（二）降低体育教学质量，影响学生体质健康

学生的生命安全是学校管理的头等大事，有些学校为了避免学生发生安全事故，严控体育活动时间，降低其运动量和运动强度，杜绝“有安全隐患”的教材和器材走进体育课堂，此种情况严重影响了体育课堂教学质量，严重阻碍了学生体质的健康发展，也严重制约了学校体育的健康发展。这也是我们国家学生体质健康水平连续多年下降的重要原因之一。

（三）增大教师职业风险

因学生体育课堂运动风险问题，现在的体育教师业已成为“高危职业”，许多体育教师为了确保体育课堂上学生不出事，在教学过程中被迫采取“保守”

教学法，教学中降低了教学难度、运动强度和练习密度，缺少“三度”的体育课堂严重影响了教学效果。

四、防控四法

体育课堂心源性运动猝死要以预防为主。预防措施要针对猝死诱因实施靶向干预，学校层面要关注全体学生体质健康和培养学生自我防范意识与能力，对特殊个体实施有效监管，同时要充分利用现代化信息设备开展对学生的心率监测和预警。体育教师层面要尊重体育教学规律，严守课堂教学常规，调控课堂运动量，有针对性地关注重点学生。学生和家长层面要提早告知学校自身健康状况，及时与体育教师沟通当日的身体情况。

（一）特殊群体三关注

学校要做好入校新生的健康调研工作，做到特殊群体三关注。一要关注信息。了解每一名新入校的学生的健康状况，第一时间掌握有先天性心脏病等不适合进行体育锻炼的学生的信息，并书面告知班主任和体育教师。二要关注档案。建立特殊体质学生健康档案库，并做到及时更新反馈。三要关注动态。在保护学生隐私的基础上，对特殊学生做好定向的体育锻炼指导和监督计划，以及长期运动记录跟踪工作。

（二）风险防范三必会

学校要让每一个学生都掌握心源性运动猝死风险防范三个“必会”。一必会健康知识。学校可以通过健康课或卫生课教授学生心血管系统的结构、功能，让学生了解心源性运动猝死的发病原理。二必会自测自评。体育课堂要教会学生自我测定心率的方法。学生能够自己绘制体育课堂心率曲线变化图，并完成课堂自主评价。三必会急救技能。学校要开展急救课程，让每一个学生都学会现场急救的知识和技能。

（三）课堂教学三调控

体育教师是课堂教学的组织者和管理者，更是学生安全的守护者。初中体育课堂教学中，体育教师要做到三调控。一要调控运动量。课堂教学除了要做好场地器材、学情、天气等安全问题规避，更要做好体育课运动量的控制，每节体育课都要设计适当的运动量,并能够根据学生课堂状态适当调整运动量的大小。二要调控运动负荷。运动负荷大小直接关系到学生机体所承受的刺激,运动负荷过大,机体承受不了就容易出问题;运动负荷过小,对机体刺激不够,体育锻炼就失去了意义。体育教师在课堂教学中一定要根据实际情况调控好运动负荷。三要调控心理。体育教师一定要做好课堂观察工作,特别是在大强度、大运动量的项目练习之后,关注每一个学生的心率情况,要利用脉搏测量法检测学生的运动心率,了解心脏恢复率和靶心率,保障学生心率在可承受范围内。同时,针对重点学生做好长期监测与记录工作,以便用于监督、评价和医学治疗参考。

(四)运动监测三措施

运动监测是体育课堂教学的重要评价手段。体育课堂教学中,要积极开展运动监测,防止运动心率负荷过大,影响健康。一要开展人工监测。体育教师要根据不同教材运用人工测脉搏等方法开展运动监测,及时调整运动强度。二要运用现代化装备开展监测。运动手环、运动手表等现代化穿戴设备具备准确地记录运动心率、运动量、睡眠时间、能量消耗等功能,学校和家长要积极给学生佩戴此类设备对学生实施动态监测。三要构建运动监测和防控体系。学校要建立完整的运动健康监测体系,采集学生的运动信息,如运动心率、运动量、能量消耗等,根据医学上给出的运动心率限制区间和个体运动心率特征构建出运动心率风险防控警报系统。即当某一学生运动心率达到或超过他的最大设置阈值时,系统会自动发出警报,通过手机等移动终端向任课体育教师或监控人员报警,体育教师就可以及时调整对该学生的运动指导策略,将运动风险降到最低。

五、急救良策

心源性运动猝死事故的发生都具有较强的隐蔽性和突发性。体育课堂教学是在一定运动强度下身心动态活动的过程,要想完全规避运动风险是很难实现的,但有效的急救措施是能避免猝死事故发生的。体育教师和学生要学会现场应急救护技术,确保能够在最短的时间内用最正确的方法救治病人。

心源性运动猝死现场的急救方法是人工心肺复苏与AED结合急救法。心肺复苏是救护员对伤者实施胸外心脏按压和人工呼吸相结合的一种急救技术，AED是自动体外除颤器，是利用电击除颤方式抢救心源性猝死患者的便携式医疗设备。两种救护方式结合使用会使救护效果更好。操作方法是当体育课堂中发生心脏骤停意外事故时，现场的体育教师要立刻组织实施急救。体育教师要做到既是施救者又是指挥者。第一步，判断情况，组织施救。确定伤者心跳停止后立即对伤者开展心肺复苏，同时做好工作分工，指派一组学生拨打120，一组上报情况给学校校医和班主任，一组取AED，其他人帮忙协助救护。第二步，人工心肺复苏与AED配合施救。人工心肺复苏要持续对伤者施救，当AED取来之后，用AED对心脏进行除颤，除颤结束继续实施人工心肺复苏，重复操作进行抢救。第三步，停止急救。当伤者恢复自主呼吸或专业医生到达现场接替抢救工作后，方可停止急救。

心肺复苏是现场救治心脏骤停的最有效的一种急救技术，这项技术需要学校里每一个师生扎实掌握。AED是现代化急救设备，每所学校都应该在校园运动区域配备一套或几套，并要教会教师和学生规范的使用方法。只有全校师生都重视心源性运动猝死，做好防护措施，学会急救的正确操作方法，才能有效保障学生的生命安全。

第四节　初中蛙泳教学“一带一”互助学习模式的有效运用

“一带一”助学模式是指在两个学业能力有差异的学生之间开展“以优带弱”的互助学习活动，通过“优带弱”的指导、帮助、合作等，发挥“以教促学，以带助学，以合共学”的优势，提升学生自主性，推进合作探究学习，培养学生创新和实践能力，实现能力较弱者不断提升，能力较强者更加优秀的双赢教育目的。“一带一”助学模式需要有一“优”一“弱”两名学生结对成组，二者能力差距以保持在“最近发展区”为宜，二者关系以友伴型为最佳。这种学习模式既固定又灵活多变，能够满足不同层次学生的需求，使每个学生都能在互助学练中真正动起来，从而激发每一个学生的自主能动性，极大地提高学生的学习参与、互助交流和创新思考等能力，解放教师，成就学生。

一、梯次分层助结对

初中学段蛙泳初级教学中，同个教学班中学生能力差异性较大，存在有些学生已经学会基本动作并能够游一定距离，而有些只会简单地漂浮，有些从未下过水，甚至存在怕水等情况。结合实际学情，教学中可以采用“一带一”助学模式实施教学。优点有三个：一是能确保教学安全，从没下过水的学生在初下水时，因不熟识水性，存在非常大的安全隐患，容易出现呛水、溺水等情况，在有一定水平的同伴保护下能够保障其安全；二是能提高教学质量，一般游泳教学周期短、任务重，“一带一”教学能提高教学效率；三是能确保体德共育，通过游泳教学实现育人。以初中蛙泳初级班 20 人为例，根据学生不同水平分成“优、中、弱”三个层次，优等 5 人，中等 10 人，后进等 5 人，配对分组为“优带中”和“中带弱”。这样分组能够确保每组中都有不同水平的学生，又能够保证二者之间差距不大，有自己“跳一跳也能摘到桃子”的主观意识。“优生”发挥“小先生”的作用，带动“后进生”学练，在指导和帮助“后进生”的过程中实现反哺作用。

二、口语讲解助领悟

蛙泳的理论知识和技术要领需要教师以讲解、示范等形式传授给学生，游泳基础差或零基础的学生，因缺乏水中的实践体验，理解和领悟能力相对较弱，通过“优带弱”的一对一互助，“优生”能够用“后进生”更容易理解的同伴语言与其进行沟通、交流和讲解，有助于“后进生”理解。如教授蛙泳腿部动作时，教师总结出“收、翻、蹬、夹、漂”五字口诀，相对来说，“后进生”可能很难厘清要点，处于被动接受的学习状态。“优生”可以结合自身学练经验，手把手地用同伴熟悉的口头语言把教师的专业术语解读清楚，如“翻”的动作，学生可以用

“勾脚尖”的表述告知同伴。“优生”可以边讲解要领边示范动作，帮助“后进生”学习和领悟。同时，可以在两人之间开展知识互问互答活动，这能够加速对知识点的记忆与理解，确保“后进生”实现从被动助力到主动发力的转变，也能促进“优生”深度解读和精准把握。

三、针对指导助体悟

蛙泳技术教学以水中学练为主，从熟悉水性、水中憋气、漂浮到蛙泳完整技术动作，绝大部分时间需要在水中进行。体育教师在水中教学很难做到全面兼顾，“一带一”互学中“优弱帮带”练习优势更为明显。如在水中憋气练习时，两人可以面对面、手牵手，眼睛看着对方做“吸气入水 — 水中憋气 — 吐气出水”的练习；在漂浮练习过程中，“优生”可以采用拉手、托腹、推脚等方式帮助“后进生”放松漂浮；练习蛙泳腿部动作时，“优生”可以拉着“后进生”的双手，一边用口令指挥“后进生”做“收、翻、蹬、夹、漂”的动作，一边观察动作质量，及时指导纠正；练习蛙泳手臂动作时，“优生”可以用双手夹住“后进生”的双腿，助其练习水中划手和换气等。在“优生”的指导和帮助下，“后进生”在水中练习的胆量会增大，敢于尝试完成各种动作，在“优生”的及时助力下能够快速提高学习的效率和质量。“优生”通过对“后进生”的指导，也能加深对技术要点的理解，二者实现从帮带到共练的互促和提升。

四、技能陪练助感悟

蛙泳从技术学习到形成技能是通过大量长距离游泳练习逐步实现的。学生初步学会蛙泳技术动作后，要通过长距离的游泳练习来逐步掌握和完善蛙泳技术，最终达到一定的技能水平。在这一阶段的学习过程中，“后进生”独自学练容易出现厌学、气馁等情况，产生放弃的念头。“一带一”互助教学中，“优生”的积极鼓励、及时指导和有效监督的陪伴式练习能够及时给予“后进生”积极性助力和客观性评价，有助于“后进生”树立自信心，提升克服困难的勇气。在蛙泳长距离练习中，就可以开展“优生”陪游的练习方式。“后进生”因游泳换气节奏不合理而无法游得更远时，可以采用“优生”在旁边伴游提示等方式予以助力。二者在互助过程中,“优生”良好的学习习惯、认真的学习态度、勤奋的学习精神都是“后进生”的学习榜样。“优生”在陪练时也能够站在教和管的视角重新审视和改进自己的技术动作,提高自我约束力,收获助人的幸福感,也无形中提升了其自身水平。“优生”和“后进生”二者可以在互助教学中实现从他助到共进的成长。

“一带一”互助学习模式是让师生双赢的教学模式,通过“以优带弱”的帮教助学,加强学生之间的交流和互动,充分激发学生自主、合作、探究的能力,能够起到“优生更优,弱生渐优”的学习效果。

第五节　中小学体育运动风险防控课堂教学计划(实例)

心肺复苏单元教学计划(人教版)

教学内容	心肺复苏		课次	4
单元教学目标	1. 了解心肺复苏的技术原理，明确不同意外伤害现场的急救知识和操作方法。 2. 学会环境评估和正确的求救方法，掌握心肺复苏的技术动作，能够熟练完成单人或团队配合下的心肺复苏操作，胸外心脏按压和人工呼吸技术准确、规范。 3. 增强安全意识，提高自我防护能力，弘扬人道主义、奉献精神，培养团队合作互助能力和敢于担当的社会责任感。			
单元教学重点	胸外心脏按压、人工呼吸及其正确的操作流程			
课次	教学内容	教学目标	教学重难点	教学策略
一	1. 心血管系统结构和功能 2. 胸外心脏按压	1. 了解心血管系统的结构、功能和血液循环知识，明确体育锻炼对其产生的影响。 2. 掌握胸外心脏按压的操作方法，明确按压部位、直臂按压和按压节奏。 3. 培养冷静、果断的品质和敢于担当的社会责任感。	重点：按压部位和按压手法 难点：按压力度控制	1. 结合心血管模型和视频讲解心血管系统结构和功能。 2. 小组探讨体育锻炼对心血管系统的影响，并举例说明。 3. 结合视频和模拟人分组学练胸外心脏按压技术。

二	1. 紧急呼救方法 2. 呼吸系统结构和功能 3. 人工呼吸	1. 了解呼吸系统的结构、功能，明确体育锻炼对其产生的影响。 2. 掌握紧急呼救的方法和人工呼吸的操作动作，做到仰头举颏法操作准确、吹气动作正确。 3. 培养冷静、果敢的品质和团队协作的能力。	重点：开通气道的仰头举颏法 难点：吹气，同时眼睛观察胸廓起伏	1. 结合模型和视频讲解呼吸系统的结构和功能。 2. 小组探讨体育锻炼对呼吸系统的影响，并举例说明。 3. 结合视频，利用模拟人小组合作学练紧急呼救和人工呼吸。
三	心肺复苏	1. 学生能够学会心肺复苏的操作流程，全面了解心肺复苏的作用和意义。 2. 多数学生能够较好地掌握心肺复苏的全套操作动作，做到胸外按压部位准确，按压深度和人工呼吸吹气量适当。 3. 弘扬人道主义和奉献精神，培养合作互助能力和敢于担当的社会责任感。	重点：正确的操作流程 难点：胸外按压和人工呼吸协调配合	1. 讲解示范心肺复苏完成操作技术。 2. 分步讲解、示范技术动作。 3. 各小组采用“学—练—评”任务单式学习技术。 4. 单人独自完成心肺复苏。 5. 团队协作完成心肺复苏。
四	1. 溺水现场的心肺复苏 2. 交通意外伤害现场的心肺复苏 3. 考核	1. 学会在不同意外环境下进行评估判断，提高自我防护意识。 2. 掌握模拟环境下的急救流程，心肺复苏技术操作流程动作准确，并能够客观评价。 3. 培养冷静思考、客观评价的能力。	重点：冷静处理突发事件 难点：现场急救程序正确，心肺复苏及时和正确	1. 溺水环境下的小组合作急救演练。 2. 交通意外环境下的小组合作急救演练。 3. 校园体育场突发事件的小组合作急救演练。 4. 分组考评心肺复苏操作。

心肺复苏教学设计

一、指导思想

本课以《义务教育体育与健康课程标准（2022 年版）》的课程理念为指导方针，贯彻“以人为本，健康第一”的指导思想，以在体育课堂教学中落实“健康行为和体育品德”核心素养为出发点，重视学生的主体地位，激发学生的学习兴趣，培养学生团队协作、互帮互助的意识、能力和社会责任感。根据学生对心肺复苏认识不足的现状，本课利用校园突发事件导入、巧用学习任务单开展小组合作下的“学—练—评”教学模式，运用单人救护和团队合作救护两种方式，调动每一个学生练习的积极性，让每一个学生都能够“乐学、会学、会用”，从而弘扬“人道、奉献、博爱”精神，培养学生勇敢、果断、担当和合作互助的行为品质。

二、教材分析

《“健康中国2030”规划纲要》明确要求：加强健康教育，加大学校健康教育力度。《中小学健康教育指导纲要》“健康教育具体目标和基本内容”中，中小学健康教育水平四的目标之一就是学会自救互救技能，提高应对突发事件的能力。心肺复苏是人教版《体育与健康九年级全一册》理论知识“增强安全意识，提高避险能力”中的重点学习内容。初中生溺水、交通事故死亡事件频发，溺水、交通事故等意外伤害已经成为导致青少年死亡的大敌，这与学生安全意识不足、应急避险能力差、面对突发事件不会运用心肺复苏的紧急救护方法有直接关系。

心肺复苏（cardiopulmonary resuscitation，简称CPR），是现场急救人员在伤病患者无反应、无意识、呼吸停止等体征出现时，第一时间给予伤病患者的早期高级生命支持。心肺复苏主要包括识别判断、胸外心脏按压、开通气道和人工呼吸等关键环节。通过规范动作和完成程序的学练，学生能够掌握正确的操作技术，并在此过程中培养勇敢、果断的意志品质和敢于救死扶伤的社会责任感。心肺复苏教学的重点是正确的操作流程，教学难点是胸外按压和人工呼吸协调配合。

三、学情分析

本次授课的对象是水平四中九年级的学生，这个年龄段的学生具备一定的认知能力和模仿能力，好胜心强，易浮躁。学生对心肺功能和急救知识了解较少，多数学生对心肺复苏技术有兴趣，少数人对模拟人存在一定恐惧心理，个别女生会出现“害羞”心理，不愿意参与心肺复苏实操练习，这给心肺复苏教学带来一定难度。技术教学中，学生容易出现胸外按压部位不准确、气道未开通、按压频率不当等问题。在实际操作过程中，学生又容易出现小组合作无序化、低效化等问题。所以，教师在设计教学策略时，应多采用由易到难、由简到繁、由完整到分解的教学方法，同时借助多媒体教学手段，引导学生积极主动地参与到学习中来。通过小组合作模式下“学 — 练 — 评”任务单式的学习方式，提高学生的参与度和积极性，帮助他们掌握急救本领，培养良好的社会责任感，并形成乐于助人的良好品质。

四、教学流程

意外伤害视频导入→心肺复苏完整动作示范→心肺复苏分步演示讲解→单个学生心肺复苏学练→小组合作“学 — 练 — 评”→教学展示→多人合作完成心肺复苏→点评、小结。

五、安全防范

课前认真检查上课场地，准备好一次性 CPR 屏障消毒面膜等安全防护器材，教会学生评估现场环境，增强学生模拟环境下的自我防护意识。

六、课程特点与创新

本节课在教学流程设计、小组合作学习、“学 — 练 — 评”任务单使用、体育品德的渗透四个方面皆有亮点。教师通过身边实际案例引导学生了解心肺复苏的重要性。心肺复苏教学中，从单人救护逐步过渡到团队救护，整个教学过程中都以小组合作为基础。通过任务单让学生完成“学、练、评”三个环节。在团队救援练习中，每个学生都能轮流体验不同的角色，包括团队总指挥、胸外人工按压者、拨打急救电话并取 AED 协助者和人工呼吸操作者。演练中组员分工明确，练习密度明显增大，且贴近实际情况。这种团队合作的急救练习不仅提高了学生团结互助的能力，还培养了学生敢于担责的社会责任感，并促进了良好体育品德的形成，实现了体育和德育的共同培养。

“意外伤害事件的应急处理——心肺复苏”教案

任课教师	××	任教班级	九年级（2）班	课程类型	理论课新授
		学生人数	40人	课次	3
教学内容	心肺复苏			教学重点	规范的操作方法
				教学难点	胸外心脏按压和人工呼吸协调配合
教学目标	1. 学生能够用规范的语言说出心肺复苏操作流程，全面了解心肺复苏的作用和意义。 2.85% 左右的学生能够较好地掌握心肺复苏的全套操作动作，做到胸外按压部位准确，按压深度和人工呼吸吹气量适当；15% 的学生在教师指导或同伴帮助下做到流程正确，找准按压点和掌握人工呼吸方法。 3. 弘扬人道、奉献、博爱、救死扶伤的精神，培养学生合作互助能力和勇于奉献、敢于担当的社会责任感。				

课程结构	课程内容	组织、教法、学练与要求		
		教师活动	学生活动	组织要求
导入部分（5分钟）	1. 课堂礼仪。 2. 安全教育。 3. 视频导入： 观看运动者突发心脏骤停视频，小组讨论如何救助。	1. 师生问好。 2. 宣布课程内容。 3. 检查服装。 4. 提问：遇到心脏骤停状况该怎么办？	1. 向老师问好。 2. 精神饱满。 3. 检查服装。 4. 认真观看视频，小组讨论并回答问题。	1. 将 40 名学生分成 6 组，每组安排小组长负责全组工作。 2. 坐姿端正、安静有序。
基本部分（38分钟）	1. 心肺复苏完整动作示范	1. 教师示范完整技术动作，完成 5 个循环操作。 2. 明确学生观看的重点：呼救、检查、按压深度、仰头举颏法。	1. 根据观察要求认真观看 8 个步骤。 2. 重点关注按压深度、频率和保持气道开通状态。	1. 安静听课。 2. 注意力集中。
	2. 心肺复苏分步教学： （1）观察环境。 （2）判断意识。 （3）呼救求援。 （4）判断呼吸。 （5）胸外心脏按压。 （6）开放气道。 （7）人工呼吸。 （8）判断恢复情况。	1. 分步讲解、示范。 2. 强调各步骤要点，明确学习和操作标准、注意事项。 3. 引导学生思考，并进行模仿练习。	1. 认真听讲，关注要点，明确操作流程和操作手法。 2. 关注各步骤的关键点，原地模仿、体会动作。 3. 明确原理，形成有序的心肺复苏流程。 4. 每名学生做 1—2 个循环。	1. 仔细聆听。 2. 认真观察教师动作。 3. 关注各步骤要点，明确救护员所讲的每一句话。

基本部分（38分钟）	3. 分组练习心肺复苏。	1. 讲解各小组练习方法和要求。 2. 明确小组合作学习的“练—指—评”模式，即一人练习、一人指导、多人评价。 3. 巡视指导。 4. 循环播放完整动作视频。	1. 在小组长的带领下，各组自主学练。 2. 小组长组织并指导学练者完成全套流程。 3. 其他组员根据任务单进行评价。 4. 组内自评动作。 5. 反复练习。	1. 各组按照次序有序练习。 2. 救护员声音洪亮，动作准确，有力度。 3. 观察者认真观看，结合任务单客观评价。
	4. 展示与评价： （1）各组“优生”展示。 （2）小组评价。 （3）教师评价。	1. 鼓励“优生”示范。 2. 引导学生客观评价动作要点。	1. 认真展示。 2. 动作规范。	1.积极鼓励示范者。 2.主动参与评价。
	5. 团队合作完成心肺复苏。	1.教师讲解示范。 2.组织各小组练习。	在小组长组织下进行合作演练，团队协作。	1. 相互提醒，积极配合。 2. 认真观摩，客观评价。
结束部分（2分钟）	1. 学生小结。 2. 教师总结。 3. 布置作业。	1.引导学生小结。 2. 全面总结本课内容，强调要点，明确课后作业。 3. 组织学生回收器材。	1. 认真总结。 2. 认真聆听教师总结要点，明确作业内容。 3. 各组回收各自器材。	1. 坐姿端正。 2. 积极思考。 3.主动回收器材。
场地器材	场地：室内场地 器材：心肺复苏模拟人 7 套、小组合作学习任务单、人工呼吸防护罩、视频播放设备			
课后反思	本堂课是心肺复苏单元第三次课，内容是心肺复苏完整技术教学。前两次课分别学习了心血管系统和呼吸系统的结构、功能，胸外心脏按压和人工呼吸内容，科学合理的内容分解教学为本次课程教学奠定坚实的基础。 本课教学分为四大部分：案例导入引发讨论；教师讲解示范，明确操作流程；学生通过“学—评—练”任务单进行单个操练，以掌握技术；进行团队协作救护实践体验。教学步骤清晰，教法选择合理，结合任务单开展小组合作学习，不仅能激发学生学习兴趣，还能够有效组织、管理和开展练习。团队救援中每个学生都能担任不同角色，提高了学生参与的积极性，培养了学生的领导力和组织力。教师对各组开展针对性的学法指导和动作纠错，有利于小组开展“学—评”工作，有助于学生掌握正确的操作动作。心肺复苏教学中融入德育思想，突出家国情怀和社会责任担当，可以实现体育品德核心素养的有效落地，激励学生把正能量带进家庭、带进社会。			

课后反思	本课不足之处有两点。一是教学器材模拟人数量不足。教学中还可以再增加 2 套模拟人，增加学生个体的练习次数。二是教学场地局限。本课如果放在体育馆内教学，可以扩大模拟场景，使团队救援场景更逼真，更贴近现实。 综上，本单元第四节课教学中要注意场地的选择和利用，同时增加 2 套模拟人，增加练习次数。教师在教学中要注重将理论与实际紧密结合，提高学习效率。

体育与健康理论课时教学计划（省纲版）

学校：宁波市镇海区澥浦初级中学

班级：八年级　　学生数：40 人　　教师：××　　日期：2021 年 5 月

教学内容	创伤救护：出血的急救方法
教材分析	心血管系统是由心脏和血管组成的封闭式管道系统。心脏是动力器官，血管是运输血液的管道。通过心脏节律性收缩与舒张，推动血液在血管中按照一定的方向不停地循环流动的过程，被称为血液循环。学生学习心血管系统对了解自己的身体构造，掌握体育运动原理等有重要的意义。 出血是常见的体育运动损伤。有大量出血的静脉或动脉损伤对身体损害程度大，情况严重会危及生命。掌握正确的止血急救方法，如指压止血法、加压包扎止血法等，提高学生运动损伤急救技能，对体育运动风险防治有重要意义。
学情分析	本次授课的对象是水平四中的八年级学生，这个年龄段的学生具备一定的认知能力和模仿能力，好胜心强，易浮躁。学生对心血管系统、出血和急救知识了解较少，但学习兴趣浓厚，个别同学对出血会存恐惧心理，需要加强关注。本课教学难点在于能否找准脉搏和掌握动脉大出血的急救方法，重点要做到在实际操作过程中定位准确、松紧适度、动作娴熟。教师在设计教学策略时，应多采用由易到难、由简到繁、由完整到分解的教学方法，同时借助多媒体教学手段，设置教学情境，引导学生在情境中学习、实践，通过小组合作以“项目化 + 任务单”模式开展，凸显“学—练—评”的学习方式，提高学生参与的积极性和主动性，并帮助他们掌握急救本领，树立良好的社会责任意识，形成乐于助人的良好品质。
教学情境	本课教学采用三个教学情境进行导入： 1. 校园内学生摔倒导致皮肤擦伤后，表面有鲜血渗出。——毛细血管出血 2. 学生在学校里用美工刀时，不小心割到了手，伤口很深，有暗红色的血液涌出。——静脉出血 3. 学生从高处跳下，脚踩到了破碎的玻璃瓶底，抬起脚后，脚底有一股血箭喷出。——动脉出血

教学目标	1. 能够用自己的语言描述心血管系统的构成和布带绞紧止血法的操作流程，并能够绘制结构流程图。 2. 能够了解心血管系统，掌握布带绞紧止血法的技术动作；培养遇事冷静、敏捷机智、团结协作的能力。 3. 体会乐于助人的快乐。
教学重难点	重点：止血的方法　　难点：定位准确、操作规范
教学过程	一、情景导入 1. 进行集中注意力的小游戏。 2. 视频播放：三个不同部位出血的情境。 二、小组探讨 1. 小组讨论：三个出血的相同点和不同点。 2. 各小组代表回答问题：相同点是都有血管破裂，不同点是出血方式、出血量、血的颜色、危险程度等。 3. 教师解答：结合人体血管图片，了解动脉、静脉、毛细血管。 三、动手操作 1. 了解动脉与学会测量脉搏。 （1）动脉与脉搏的关系。 （2）找到三个可以测量脉搏的部位：颈动脉、桡动脉、心脏。 2. 止血的方法。 （1）了解一般性出血止血法：鼻子出血、擦伤等应使用加压止血法。 （2）学会野外动脉出血止血法——布带绞紧止血法。 （3）小组合作学练。 （4）各组展示作品、自评、互评。 （5）完成任务单的内容。 四、归纳总结 1. 学生归纳总结。 2. 教师点评。
板书设计	课堂学习知识结构图： 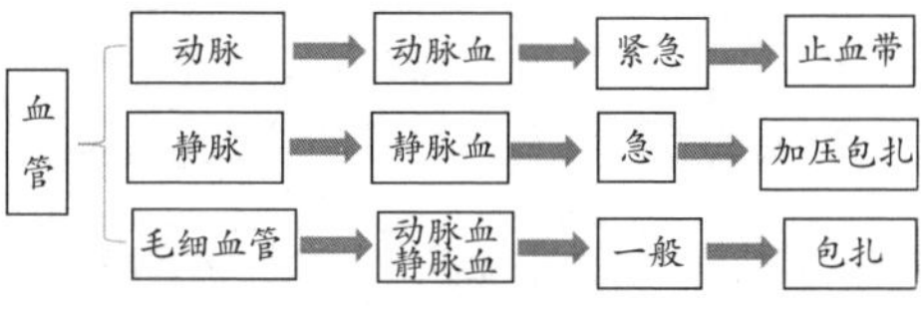
教学用具	视频播放设备、20 条布带、20 块敷料、20 支笔、20 根红布条
教学反思	

体育与健康知识“三习”任务单（学生）

主　题	创伤救护：出血的急救方法
项　目	具体内容：
课前预习	通过查阅材料独立完成下列两个问题： 1. 人体的血管类型有哪些？ 2. 你是否见过或自己有过受伤出血的经历？面对这种情况，你是如何做的呢？
课堂学习	1. 根据课堂学习进程，构建课堂学习知识结构图。 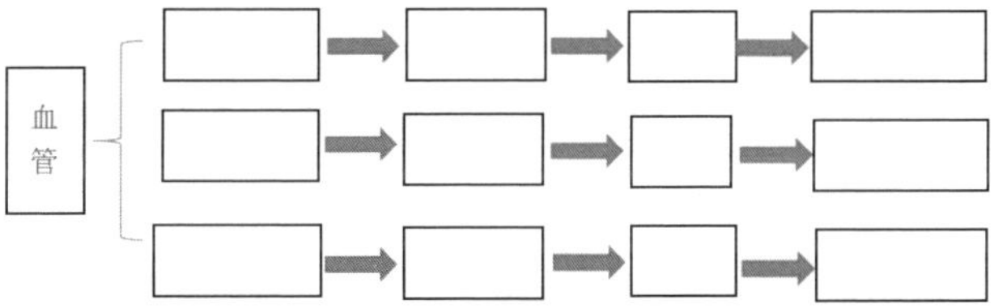 2. 基于“布带绞紧止血法”项目化小组合作学练，请简要记录你的参与、观察和困惑。 （1）项目参与 （2）学练观察 （3）疑难问题
课后复习	1. 学会整理：全面梳理所学知识点，谈两点学习体会。 2. 亲子互动：与家人一起完成课堂所学的实操内容。

下 篇

体育教学伤病的现场救护案例

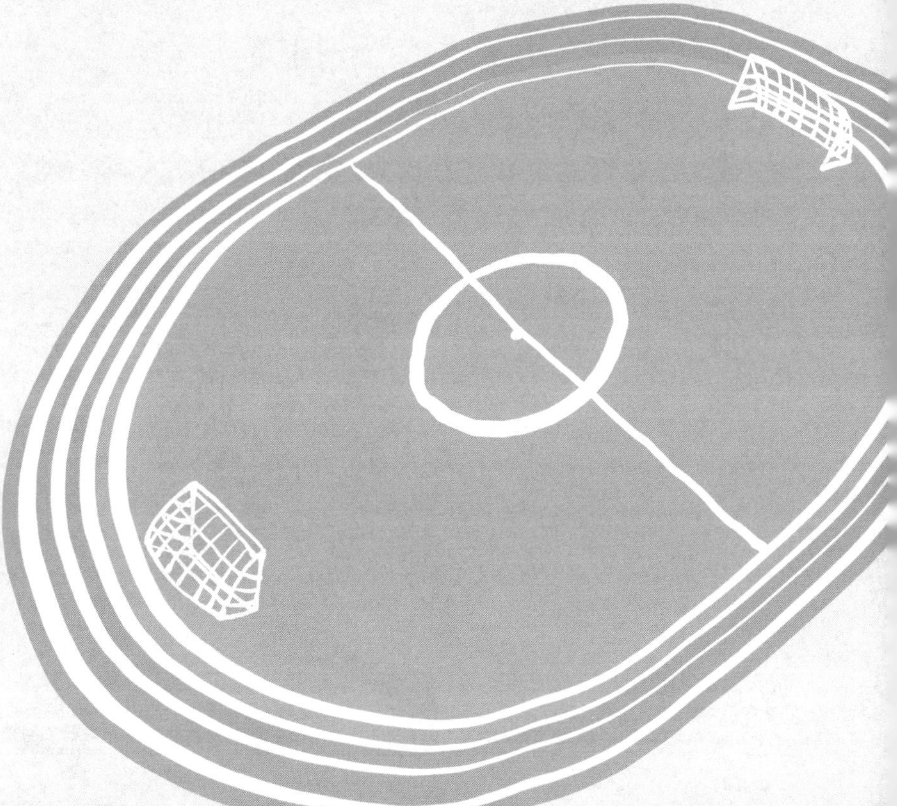

田径类运动

跑

投掷

跑

接力跑——膝盖软组织损伤

一、案例回顾

在一堂体育课快速跑教学内容中，为了提高学生的学习兴趣，体育老师在技术教学后组织学生进行 20 米迎面接力比赛。在教师讲解比赛要求后，接力比赛正式开始。学生练习兴趣高涨，第一次比赛结束后教师组织了第二次比赛，学生们蓄势待发。然而在第二场接力比赛进行到一半的时候，意外发生了。小李同学全速跑向小王同学，小王同学急于接棒，违反了规则，走出了等候区，并跑到了对方的前进路线上。两人来不及躲避，导致两人相撞，教师立即上前检查，并询问情况。经过检查发现，两位学生主要受伤部位为右膝盖，且均有疼痛感。教师安排其他学生搀扶小李和小王去校医务室进行检查处理，随后安排二人去医院进行进一步诊治。最后，检查结果显示，两位同学膝盖软组织损伤，没有伤及髌骨。

二、案例剖析

（一）运动项目介绍

接力跑是由几个队员互相配合在高速的运动状态下完成接力棒交接的项目。接力跑交接除了需要队员有足够快的速度之外，还需要队员之间相互默契的配合和对接力跑规则的准确理解。

（二）损伤原因

引发此案例的主要原因有以下几点：

1. 上课教师对接力跑规则的强调还是不够充分。

2. 上课教师对全班学生的掌控能力不够，若及时发现小王同学的行为就能够避免此次意外事故的发生。

3. 学生没有遵守比赛规则，出现了抢跑和窜道的现象，最终导致两位同学相互碰撞，造成膝盖软组织损伤。

4. 技术动作讲解不够准确，学生出现常见的“坐着跑”的问题，这导致学生在跑步时容易发生膝盖对撞的情况。

三、课堂紧急处理办法

体育教师根据现场情况进行初步判断，并采取相应措施。如果膝盖只是轻微撞伤，有点红肿，没有伤及骨头，这样的情况下可以取一块冰，用布包好，然后轻轻地压住伤口，在撞伤的地方做一下冷敷。这样可以快速地消肿止痛。如果皮肤擦破了，有血流出来，这时要做的是赶紧给伤口消毒，以免细菌感染。先用水将伤口周围清洗干净，然后用棉签涂上酒精轻轻地擦拭伤口消毒，消完毒及时送医院做后续处理。如果伤到骨头，需要立即让受伤学生保持静卧，不要乱动，避免二次受伤，等校医到达之后再做后续处理。

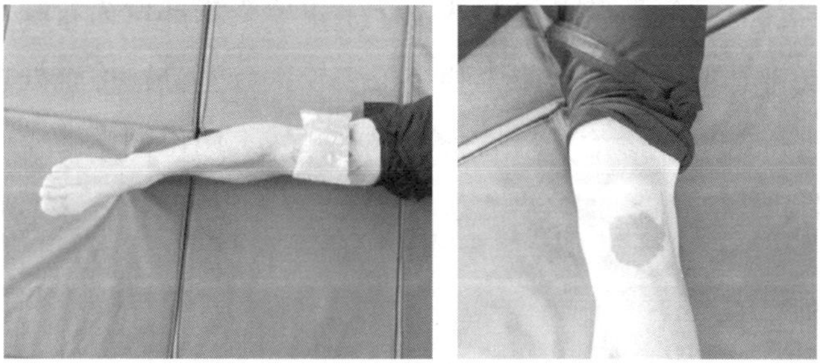

图 1　膝盖软组织损伤紧急处理办法（冷敷、消毒）

四、预防策略

1. 体育教师应该在课前对学生做好课堂安全要求和提醒，课中时时关注学生的上课状态，对违反体育课堂常规或比赛规则的学生及时提醒并加以制止，课后要求学生养成良好的运动习惯。

2. 迎面接力要求学生进行折返，又是多组学生同时进行，因此要特别重视场地的选择与安排、组别距离的安全距离。

3. 课程准备部分要做好膝关节的专项准备活动，充分活动膝关节，提高膝关节力量和柔韧性。平时加强股四头肌功能锻炼。

4. 课程结束部分要对膝关节进行有效放松，使其尽快恢复。

5. 课前要对教材进行深刻的剖析，对于技术动作复杂的项目，要降低难度，适当进行分解教学。

五、恢复性方法与建议

受伤期间，避免爬楼、爬山等剧烈运动，减少对膝盖的进一步损伤。在初始阶段，进行肌肉控制训练是非常重要的。肌肉控制训练包括肌肉的收缩和放松练习，该练习可以帮助伤者恢复肌肉的力量和控制能力。股四头肌是膝盖的重要支撑肌群，可以通过直腿抬高训练帮助增强股四头肌的力量。踝关节的主动屈伸锻炼也有助于膝关节的恢复。伤者在恢复阶段可以每天进行 10—15 次踝关节屈伸训练，每次 20—30 组，每组 20 个。在任何情况下，如果感到太痛苦，请立即停止训练，以防止造成进一步的损伤。

急行跳远——膝关节半月板损伤

一、案例回顾

跳远，作为田径运动中的一颗璀璨明珠，不仅因其高度的观赏性而备受瞩目，更因其技术难度而成为众多初中男生渴望征服的挑战。记得 2019 年 10 月 16 日的跳远复习课上，同学们在一系列热身活动后，精神饱满地投入到跨栏步练习中。他们的出色表现极大地增强了自身的信心，并为接下来的全程跳远练习打下了坚实的基础。

跳远训练正式拉开序幕，鉴于这是同学们的首次尝试，每个人都表现得异常小心，竭尽全力去完成每一次跳跃，大家对自己的表现都感到相当满意。但随着情绪的高涨，一些同学开始放松了警惕，麻痹大意的心态悄然滋生。意外终究还是发生了。一位同学在落地瞬间未能执行恰当的缓冲动作，导致失衡并摔倒在地。经过医院的详细检查，确认该同学为膝关节半月板损伤。

二、案例剖析

（一）运动项目介绍

急行跳远的技术特点是速度快、技术性强，要求在最短的时间内进行最大的加速。急行跳远的技术动作要求学生助跑速度快，起跳时积极摆动腿并进行踏跳，落地时要进行有效的缓冲。除此之外，对练习者髋关节的灵活性要求非常高。

（二）损伤原因

引发此案例的主要原因有以下几点：

1. 准备活动不充分。由于跳远运动技术要求较高，特别是柔韧性，如果准备活动不够充分，肌肉、韧带的力量及伸展性不够，容易造成肌肉拉伤和膝关节扭伤。

2. 思想上不重视。在体育课堂教学中，由于教师和学生对预防运动损伤的经验不足或者麻痹大意，在练习中没有采取各种有效的预防措施，盲目地进行练习从而造成损伤。

3. 运动负荷过大。体育课堂教学中，由于教师没有充分考虑到每一个学生的身心特点，而按统一的练习密度进行练习，使一些身体素质相对弱的学生的运动负荷超过自身的能力，导致局部负担过重，造成运动损伤。

三、课堂紧急处理办法

膝关节半月板损伤的课堂紧急处理办法主要包括以下几个步骤：

1. 一旦发现膝关节半月板受伤，首先要做的就是立即停止所有活动，避免进一步加重伤势。

2. 将冰袋或冰块包裹在毛巾里，轻轻敷在受伤部位，每次15—20分钟，每隔2—3小时敷一次。这有助于减轻疼痛和肿胀。

3. 抬高伤者患肢，这有助于减少肿胀。

4. 如果短期之内症状没有任何改善，或者出现严重的膝关节"卡住"现象，应及时去正规医院就诊，完善膝关节检查并根据具体情况选择进一步的治疗方案。

四、预防策略

1. 体育教师应该在课前对学生做好课堂安全要求和提醒，课中时时关注学生的上课状态，对破坏课堂纪律且做出具有安全隐患行为的学生及时提醒并加以制止，课后要求学生养成良好的运动习惯。

2. 急行跳远对于膝盖和脚踝的冲击是巨大的。体育教师不仅要在练习过程中时刻提醒学生落地积极缓冲，而且一定要提前检查沙坑场地，提早对板结的沙坑进行疏松。

3. 课程准备部分要做膝关节的专项准备活动，充分活动膝关节，提高膝关节力量和柔韧性，结束部分要进行充分的拉伸放松。

4. 课程基本部分采用有效的方法及时对学生出现的错误动作进行纠正，如经常提醒学生要蹲下缓冲。当然还应加强力量、柔韧、协调等身体素质的练习，这样才能把跳远运动损伤降到最低。同时，还应加强对学生自我保护能力的培养。

5. 合理安排运动内容，循序渐进、逐步提高，针对每个学生的运动能力进行分层教学。

五、恢复性方法与建议

如果关节无明显积液，可以进行股四头肌静力性收缩及踝关节的主动屈伸练习，每日完成500—1000次，可以自行分组完成训练。股四头肌静力性收缩是通过用力绷紧大腿前侧的肌肉来实现的，而踝关节的主动屈伸练习则是通过脚踝的上下运动来促进血液循环。此外，还可以进行膝关节抗阻力屈伸训练和直腿抬高训练。膝关节抗阻力屈伸训练，每日完成4—6组，每组20—30次动作，这种练习有助于增强膝关节的稳定性和力量；直腿抬高训练，练习时平躺，将患腿伸直，缓慢抬起，使脚后跟距离床面15—20厘米，保持5—10秒后缓慢放下，这个动作可以有效锻炼大腿肌肉。

在康复初期，应避免剧烈运动和负重训练，以免加重损伤。运动前要进行热身运动，并使用护膝等保护措施来保护膝关节。膝关节半月板损伤的恢复性练习需要根据个人的具体情况和恢复进展来调整，最好在专业医生或康复治疗师的指导下进行。

障碍跑——踝关节内翻型扭伤

一、案例回顾

2019年4月的一天，某学校体育教师王老师，在体育课上准备为学生上一堂障碍跑的教学课程。王老师在50米距离内利用小垫子设置了不同类型的障碍物。王老师讲解完过障碍物的方法后，为学生们进行完整的练习示范，随后安排学生分组进行过障碍物单人练习。各组学生也依次完成了所有障碍物教学内容。随后王老师又组织学生进行单个过障碍物练习，然而，在练习过程中，意外发生了。一名学生跨越长垫子时，脚掌踩到小垫子一角，落地时脚踝内翻，导致踝关节扭伤。王老师急忙上前察看，经过检查后发现，该学生未受到严重伤害，只有踝关节有些肿胀，并能在王老师指导下慢慢站起来。最后该生由班长搀扶到医务室进行消肿处理。

二、案例剖析

（一）运动项目介绍

障碍跑除了要求运动员具有长跑的耐力和技术，还要求其掌握跨越障碍的能力。在跨越障碍的时候,要把握时机,找到合适的落脚点,同时要做好对周围环境安全性的判断。障碍跑这项运动对运动员的踝关节和膝关节的要求较高。

(二)损伤原因

引发此案例中的损伤的原因有以下两点:

1. 教师对场地器材布置的不合理是引发此次运动损伤的主要原因。因此,体育教师在课前布置场地的时候,一定要关注场地布置的各个环节,确保不存在任何可能的安全隐患。

2. 课前未进行充分的热身和准备活动也是造成损伤的原因之一。

三、课堂紧急处理办法

一旦发生踝关节内翻型扭伤,应立即停止所有活动,避免进一步加重伤情。在受伤后的 24—48 小时内,使用冰袋对受伤部位进行冷敷。这有助于减轻疼痛和肿胀。同时,使用绷带进行加压包扎,可以采用"八"字形的包扎方式,以固定患肢并减少活动。注意观察患肢的末梢循环情况,确保没有血液循环不良的迹象。在包扎好之后,将受伤的脚抬高,高于心脏水平,以帮助减轻肿胀。如果短期之内症状没有任何改善,应及时去正规医院就诊,完善踝关节检查并根据具体情况选择进一步的治疗方案。

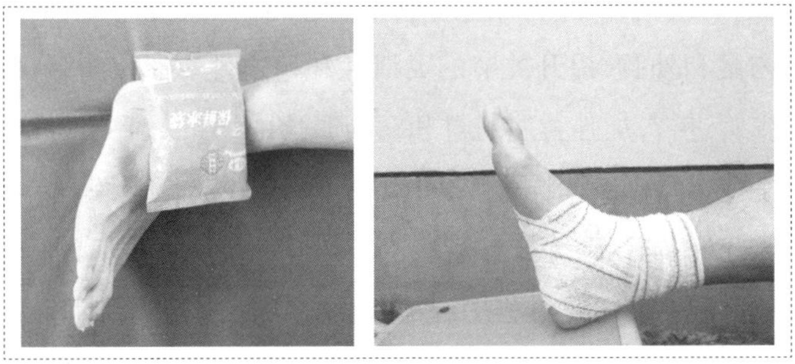

图 2 踝关节内翻型扭伤紧急处理办法(冷敷、加压包扎)

四、预防策略

1. 体育教师在课前应该检查场地器材是否符合上课的安全标准,如有存在安全隐患的地方及时进行改正或更换场地和器材以确保安全。

2. 提高学生热身活动和放松活动的质量，增强运动防险意识，帮助学生自觉养成运动前积极主动热身的意识和习惯，减少运动损伤。

3. 根据学生的受伤特点，采取正确的训练方法，从学生的薄弱点出发，强化薄弱之处，同步提高其他部位的力量。一方面，需要平衡地发展脚踝附近的肌群，如比目鱼肌和腓肠肌；另一方面，加强局部的、有针对性的踝关节力量的练习，如利用橡皮带负重拉伸脚踝等，使小腿肌肉群的力量达到合理的比值范围，让脚踝有足够力量去支撑，这样就可以最大限度地避免损伤的产生。

4. 加强柔韧性练习。平时的柔韧性练习对学生来说是非常重要的，要引起教师和学生的高度重视。

5. 加强受伤学生的心理建设。个别运动损伤不仅会对学生的生理健康产生影响，还会影响学生的心理健康，因此，教师需要及时关注学生的心理变化。

五、恢复性方法与建议

踝关节内翻型扭伤的康复是一个渐进且细致的过程，需要通过一系列有针对性的练习来恢复关节功能和增强肌肉力量。我们可以进行踝关节抗阻内翻练习，坐在椅子上，利用弹力绷带固定脚掌内侧，进行控制性的内翻动作，每天 3 组，每组 10 次，每次持续 15—30 秒；也可以进行全方位的关节活动度训练，如跖屈、背伸、内翻和外翻，提升关节的灵活性和稳定性。肌肉力量训练则可通过弹力带或橡皮管进行，加强背屈肌群和跖屈肌群的力量。

平衡和本体感觉训练同样重要，可以在不稳定的平面上练习单脚站立，以增强平衡能力。此外，辅助训练如弓箭步拉伸和外翻足底练习，有助于拉伸受伤关节并强化足部肌肉。在康复过程中，务必遵循循序渐进的原则，避免过度负荷和突然的高强度训练。同时，定期进行复查，并根据恢复情况调整康复计划。

50米快速跑——髂前上棘撕脱骨折

一、案例回顾

【案例一】

2017年11月6日,某学校体育课50米测试中,八年级(3)班的小余同学在50米快速跑起跑后突然感觉左髋周围疼痛,但他还是咬牙完成了测试。测试结束后,他能行走但左髋处疼痛加剧。当天晚上经医院诊断为左髂前上棘撕脱骨折。2017年11月8日在医院进行了腰麻下行左髂前上棘切复内固定手术。

【案例二】

2018年11月7日,某学校体育课上的50米测试中,九年级(2)班的小郭同学在离终点还有10米处突然倒地,右髋处周围疼痛难忍,不能屈髋,不能直立。学校老师立即呼叫120急救车将其送往医院,后经医生诊断为右髂前上棘撕脱骨折,于11月9日进行腰麻下行右髂骨骨折切开复位内固定手术。

二、案例剖析

(一)运动项目介绍

上述两例案例中的运动项目均是50米快速跑。50米快速跑是一项极具挑战的极限强度运动。它要求运动员在短时间内依靠已储存在肌肉中的能量进行高速运动。这一过程特别依赖肌肉的爆发式收缩,尤其是在起跑的瞬间,运动员需要展示出迅速的反应能力和瞬间的爆发力。

(二)损伤原因

1. 准备活动不充分。在进行剧烈运动之前,充分的热身活动至关重要。如果肌肉的生理机能未能通过适当的准备活动达到所需的活跃状态,就匆忙参与剧烈活动,这将大大增加受伤的风险。正确的热身可以提高肌肉温度,增加关节灵活性，从而为接下来的运动做好准备。

2. 技术动作不当。运动技术的正确性对于预防运动损伤至关重要。如果技术动作不规范，姿势不正确，动作不协调，或者用力过猛，都可能导致肌肉超出其正常的活动范围，从而引发损伤。此外，环境因素如气温过低或场地过硬也会增加受伤的可能性。

3. 生长发育与营养不均衡。青少年时期是生长发育的关键阶段，骨骼和肌肉的快速生长需要充足的营养做支持。如果钙等关键营养素摄入不足，可能会导致骨质疏松，影响骨骼的硬度。与此同时，肌肉的生长速度可能超过骨骼，造成肌肉和骨骼之间的发育不平衡，从而增加骨折的风险。

三、课堂紧急处理办法

在 50 米快速跑过程中，学生出现运动损伤，教师应立即检查学生受伤部位，若出现髋部肿胀、压痛和活动受限等情况，应立即停止任何可能导致进一步损伤的活动。若判断学生可能是髂前上棘撕脱骨折，则稳定患处。为了防止骨折片的进一步移位和减轻疼痛，可以采用屈髋屈膝外展位卧床休息的方法进行初步固定。之后教师上报主管领导，联系家长，同时拨打 120，将学生送至医院进行专业治疗。

四、预防策略

（一）普及体育与保健的理论知识

髂前上棘撕脱骨折主要发生于青少年学生剧烈运动中，因此，体育教学任务不能只限于让学生掌握简单的技能和技术，更重要的是向学生传授相关的理论知识。体育教师应该传授学生相关的生理卫生和运动保健知识，让学生做到理论联系实际，用理论指导自己科学地进行锻炼，掌握一些运动损伤的预防和处理知识。

（二）进行充分的准备活动

运动需要科学进行，很多运动损伤都是因为还没有做准备活动就进行剧烈运动导致的。在这两个案例中，两个学生都表示在 50 米测试前没有进行专门的准备活动，可见，激烈运动前进行充分的准备活动是预防运动损伤的关键因素之一。那么，为什么要做准备活动呢？

一方面，人的运动系统由骨骼、骨连接和肌肉三部分组成。骨骼相当于杠杆，骨连接相当于支点，肌肉就是动力来源。准备活动就是机体进行一系列复杂转换的保障。当人体处于静止状态时，肌肉的弹性低，伸展性差，黏滞性高。如果此时突然进行剧烈运动，肌肉就会发生大强度的有力收缩。这时，机体在克服来自人体阻力的同时，也要克服在肌肉收缩或拉长时出现于肌纤维之间、肌肉之间、肌肉与骨骼之间因摩擦而产生的外在表现力。此时，若准备不足，极易发生运动损伤，以上两个案例中的髂前上棘是缝匠肌与部分阔筋膜张肌的附着点。二者强烈收缩时，一旦髂前上棘所受的应力大于骺板的抵抗力，就会造成髂前上棘的撕脱骨折。

另一方面，充分的准备活动能提高肌肉的伸展性和弹性，同时能加大运动幅度，增强关节柔韧性。充分的准备活动能提高肌肉的温度，而肌肉的黏滞性就与温度有关，温度越高黏滞性越低，反之越高，而这对预防运动损伤有重要的意义。

五、恢复性方法与建议

髂前上棘撕脱骨折治疗愈合后，逐步进行功能锻炼至关重要。初期康复阶段，应以卧床休息为主，避免肌肉收缩和进一步损伤。同时，适当进行局部热敷和理疗，以减轻疼痛和促进血液循环。中期康复阶段，可以开始进行髋关节的屈伸活动，但要避免过度用力。在医生指导下，逐渐增加下肢负重，进行站立和行走训练。后期康复阶段则可以进行更复杂的下肢力量训练和平衡训练，以增强肌肉力量和稳定性。定期到医院复查，了解骨折愈合情况，并根据实际情况调整康复计划。

200 米短跑——髂骨翼骨折

一、案例回顾

某校的一次体育课,体育老师为了提升学生的体能,特别安排了 200 米短跑训练作为本节课的主要内容。课前,体育老师带领学生进行了充分的热身运动,包括拉伸、慢跑等,以确保学生身体处于最佳状态。随后,学生们被分为几个小组,轮流进行 200 米短跑练习。在轮到某小组进行练习时,平时热爱运动、身体素质较好的学生小明展现出强烈的竞争意识。他站在起跑线上,双眼紧盯前方,蓄势待发。随着体育老师的一声令下,小明如离弦之箭般冲了出去,迅速占据了领先位置。然而,就在小明即将完成弯道进入直道的关键时刻,意外发生了。他突然感到右侧腰部传来一阵剧痛,随即身体失去平衡,摔倒在跑道上。体育老师见状立即叫停比赛,并迅速与校医一起跑到小明身边。老师发现小明脸色苍白,表情痛苦,右侧髂骨上缘有明显的压痛感,且右下肢活动受限。校医初步判断为髂骨骨折,并立即用担架将小明送往校医室进行进一步处理。校医在校医室进行初步处理后,小明被紧急送往附近医院接受专业治疗。经 X 光片检查确认,小明为髂骨翼骨折。

二、案例剖析

(一)运动项目介绍

200 米短跑,作为田径赛事中的亮点之一,是一项对运动员综合素质要求极高的短距离赛跑项目。它不仅涵盖了全程的爆发力和速度,还包括了起跑的敏捷性、弯道技术的精准性及直道冲刺的耐力。在这短短的 200 米距离内,选手们需要在弯道部分展现出色的平衡和加速能力,然后在进入直道后迅速调整至最佳冲刺状态,以最快的速度冲过终点线。整个过程不仅是对运动员体能的极大挑战,也是对其心理素质和比赛策略的全面考验,这使得 200 米短跑成为一项集速度、力量、技巧和战术于一体的精彩运动。

（二）损伤原因

1. 准备活动不充分是导致损伤发生的重要原因。案例中发生髂骨骨折的学生可能在活动前没有进行充分的拉伸运动。准备活动不到位，肌肉、关节、韧带没有活动开，致使比赛中其肌肉用力不当，大腿前肌群强力收缩导致肌肉上端附着点处骨组织撕裂，造成髂骨骨折。

2. 学生快速跑技术不正确是导致损伤发生的主要因素。200 米短跑既需要学生跑直道，又要跑弯道，技术要求较高。由于平时训练不够，学生快速跑技术要领没有完全掌握，尤其是弯道跑技术动作没掌握好，便会致使肌肉在转弯时过度收缩造成髂骨骨折。

3. 局部肌肉力量较弱。骨盆是人体的特殊部位，具有特殊功能，不属于主要运动部位。而日常训练则大多进行的是四肢力量的练习而忽略了骨盆部位的力量练习，这样便会造成骨盆这一部位肌肉力量薄弱。如果人体骨盆力量薄弱，就极易在运动中引发损伤。

三、课堂紧急处理办法

课堂上，若有学生不幸在训练中遭遇髂骨翼骨折，应让学生立即停止运动，保持静止，避免造成进一步损伤。迅速呼叫急救。在等待救护车期间，若伤者有出血情况，应使用干净的布料或绷带进行压迫止血，并尽可能地包扎伤口，防止感染。条件允许时，可冷敷伤处周围以减轻肿胀和疼痛，但注意不要让冰袋直接接触皮肤，应在冰袋和皮肤之间放置毛巾。在此过程中，要保持冷静，安慰伤者，监测其生命体征，如呼吸、心跳等。如果有条件，可以记录事故相关信息，直到专业医护人员到场进行评估和治疗。髂骨翼骨折是一种严重的损伤，需要尽快得到专业医疗人员的评估和治疗。在紧急情况下，正确的初步处理可以减少进一步的损伤，为伤者的恢复打下基础。

四、预防策略

1. 科学健身、科学锻炼是最主要的预防措施。在运动时，要根据个人的情况来进行调整，要做到循序渐进，由慢到快、由少到多、由短到长、由简单到复杂。把运动锻炼当成和吃饭睡觉一样重要的事情，持之以恒地坚持下去，不要长时间地中断。

2. 准备活动要充分。在200米运动前，一定要做好充分的准备活动，这样可以有效地减少运动损伤的发生。准备活动不但可以提高中枢神经系统的兴奋度，克服机体的生理惰性，而且能增加肌肉中毛细血管开放的数量，提高肌肉的弹性，同时还能提高运动器官的机能，增强韧带的弹性，使关节腔内的滑液增多，防止肌肉和关节的损伤。在没有做准备活动的情况下进行训练，身体的机能可以在20—30秒内发挥出较大的工作效率，而内脏器官需要在2—3分钟才能发挥较大的工作职能。内脏器官的机能如果不能适应肌肉运动的要求，不仅影响运动表现，而且还会出现头晕、恶心、呕吐等现象，甚至会出现休克的现象。因此，不做准备活动就进行运动，其潜在的威胁是非常大的。

3. 运动要注意放松活动。200米短跑后可以通过拉伸的放松方法使得体温、心率、呼吸、肌肉的应激反应恢复到锻炼前的正常水平。由于200米短跑是短距离高强度的运动，运动后下肢和臀部会有大量乳酸堆积，因此运动后的恢复与锻炼前的热身运动同等重要，对于预防运动损伤是非常有意义的。根据不同的运动项目进行有针对性的放松活动，可以防止锻炼后出现肌肉紧张、充血状况，使身体更快恢复。

4. 避免局部负担过重。提高200米成绩，力量训练是重中之重。做力量训练时，负荷过于集中，会造成机体局部负担过重而引起运动损伤，如过多的膝关节半蹲起跳动作容易引起骨损伤，过多地练习鸭步会引起膝内侧副韧带及半月板的损伤等。因此，在运动训练中应尽量避免单调的锻炼方法，避免局部负担过重。

五、恢复性方法与建议

骨折初期，患者可以在床上进行一些简单的固定下肢运动，如直腿抬高和腿部屈伸，以促进血液循环并预防肌肉萎缩。随着恢复的进展，可以逐渐引入关节功能训练，包括髋、膝、踝部的主动活动，以及股四头肌、腘绳肌和髂腰肌的等长收缩锻炼，这些训练有助于增强关节的稳定性和灵活性。

术后一个月内，肌肉力量训练尤为重要。通过坐位与站位的转换活动，以及踝关节的主动屈伸和旋转练习，可以逐步恢复行走能力并增强下肢稳定性。平衡协调训练也是不可或缺的一环，通过站立练习等方法提高患者的协调能力，减少跌倒风险。

当骨折愈合情况良好时，步态训练可以被引入，帮助患者重新适应正常的行走方式。此外，制定个性化的康复运动处方，根据患者的具体情况调整训练内容，尤其对于老年髋部骨折患者，系统的康复训练是确保疗效的关键。

在整个康复过程中，患者需要持续关注自身的恢复情况，并在专业医生或康复师的指导下进行训练，以确保训练的安全性和有效性。通过这些综合的练习方法和建议，患者可以逐步恢复髂骨的功能，加快康复进程，最终达到恢复正常生活和活动水平的目标。

耐久跑——重力性休克

一、案例回顾

在一个风和日丽的下午，某校高一某班的学生们正在体育老师的带领下进行耐久跑训练。作为提高学生耐力与体能的重要项目，耐久跑一直是体育课的重点内容之一。训练开始前，体育老师详细讲解了耐久跑的技巧与注意事项，并强调了安全的重要性。随后，学生们在老师的带领下进行了充分的热身活动，包括慢跑、拉伸等，以确保身体各部位处于最佳状态。

随着一声哨响，学生们开始了耐久跑。大多数学生都能够按照教师的指导，保持适当的速度和节奏进行跑步。然而，在接近终点时，平时体能状况一般的小明，为了争取更好的成绩，突然加速冲刺。冲刺结束后，小明没有遵循教师的建议进行慢跑或步行缓冲，而是立即停下了脚步，站在原地大口喘气。不久之后，小明突然感到头晕目眩，全身无力，眼前发黑，随后昏倒在地。

体育教师见状，立即意识到小明可能出现了重力性休克的症状。他迅速跑到小明身边，先判断小明的意识状态，发现小明意识模糊，但仍有微弱的呼吸和脉搏。随后，体育教师按照重力性休克的急救流程，首先让小明平躺在空旷且通风良好的草地上，避免周围人员聚集以保持空气流通。接着，他轻轻抬起小明的四肢，进行轻微的抖动，以促进其血液回流到心脏。同时，他掐住小明的人中穴，试图唤醒小明的意识。经过几分钟的急救，小明的脸色逐渐红润，神志也恢复了清醒。体育教师随即将小明扶到阴凉处休息，并通知班主任和家长前来接应。

二、案例剖析

（一）运动项目介绍

耐久跑涵盖 800 米、马拉松等中长距离跑步项目，是一项考验选手心肺功能、耐力和心理素质的运动。比赛通常在田径场或公路上进行，选手需遵循起跑规则，合理分配体力和速度，维持稳定的节奏。长距离赛事中，如马拉松，还需注意赛中补给。训练重点在于提高有氧耐力、腿部力量和快速恢复能力。选手通过长跑和间歇训练等方法，历经长期系统训练，以达到最佳竞技状态。耐久跑不仅考验着选手的身体素质，更是对其意志力的极限挑战。

（二）损伤原因

耐久跑中的重力性休克是一种由于长时间跑步后突然停止活动而引起的生理现象。主要原因包括以下几个方面：

1. 血液积聚在下肢。在耐久跑过程中，运动员的肌肉不断收缩，有助于推动血液回流至心脏。当运动员突然停止跑步，肌肉的泵血作用迅速减弱，导致血液在下肢静脉中积聚，减少了返回心脏的血流量。

2. 心脏输出量下降。长时间跑步后，心脏以较高的速率和效率泵血。如果运动员突然停止运动，心脏输出量可能会突然下降，无法维持正常的血液循环。

3. 血管扩张。耐久跑时，运动肌肉中的血管会扩张以适应高血流量。突然停止运动后，这些血管不会立即收缩，导致血液在血管中积聚，进一步减少回心血量。

4. 低血压。由于血液积聚在下肢，心脏接收到的血液减少，可能导致血压下降，出现低血压症状。

5. 血液分布不均。运动时，血液主要分布在工作肌肉中。停止运动后，血液会重新分配到全身，这可能导致大脑和心脏等重要器官出现短暂的血液供应不足的现象。

重力性休克的症状包括头晕、恶心、呕吐、面色苍白、出汗、虚弱甚至晕厥。为预防重力性休克，运动员在耐久跑结束后应继续进行轻度活动，如慢跑或步行，以帮助其血液逐渐回流至心脏。

三、课堂紧急处理办法

当体育教师或学生在训练或比赛中发现有人出现重力性休克时，需要立即开展急救。

体育教师或学生应将伤者扶或抬到空旷、安静的地带，仰卧在草地或者海绵垫上，周围不要有人围着，保持空气流通。然后，根据伤者的情况，采取不同的紧急处理办法。

如果是轻度的头晕，可搀扶伤者走一段时间，通常不适的感觉会逐渐消失。晕眩感稍重、没有走动能力的，可让伤者平躺，松开衣领，头部略放低，然后抬高伤者四肢进行轻微的抖动（注意不能一下子抬高伤者的四肢，防止血液回心过

图 3　重力性休克紧急处理办法（抬高患肢）

快），让四肢的血液回流到心脏，缓解伤者的症状。

如果是中度的昏厥，除采用上述方法外，还可用手指准确地掐点伤者的人中、百会、合谷、涌泉、后溪等穴位，使伤者苏醒，有条件者可提供吸氧设备。

如果是严重的昏厥，抬高伤者的脚，把手帕附在伤者的脚后跟，重击、重挤伤者两脚脚跟的肌腱。如有呕吐，宜将伤者头部偏向一侧；如有呼吸停止的情况，应立即做人工呼吸。同时，拨打120，立即将患者送往医院诊治。

四、预防策略

1. 进行科学的体育锻炼，认真做好准备活动。在日常生活中，应坚持科学系统的锻炼，以提高身体素质和适应能力。同时，要遵循科学锻炼的原则，避免过度训练和不合理的训练方式对身体造成的损害。运动前认真做好准备活动，能增强各部位肌肉、关节的灵活性，以及肌肉、韧带的柔韧性，提高神经和肌肉组织的兴奋性，兴奋呼吸系统、循环系统等，这有助于减少重力性休克发生的可能。

2. 避免剧烈运动后骤停。剧烈运动时不要突然停下，如到达终点后应该再慢跑一段距离，然后逐渐过渡到走路。这一过程可以让下肢内因剧烈运动增多的血液逐渐回流到心脏，以免心脏供血不足。

3. 注意饮食与休息。在运动前、中、后都要注意补充充足的水、糖、盐等营养物质，以满足身体的能量需求。在重大赛事或高强度训练前后，要保证充足的休息和睡眠，以保持良好的体力和精神状态。

4. 增强自我保护意识。在运动过程中要时刻关注自己的身体状况，如有不适，应立即停止运动并寻求帮助。此外，掌握基本的急救知识和技能是非常必要的。这样当我们遇到重力性休克等紧急情况时，就可以迅速采取正确的应对措施。

综上所述，预防重力性休克需要从科学锻炼、避免剧烈运动后骤停、注意饮食与休息等多个方面入手。通过综合施策有效降低重力性休克的发生风险。

五、恢复性方法与建议

重力性休克是运动员剧烈跑动后突然中止运动时，由于肌肉的收缩作用骤然停止，出现血液淤滞在下肢，造成循环血量明显减少，出现大脑暂时性缺血而发生昏厥的现象。以下是针对重力性休克的恢复性措施：

1. 让患者平躺在地上，抬高其双腿，以促进血液回流至心脏。

2. 轻微抬高患者的头部让血液流向大脑。

3. 松开患者紧身或具有压迫性的衣物，确保呼吸顺畅，血液循环不受限制。

4. 如果患者意识清醒，可以给予少量水分，以补充流失的液体。

5. 在患者恢复过程中，可以鼓励其进行缓慢的腿部活动，如屈伸脚趾和膝盖，以帮助血液流动。

6. 在经历重力性休克后，患者需要充分休息，并在医生的指导下逐渐恢复日常活动。

重力性休克的恢复需要谨慎处理，以确保患者安全并预防并发症。在所有情况下，专业医疗意见都是最重要的。

投　掷

助跑投掷垒球——尺骨鹰嘴骨折

一、案例回顾

在2019年第一学期的一节体育课上，体育老师张老师要给六年级的学生上一节“助跑投掷垒球”的课程，上课地点为足球场。当张老师宣布本课内容时，同学们都非常兴奋，非常期待，特别是小陈同学。他身为“运动小达人”，热衷垒球项目。在“投掷小达人”环节，张老师从众多积极举手的学生中选择了小陈同学和小董同学上来展示。当小陈同学准备投掷时，大家齐声喊他的名字为他加油，他自信满满。当他奋力投出垒球后，意外发生了。只见他托着自己的手臂，表情痛苦。张老师立刻跑过去察看情况，并安排其他学生原地休息。小陈同学告诉张老师，他肘关节部分屈伸时会有痛感。张老师根据以往经验初步判断小陈同学尺骨鹰嘴骨折。

二、案例剖析

（一）运动项目介绍

投掷是人的基本活动能力之一，也是传统的体育项目。“助跑投掷垒球”是人教版水平三的教学内容，通过此内容的学习，学生能增强上肢和腰腹力量，提高全身协调性，培养良好的意志品质。在水平一阶段，学生已经学习了正面投掷轻物的技术动作；在水平二阶段，他们又学习了原地侧向投掷。通过前两个阶段的学习，学生已经了解和掌握了一定的投掷项目的知识与技术。这为水平三的学习打下了良好的基础。"助跑投掷垒球"属于快速力量性项目，用力特征表现为集中、快速发挥力量，突出力量与速度、技术的结合，课堂学习和练习的方式以重复性的快速发力为主，所以强度较大，长时间下来容易产生运动损伤。本学段的学生正处于身心发展的关键期，他们活泼，好奇心强，想象力丰富，并拥有较强模仿学习能力。但同时，他们好动，缺乏自控能力，容易注意力不集中，急于求成，这使得他们在运动中不可避免地面临一定的安全风险。

（二）损伤原因

案例分析显示，小陈同学的损伤为尺骨鹰嘴骨折，其主要原因是技术动作不规范和身体状态不佳。案例中的小陈同学非常喜欢投掷垒球，课余时间经常自己练习、玩耍，可能多次的投掷已经导致了手臂的疲劳，而他自己对此并没有在意。为追求远度，在投掷的挥臂鞭打动作中，其肘关节突然过度伸展，导致尺骨鹰嘴突撞击鹰嘴窝而产生尺骨鹰嘴骨折。这种损伤也可能是在长期撞击和磨损的基础上，由于猛力撞击引起的，属于单手投掷运动中较常见的损伤类型。

三、课堂紧急处理办法

在体育教学或运动现场，一旦发生损伤，如能进行迅速而正确的急救处理，不仅对救护伤者生命、减轻痛苦和预防并发症等具有重要意义，而且可以为下一步治疗创造良好条件。

在课堂中遇到这样的情况，体育教师要沉着冷静地察看学生的受伤情况，根据受伤的严重程度，果断地拿出现场治疗方案。根据案例，可利用三角巾对小陈同学的手臂进行悬吊固定，避免二次伤。如果伤者疼痛肿胀比较严重，马上安排教师陪同去医院救治，同时告知家长和班主任。若伤情不严重，联系校医让小陈同学到医务室进行休息观察，并让班主任联系家长接学生去医院进行检查治疗。在事故处理期间，让其他学生集合队伍原地休息。处理完后，可以继续进行正常的课堂教学，并根据现场案例对学生做好安全教育，以预防此类事故的再次发生。教师也可以教授学生紧急处理的方法。事后，教师要做好情况说明和反思。

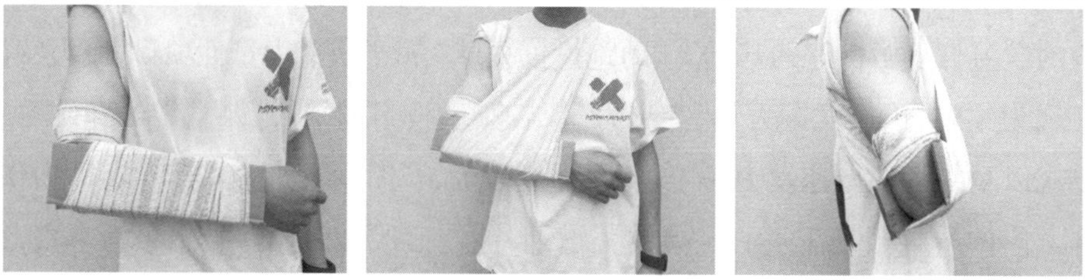

图 4　尺骨鹰嘴骨折紧急处理办法(悬吊固定)

四、预防策略

1. 教师课前要做好场地器材安全的检查,排除安全隐患。首先,场地要平整开阔,器材要完好无损,布置要合理有效。其次,教师要充分了解教材、学情,制定出合理、有效、规范的教学计划。最后,重视常规安全教育的落实。教师需持续强化学生的自我安全和保护意识,提高他们对运动损伤预防的认识。

2. 进行科学有效且充分的准备活动。如果准备活动不充分,人体的机能、中枢还没有达到一定的兴奋度,便过快地投入到一定量的负荷练习中,就会容易产生运动损伤。针对案例中的损伤事故,应重视做好投掷臂伸展练习,并加强肘关节部位肌肉力量的练习。

3. 教师应合理安排放松活动的内容和强度。上课时,教师应合理选择和安排放松内容,注意做好手臂的放松,让学生身心得到充分放松,减少肌肉的延迟性酸痛,帮助其消除疲劳。其次,教师应多给予学生充分的肯定与鼓励,激发学生兴趣,让学生得到身体与精神上的双重满足。

4. 教师要做好动作的示范、讲解,为学生建立起正确、规范的动作表象和动作顺序认知,使学生学会和掌握投掷垒球的正确技术及用力顺序。同时,告诫学生在打好基础之前不要急于爆发用力,要有一个从近投到远投、由轻力到全力投入的适应过程。

5. 规范组织与练习。课堂中练习队伍的组织调动要安全合理,强调练习规则和注意事项。控制运动量和运动强度,投掷量不要过多,时间不要过长,避免学生过度疲劳受到伤害。不要一味追求教学手段、方法的新颖性而忽视学生的个性特点。要注意对学生情绪的控制，防止他们过度兴奋，高估自己的实力，骄傲自满，不听安排，盲目练习。教学过程应循序渐进，区别对待，重点照顾。

6. 教师要做好巡回指导纠错，重点强调主要错误动作，避免因错误动作造成损伤，让学生养成互相指导、纠错的习惯。教师与学生要勤交流，及时了解学生在课堂中的学习情况和身体状态。

五、恢复性方法与建议

要定期复查，若骨折愈合良好，可进行功能锻炼。在进行功能锻炼时，要遵守循序渐进的原则。在恢复练习中，可加强肘关节的屈伸锻炼。练屈曲时，伤者坐在床前，大臂平放在床上，自己用手辅助手腕轻轻地向里弯，每次弯的时候要用一点力气，使肘关节最大限度地弯曲并维持一段时间，如一分钟或两分钟，然后再用好的手扶着手腕保持胳膊伸直到最大程度，也要维持一到两分钟，如此反复进行训练。在练习时，要注意预防再度损伤。后期，可利用哑铃进行适当的手臂力量练习，增强手臂肌肉的力量和耐力。

上一步投掷沙包 —— 上肢肌肉拉伤

一、案例回顾

在观摩三年内新教师赛课活动中，一节以“上一步投掷沙包”为教学内容的体育课令人印象深刻。本堂课，教学对象为四年级学生，他们对将东西掷远兴趣极高，特别是男同学们，在竞赛的氛围中更是精神抖擞、跃跃欲试，个个都显示出不拿第一誓不罢休的豪迈。至此，体育教师充分调动了学生对课堂内容的激情，课堂可谓无可挑剔。但在学生掷准环节，一名男同学上肢肌肉出现剧烈疼痛现象，不能再完成后续练习。执课教师立即进行了现场处理，并安排其他同学在注意安全的情况下由体育骨干组织练习。执课教师经检查分析，确认受伤同学无大碍，随后安排体育委员陪同该同学到校医院接受专业治疗。教师则继续带领学生完成练习。

二、案例剖析

（一）运动项目介绍

在进行上一步投掷沙包运动时，练习者应用拇指、食指、中指和无名指握住沙包，小指弯曲顶在沙包下面，掌心不贴沙包；正对投掷方向，两脚自然前后开立，右脚在前，右手持器材于头的右斜前上方，身体重心在两腿之间；投掷时左腿向前迈，身体向右转，同时右臂经下向后引球呈原地投掷姿势后将器材快速投出。本技术对身体整体协调性要求较高，腰部和上肢爆发力是投掷远度的关键。上肢鞭甩时最易出现损伤。

（二）损伤原因

从学生损伤发生的情况分析，虽导致学生发生损伤的因素很多，但追根溯源，伤害事故发生主要有两大责任方：教师、学生。

1. 教师方面主要有以下三点：

（1）课前场地器材等设施的安全隐患未被教师及时发现并排除而导致学生产生损伤。

（2）教师课前未正确分析学生身体素质情况，致使教学内容强度安排超过学生身心承受能力而导致学生产生损伤。

（3）教师课中未及时发现组织过程中的突发安全隐患而导致学生产生损伤。

2. 学生方面主要有以下两点：

（1）学生对自身的身心机能过于自信致使动作过于夸张而产生损伤。

（2）学生思想麻痹大意对课堂常规、练习内容等不重视而产生损伤。

案例中，该同学上肢肌肉出现疼痛的主要原因在于学生对自己身体机能过于自信，加之上课情绪过于兴奋。在追求更准、更远的投掷目标的过程中，他的上肢所用的力量超出了自身肌肉承受能力，从而导致了其上肢肌肉损伤的发生。

三、课堂紧急处理办法

预防大于处理，预防学生发生伤害事故是教师在日常上课、训练和组织活动的过程中首要考虑的关键因素。事前做好应急预案是将损伤降至最低程度的重要因素。针对学生可能发生的意外伤害，综合考虑各种因素可将预案按照学生伤势程度不同进行筹划。

（一）轻微伤处理方法

常见轻微伤指受伤后机体功能不受影响，不存在感染风险，不经治疗短期内可以自行恢复的伤。

1. 心理安抚。让学生明白其损伤对其身体的影响，恢复过程中可能出现的症状，让伤者对损伤情况有充分的认知。

2. 进行专业处理后，如学校条件具备，由体育骨干陪同送至医务室。

3. 向班主任报备。

4. 向家长报备。

（二）中度伤处理方法

常见中度伤包括有组织液流出、机体功能障碍等症状。

1. 联系班主任。报备政教处、教务处、校长室，做好与家长的沟通。

2. 心理安抚。尽量让学生冷静对待损伤，让损伤者明确教师永远和他在一起。

3. 联系校医，进行处理。如需送医，在家长到来之前妥善做好送医工作。

（三）重症伤员处理方法

重症伤员存在意志不清、呼吸困难、昏迷、晕厥等自身不可控症状。

1. 联系班主任。报备政教处、教务处、校长室，做好与家长的沟通工作。

2. 心理安抚。尽量让学生冷静对待损伤，防止给其他学生造成心理伤害。

3. 妥善做好送医工作。

4. 书面材料说明。

案例中，该学生在投掷过程中由于用力过猛、肌肉快速收缩致使肌纤维断裂，出现疼痛、肿胀现象。教师应及时让学生停止练习，缓缓活动上肢，待情况有所减轻时请学生见习。课后向学生强调安全运动知识，确保受伤学生知晓拉伤的注意事项及康复练习方法。告知班主任该生的受伤情况，与家长做好沟通。

四、预防策略

1. 根据运动时间历程进行安全防范。体育运动的损伤大部分源自准备不足或冒进行为，因此，必须做好安全防护工作，防范安全事故的发生。为确保运动的安全与效率可以从时间难度和参与主体角度来细致规划预防策略。运动前，教师应认真备课，在对学情、教学内容及场地器材充分了解的基础上编写教案，提前到达场地根据现场实际条件进行二次备课。学生应备好适合运动的衣服或根据教学需要教师提前安排的服装，鞋子合脚舒适，便于运动。本案例是上一步投掷沙包，教师应要求学生穿方便运动的衣服，特别是上衣的穿着一定不能影响上臂的挥摆。

2. 课堂常规严落实。课堂常规的落实是预防体育运动风险的关键所在。它不仅确保了体育教学的有序进行，还为学生提供了一个安全、健康的学习环境。严格遵守课堂常规可以有效减少运动损伤和安全事故的发生，保障学生的身心健康。教师应充分做好课前准备工作，如，制定合理的教学计划，确保教学过程的流畅和安全；仔细检查运动场地和器材的安全性，如跑道是否平整、器材是否完好等，确保学生在安全的环境中进行运动。学生应做好个人防护措施，如：穿着适合运动的服装和鞋子，避免因衣物过紧或过松而限制动作或造成摩擦；了解常见的运动损伤类型及其预防措施，如扭伤、拉伤、骨折等，以便在运动过程中做到自己保护自己。

3. 动作演练规范。教师在示范动作时应充分以技术动作为主，并结合实际学情开展教学，力争让学生看清、听懂、会做、会反思。学生在观看示范，学习动作时力争做到清晰观看、洞察细节、留有余地，带着疑问学习、深入讨论反思、认真练习落实。充分避免动作技术形成各阶段中潜在的损伤风险。

4. 放松务实高效。有效的放松不仅可以预防损伤，还可以巩固、提高练习效果。无效放松只能增加练习参与者的运动负荷，提高损伤风险。教师对放松的指导要具有高度的针对性，不可一视同仁、以偏概全；学生应充分了解自身肌肉感觉，根据自身的疲劳程度进行适时适量的放松。

5. 加强课后练习。动作技术的自动化可以降低运动损伤风险，然仅仅依靠一节课甚至一个教学单元无法达到动作自动化的要求。俗话说："不怕招招通，就怕一招精。"课后学生的大量针对性练习才是动作技术自动化的关键。教师应激励学生课后积极进行安全的运动技术练习，设置有趣、有量的练习促使学生乐于练习，勤于练习。学生如果积极练习，乐在其中，那么效果自现。

五、恢复性方法与建议

上肢肌肉拉伤的恢复是一个渐进的过程，恰当的锻炼是非常重要的。随着症状缓解，可以逐步引入轻微的渐进式活动和静态拉伸，以恢复肌肉的柔韧性和活动范围。进一步恢复后，通过等长收缩练习和轻量级的抗阻训练，如哑铃举重，增强肌肉力量。此外，功能性训练和平衡稳定性训练有助于提高肌肉协调性和整体稳定性。

在整个恢复过程中，要持续监测受伤部位的反应，并根据恢复情况适时调整训练计划。最重要的是，在开始任何恢复性训练之前，应咨询专业医疗人员或物理治疗师，确保训练的安全性和有效性。这些综合措施可以有效地促进上肢肌肉拉伤的恢复，预防运动损伤。

原地侧向推实心球——腕部关节脱位

一、案例回顾

学校足球场上，体育老师董某在安排学生上原地侧向推实心球的体育课。课程基本部分有一个教学环节是比谁推得远。这一环节大家都铆足了劲，蓄势待发。小明同学非常兴奋，用尽全身的力气去推实心球，然而球偏离了原有的轨迹，小明同学大叫"好痛"，并抓着自己的手，眼含泪珠。董老师立刻停止了学生练习，让其他同学原地休息。董老师先安慰小明，鼓励他要勇敢，让他不要太紧张，然后询问小明具体情况。小明说他的手腕处非常痛。董老师立即察看了小明手腕的情况，发现此处没有开放性的损伤，但是关节肿大且活动受限，初步怀疑是腕部关节脱位，骨头是否受损要进一步确认。董老师先叫校医给小明做了简单的固定，防止二次受伤，然后将他送到就近医院进行拍片检查。经医生检查，确定小明手部骨头没事，只是腕部关节脱位，最后在医生的治疗下进行了复位。

二、案例剖析

（一）运动项目介绍

原地侧向推实心球这一内容在轻物掷远与原地侧向推铅球中起到承上启下的作用，是必不可少的一部分。它对增强体质，特别是发展躯干和上下肢力量有显著的作用。而且，它还可以提升神经与肌肉的协调性。通过这一环节的练习，学生不仅能够巩固动作技能，还能够提升动作的连贯性。此项目要求全身协调发力，所以在练习前要充分将身体活动开，防止受伤。

（二）损伤原因

根据案例回顾我们可以看出，小明同学的腕部关节脱位，主要是由于教师在教学组织过程中的失误导致的。小明同学刚刚学习此技术，其技术动作还不够熟练，教师就安排推远比赛，加上学生的比赛兴致又高，一味追求出风头，导致发力过猛，造成腕部关节脱位。

三、课堂紧急处理办法

学生在体育活动中难免会发生意外受伤事故，我们一般按照损伤程度进行处理。

（一）针对轻微损伤的处理

损伤发生后，体育教师应让受伤学生立即停止运动，安排体育委员陪同伤者至医务室做简单处理，事后再了解情况。

（二）针对较为严重的损伤的处理

损伤发生后，体育教师应让受伤学生停止活动。让学生躺下或坐下休息，并将患部放置在最舒适的位置，以防损伤加剧。可以使用冷湿布对伤者患部进行冷敷，以减轻疼痛和肿胀，切勿自行强硬地将脱出的部位整复原状。通知校医送医院,如校医不在,通知班主任,送医院;如班主任不在,通知教务处,送医院;如均不在,安排学生自行上课,其他教师代管,亲自送医院。在受伤者送医院途中必须立即通知家长。特别严重的立即向上级领导汇报。事后,以书面形式呈交情况说明,并做好学生证词(情况说明)。

四、预防策略

1. 教师应严格掌控课堂常规。在进行原地侧向推实心球教学过程中,教师应让学生树立课堂纪律观念,切勿随意练习或推搡同伴,避免在运动过程中出现人为的意外伤害。课堂中尽可能地避免出现容易导致学生受伤的不合理现象和错误动作,例如间距过小引起的误伤、同学对投引起的误伤、投掷方向错误引起的误伤等问题。因此,教师在课中要严格落实课堂常规,让学生有序、有效、循序渐进地进行练习。

2. 教师应做好动作示范。教师在教学过程中应该注意教学示范动作的规范性。教师在进行原地侧向推实心球示范时,应该注意以正确的动作演示,并向学生讲解动作要点。首先要激发学生的学习兴趣,同时对学生提出练习要求和目标,向身心困难的学生提供有效帮助。合理安排运动量和运动强度,切勿超出学生体能所承受的负荷,避免学生意外损伤事故的发生。

3. 教师应多给予学生肯定并且在课后带领学生做好放松。运动后一定要带领学生做一些简单的上肢肌肉放松练习。这有利于上肢肌肉紧张得到缓解,减轻肌肉酸痛,有效预防肌肉拉伤。课后更要强调课堂中自主练习的安全问题,告诉学生要按照正确动作进行练习,避免随意性的练习方式对身体造成意外伤害。

4. 教师要做好教学所需器材与场地的整理工作。原地侧向推实心球教学前,教师要对本课教学所需的器械与场地进行梳理。选择场地不能太小,同时不能出现坚硬的东西,要平整开阔。

5. 课前做好课堂设计,确定课堂纪律与安全。在课堂教学中,学生练习形式多样,因此必须要求学生保持适宜间距、保障课堂纪律。同时,带领学生做好准备运动,拉伸全身各个关节,使身体各个关节都得到充分舒展,从而避免运动损伤的发生。

五、恢复性方法与建议

腕部脱位后，通常需要4—6周的制动期，以确保关节的稳定和愈合。严重脱位可能需要石膏托外固定，保护约3周后再去除。在制动期间，可以适当进行肘部、腕部和手部的运动范围练习，以维持关节功能。

脱位愈合后，逐步增加腕关节、指关节、掌指关节的活动幅度和频率。可以使用握力器、橡皮条、弹力带等工具进行抓握练习，恢复手部力量；可以进行拇指对掌训练，通过牵引橡皮筋内收，增强拇指肌力。

此外，伤者也可以进行一些需要手腕协调配合的活动，如写字、画画等，以促进手腕协调能力的恢复。

这些综合的恢复性练习可以有效恢复腕部关节的功能，减少挛缩和肌肉萎缩。

后抛实心球——手腕扭伤

一、案例回顾

学校足球场上，体育老师董某正带领学生进行后抛实心球教学。课程基本部分有一个环节是完整动作体会后抛实心球技术。这一环节中，小明同学做得特别认真，反复练习后抛实心球。突然，小明同学发出一声惨叫。董老师立刻停止了学生练习，让其他同学原地休息。他先安慰小明要勇敢，让他不要太紧张。然后，让小明尝试自己动手腕。经察看，问题不大，小明只是活动的时候有点痛，骨头没有问题。之后，体育老师便让学生陪他去医务室进行冷敷处理。

二、案例剖析

（一）运动项目介绍

后抛实心球是初中阶段投掷教学的主要内容之一，也是中考体育选测项目之一。投掷教学技术含量要求高，练习内容相对枯燥。因此，在教学中要注重循序渐进的原则，让学生在练习过程中逐步体会自下而上的发力顺序。这一项目运动中，学生往往会出现因用力过猛、技术发力顺序错乱、急于出手及持球方法错误等情况导致的损伤。因此，我们必须做好防护措施。

（二）损伤原因

后抛实心球教学中，导致损伤事故发生的原因有以下几点：

1. 场地、器材等设施存在安全隐患。

2. 教学内容超过学生承受能力。

3. 教师在教学组织过程中出现失误。

4. 其他学生过错及其他意外事故。

5. 学生个人健康状态不佳。

6. 学生在体育活动中注意力不集中、对安全规则不重视或过于自信、兴奋等。

7. 学生肌肉力量不足、柔韧性差、协调性不佳等。

根据案例回顾我们可以看出，小明同学手腕扭伤的主要原因是他没掌握正确的持球手型和发力顺序。由于小明同学学习兴致高，进行完整练习时追求远度而忽视了正确动作，才导致他在练习中意外受伤。

三、课堂紧急处理办法

体育教师组织学生上体育课、体育锻炼课，或进行各类运动比赛、课余训练时，必须把安全因素放在首位。学生在体育活动中难免会发生意外受伤事故，因此，我们需要按照伤害程度进行紧急处理。

（一）轻微损伤

1. 由体育老师或体育委员陪受伤学生至医务室进行简单处理。

2. 事后了解情况。

（二）较为严重的损伤

1. 通知校医至现场诊断，由校医决定是否送医院；如校医不在，通知班主任，送医院；如班主任不在，通知教务处，送医院；如均不在，安排学生自行上课，其他教师代管，亲自送医院。

2. 如遇特别严重的情况，必须与校医一起，用最快速度（派校车或打 120 或叫出租车）将患者送至医院。

3. 以上任何一种情况，在受伤者送医院途中必须立即通知家长。特别严重的，立即通知校方领导，向上级领导汇报。事后，以书面形式呈交情况说明，并做好学生证词（情况说明）。

作为小明的体育教师，课堂上遇到小明这种情况，应该沉着冷静，观察学生受伤情况，然后再根据学生的受伤情况，采取相对应的治疗手段。一般来说，当手腕扭伤时，应该立即让伤者停止运动，并及时将手腕置于相对舒适的位置。这样，就不会对手腕造成二次伤害。轻度扭伤患处的肿痛相对较小，关节活动受限程度也相对较轻，所以可以根据一般扭伤来治疗（如冷敷）；如果患部肿胀疼痛，腕关节活动严重受限，损伤相对严重，建议治疗后就医。如有出血性的损伤要先止血，再做进一步的处理。

四、预防策略

1. 教师应严格掌控课堂常规。课堂教学中，教师应让学生树立课堂纪律观念，禁止随意练习或推搡同伴，避免在运动过程中出现人为的意外伤害。此外，教师应在上课期间引导学生有序、有效、循序渐进地进行练习。

2. 教师应做好动作示范。教师在进行示范时应该向学生传达正确的动作概念，在引起学生学习兴趣的同时，对学生提出练习要求，对身心困难学生提供有效帮助。此外，教师合理安排运动量和运动强度，适当保证运动中的休息时间，保证运动量不超出学生体能所承受的负荷。

3. 教师应对学生在课堂中的良好表现多多予以鼓励。教师可以在下课后多给予学生肯定，激发学生学习兴趣，引导学生课后多去模仿练习，同伴互学。

4. 运动后一定要带领学生做一些简单的手腕肌肉放松活动，缓解肌肉酸痛，预防肌肉拉伤。

5. 教师应在课后向学生再次强调课堂中自主练习时应注意的安全问题，叮嘱学生按照正确动作进行练习，避免随意性的练习方式对身体造成意外伤害。

6. 教师要对本课教学所需的器械与场地进行梳理。在器材和场地选择上需要更多考虑。选择场地不能太小，同时不能有坚硬的东西。

7. 让学生做好充分准备运动，拉伸全身关节，特别是手腕关节，尽量避免运动损伤的发生。

五、恢复性方法与建议

我们在体育课运动过程中经常会遇到运动损伤，所以可以根据受伤的规律和特点及时地采取各种救护措施，合理安排伤后的训练。受伤后运用一些辅助的恢复性练习方法加速功能的恢复，这是很有必要的。案例中，小明同学是手腕扭伤，我们可以根据受伤的程度及部位，为他制定一些有利于恢复的训练方法。由于小明手腕扭伤属于韧带的撕裂，我们可以在恢复期让他尝试做屈伸、外展内收、旋转的运动，动作不能过快、过猛，要循序渐进。

体操类运动

徒手体操（跳跃）

器材体操

徒手体操（跳跃）

队列队形——中暑

一、案例回顾

2019 年 9 月某日的一节体育课，当天气温高达 38℃，上课铃声响后体育委员开始整队。由于天气闷热，许多学生一时半会儿都静不下来。体育老师见状迅速上前吹哨，重新集合整队。为了让学生记住上课集合要做到快、静、齐的要求，体育老师首先简单地进行了几组反口令三面转法的练习，让学生能够尽快地安静下来，集中注意力，随后又让学生进行了站军姿训练。炎炎烈日，不到几分钟，就有学生举手示意头晕站不住，没过一会儿又倒下好几个，初步判断都是中暑引起的。

二、案例剖析

（一）运动项目介绍

队列队形练习是体育教学的重要组成部分。在教学中运用队列队形练习，能合理地组织学生活动，集中学生的注意力，培养节奏感、协调性和审美水平，有助于教师完成教学任务和提高教学质量。通过队列队形练习，可以培养学生的组织性、纪律性，增强学生的集体主义观念，使学生养成“团结、紧张、严肃、活泼”的优良作风。站立，是发展人体美的基础；行走，则是人体运动美的起点。青少年正处于长身体的时期，可塑性很强，体育教学中必须重视这些基本技能的训练。队列队形练习可以帮助学生形成正确的身体姿势，从而促进身体的正常发育。

（二）热射病

热射病发病早期会有大量冷汗，继而无汗、呼吸浅快、脉搏细速、躁动不安、神志不清、血压下降，逐渐向昏迷伴四肢抽搐发展；严重者可产生脑水肿、肺水肿、心力衰竭等。

（三）损伤原因

当人体在高温或高湿的环境中长时间工作或从事体力劳动时，就很容易发生中暑现象，尤其是当温度高于32℃，空气湿度大于60%时最易发生。城市中，各种高大建筑物对空气流通的影响，夏季空调的大面积使用，街道的狭窄以及车辆的逐渐增多等原因都会导致气温升高，进而增加中暑现象。

队列队形训练多安排在九月份进行，这时室外温度较高，加之缺乏有效的防暑措施，如未能选择阴凉通风的地点或提供充足的水分补给和休息时间，便会导致学生中暑。此外，部分学生由于平时较少参与体育活动，身体适应性较差，突然面对高强度训练时更易中暑。

三、课堂紧急处理办法

1. 平卧休息，通风降温。立刻协助中暑者离开引起中暑的高温环境，选择阴凉通风处平卧休息，头部抬高，解开衣扣、腰带等束缚物。有条件者可打开电扇、空调等制冷设备对周围环境进行降温，但应避免直接对准中暑者吹风。

2. 饮用适量含淡盐的清凉饮料。给予中暑者适量含淡盐的清凉饮料，如加盐的茶水、绿豆汤等，可以起到降温、补充血容量的作用。

3. 身体降温散热。用湿毛巾或冰袋冷敷中暑者头部、腋下及腹股沟处，也可用冷水或30%的乙醇擦浴中暑者，直到皮肤发红。同时，进行皮肤、肌肉按摩，以加速血液循环，促进散热。

4. 使用解暑药。可在中暑者额部涂抹清凉油、风油精，或让中暑者口服常用解暑类中药进行解暑。

5. 严重者送医。一旦出现高热、昏迷、抽搐等症状，应使中暑者保持侧卧、头后仰状态，以保持呼吸道通畅，同时立即联系救护车，转送医院。

四、预防策略

1. 保持凉爽。选择轻便、浅色、宽松的衣服,室内保持凉爽,尽可能待在有空调的地方。

2. 仔细安排户外活动。天气炎热时,尽量将户外活动安排在较为凉爽的早上或者晚上;或者在活动一段时间后,注意到阴凉的地方进行休息。

3. 调整户外运动的强度。在热天建议减少锻炼。如果锻炼过程中,出现心跳加速、喘不过气、头晕、心慌等情况,需要立即停止运动,寻找一个阴凉的地方,及时休息。

4. 涂防晒霜。晒伤会影响身体的降温功能,引起脱水。如果必须到户外去,需要戴一顶宽边帽,戴一副太阳镜,在外出前 30 分钟涂上防晒系数为 15 的或系数更高的防晒霜,以保护自己免受紫外线的伤害。

5. 合理饮食,保持身体的水分。及时喝水,补充水分,不要等到渴了才喝水。远离含糖或含酒精的饮料,这些饮料不但不解渴,反而会使身体流失更多液体,喝冷饮还会引起胃痉挛。

6. 补充盐和矿物质。大量出汗会流失盐和矿物质,运动饮料可以帮助补充汗水中流失的盐和矿物质。

7. 高温天气,饮食要清淡,不适合吃高热量、油腻、辛辣的食物,可以准备一些防暑降温的食物,如绿豆汤等。

五、恢复性方法与建议

1. 立即转移到阴凉处。一旦发现学生出现中暑症状,如头晕、头痛、恶心、呕吐等,应立即将其转移到阴凉通风处,避免继续受热。

2. 降温处理。使用湿毛巾敷在学生的额头、颈部、腋下等部位,以降低中暑学生的体温。

3. 补充水分和电解质。给中暑学生饮用淡盐水,以补充体内流失的水分和电解质。如果学生出现呕吐或无法饮水的情况,应及时就医。

4. 密切观察病情。需要密切观察中暑学生病情,如出现高热、昏迷、抽搐等症状，应立即拨打急救电话并送往医院治疗。

总之，在队列队形训练中，要高度重视中暑的预防和恢复工作。通过合理安排训练时间、穿着透气轻便的服装、补充水分和电解质，以及合理安排休息等措施，降低中暑的风险。同时，要熟练掌握中暑恢复性方法，一旦发生中暑事件，及时进行救治。

鱼跃前滚翻——急性颈部软组织损伤

一、案例回顾

2019 年 5 月 27 日，某中学体育老师钱某在课堂上进行鱼跃前滚翻教学。在钱老师的指导下，大部分男生较好地掌握了鱼跃前滚翻动作。在挑战练习环节，有一位男生不按老师要求，加大难度练习鱼跃前滚翻，由于其双手撑垫不力，缓冲不足，导致颈部出现疼痛现象。钱老师立即上前检查，该同学除转脖子不利且疼痛外，其他四肢活动正常，排除严重颈椎受伤可能。钱老师安排该同学进行冷敷处理，原地休息，下课后到医务室检查。

二、案例剖析

（一）运动项目介绍

滚翻项目是徒手体操中一项极富挑战性和技巧性的训练内容，它要求练习者通过身体的翻滚动作，依次支撑地面并经过头部的翻转，完成一系列连贯、流畅的体操动作。这个项目不仅涵盖了前滚翻、后滚翻、侧手翻等多种经典动作，还融入了身体平衡、力量控制、柔韧性提升等多个方面的训练要素。在滚翻项目的练习中，练习者需要高度集中注意力，掌握正确的身体姿势和翻滚技巧，以确保动作的准确性和安全性。

鱼跃前滚翻是一项基本的体操技巧动作。该动作主要由蹬地、跃起、撑垫和滚翻四个技术环节组成。在进行鱼跃前滚翻时，首先需要两脚充分蹬地，两腿伸直，以获得向前翻转的动力。接着，两臂前摆，身体腾空时两臂前伸，含胸。然后，两手撑垫，屈臂、低头、团身，向前滚翻起立。整个过程中，必须有一个腾空阶段是手和脚都不撑垫的。

在教学过程中，教师可以采用启发、引导、指导、示范和评价等方法来帮助学生掌握这一技巧。而学生在练习过程中需要有条不紊地完成动作，并注意安全。

（二）损伤原因

由于人体生理结构的特点，人的脊柱的生理曲线于颈段呈前突，颈部的伸屈肌肉群处于平衡用力状态。当进行鱼跃前滚翻练习时，鱼跃后如果双手撑垫不力，曲臂过早或没有及时低头团身，那么会导致缓冲不足，或者头顶部先着垫，使头颈部于前屈部位负荷过重，颈部伸屈肌打破用力平衡状态，同时使颈椎间的韧带也受到牵拉或挤压，从而产生以痉挛、僵硬、转脖困难、疼痛为主要症状的急性颈部软组织损伤。

三、课堂紧急处理办法

急性颈部软组织损伤的紧急处理需要迅速而细致的措施，以减轻症状并防止进一步的伤害。

首先，立即停止活动，对颈部进行制动和固定，使用颈托或其他外固定装置限制颈椎活动，减少对受伤组织的不良刺激。在急性期，应尽量减少颈部活动，避免加重损伤。

其次，采用间断性冷敷治疗，以快速缓解疼痛和减轻肿胀。

最后，若存在开放性损伤，应立即采取止血措施，使用干净的布料进行填塞和压迫，控制出血。严重者，教师安排好其他学生，带患者前往医院进行治疗，在受伤者送医院途中必须立即通知家长；特别严重的立即通知校方领导，向上级领导汇报。

四、预防策略

（一）运动前

1. 教师应在上课前准备好体操垫，同时对教学环境进行逐一检查，清除障碍物,做好课前场地器材的检查工作。

2. 教师在集合整队时要做好安全教育,强调本堂课可能会出现的问题。而学生则必须按照教师要求进行练习。

3. 学生自我检查是否携带有影响练习的物品,如笔、眼镜等。

(二)运动中

1. 在课程准备部分多做颈部练习,充分活动颈部,提高颈部肌肉力量和柔韧性。也可加入诱导练习,如练习前滚翻、远撑前滚翻。

2. 教师在教学中注意示范动作的规范性,应该向学生传达正确的动作概念,讲清动作要点,以帮助学生形成正确的动作印象。同时,教师还应强调安全保护的重要性,详细讲解每个练习的保护与帮助的方法,以此培养每位学生的责任意识。

3. 课程基本部分内容的选择要遵循循序渐进原则,为学习鱼跃前滚翻打下基础。具体做法如下:

(1)由高到低的前滚翻解决学生不用手撑或双手用力不均的问题。

(2)蹬地支撑练习(由高处向低处)强调蹬地后直腿动作,做有控制的屈臂。

(3)远撑前滚翻(由高处向低处)体会屈臂缓冲与低头团身的时机。

(4)不同距离的远撑前滚翻体会蹬地远撑动作,曲臂缓冲与低头团身的时机。

(5)不同高度的鱼跃前滚翻。

4. 对于基础薄弱的学生,教师应采取差异化教学策略,适当降低教学难度。

(三)运动后

尽量做好放松活动,以尽快恢复体力和肌肉力量。放松活动包括对颈部的拉伸、拍打与按摩。

五、恢复性方法与建议

(一)冷敷法

将毛巾浸透冷水后放在疼痛部位,2 分钟更换一次;或者用冰袋进行外敷,每次 15—20 分钟。

（二）按摩法和热敷法

1. 按摩法

手法：推摩、揉、揉捏、叩打和运拉。

操作步骤：受伤24小时以后，疼痛者取坐位，按摩者立于后方，两手分别放在被按摩者颈部两侧，向下做轻推摩，当推至颈根时，双手分别转向两侧肩部。重复多次后，从颈上部向下外侧直到肩胛部进行揉捏。先轻后重，反复数次，再揉胸锁乳突肌，接着叩打肩背部，再做运拉。或令被按摩者头向各个方向做环绕运动。也可以用手指垫揉风池、悬钟、落枕等穴位，使痉挛的肌肉松弛后，做头部的运拉手法。对颈部软组织损伤者，不宜采用端旋头颈部的暴力手法，否则会加重症状。如有棘侧偏歪，应请医生进行整复。

2. 热敷法

受伤24小时后，用热毛巾敷在疼痛部位，无热感时立即更换，每次敷15分钟。敷后做头部前屈、后伸、左右旋转、左右侧屈运动。

急性颈部软组织损伤一定要根据自身的情况来判断损伤的程度。在恢复期间要尽量保持肌肉的放松，减少颈部的活动频率，给颈部休息和调养的时间。如果有不适感，应该及时到正规的医院就诊，在专业医生的指导下配合治疗，这样才能够在较短的时间内恢复健康。

跪跳起——脚背瘀伤

一、案例回顾

【案例一】

在某校四年级一次体育课中，一名学生多次进行跪跳起练习失败后，向老师报告他的脚背很痛。随后老师对该同学的脚进行检查，经检查后发现，该学生脚背可能形成瘀伤。在对该学生的后续跟进治疗中发现，导致该学生脚背瘀伤的原因就是跪跳起。

【案例二】

某校小张同学在家自行巩固跪跳起练习。经过多次重复练习,在一次后摆下压时,他感觉到脚背出现明显的疼痛。经检查,发现其脚背有淤青。

二、案例剖析

(一)运动项目介绍

跪跳起是一项全身性运动,它要求参与者从跪姿迅速起跳。这一动作不仅能有效锻炼下肢的爆发力、协调性与灵敏性,还可以增强核心肌群的力量。动作要点在于双脚并拢跪地,双手自然置于体侧或轻触前额以保持平衡,同时确保脚面紧贴地面以维持稳定。在跪跳起运动过程中,摆臂的制动应与臀部后坐、上体前倾的动作紧密配合,随后迅速提腰展髋,小腿用力下压垫子,当身体上升时,迅速抬膝收腿至半蹲状态。初学者可在垫子上练习跪撑跳,逐步过渡到连续跪跳起和前后滚翻接跪跳起等组合动作。在教学中,教师应特别强调摆臂制动时腰部的上提动作,以及压垫、提膝、收腿这一系列动作的迅速连贯性。同时,提醒学生注意协调手臂、腿部与腰部的运动,以确保身体腾空的感觉并稳定落地。

(二)瘀伤

瘀伤是由皮下出血所致,血内氧气耗尽导致颜色呈紫色。如被硬物击中,血液由皮下的血管溢出,瘀伤会在数分钟内呈现。有时,出血的地方可能来自身体深处,如由手臂或腿的断骨溢出来。瘀伤通常在数天后才会出现,瘀伤出现后几天,瘀血逐渐散去或者被吸收,瘀伤便会逐渐变成黄褐色,最后痊愈。把冰袋等冰冷的东西放在瘀伤上,可以减轻痛楚。

(三)损伤原因

跪跳起练习导致学生脚背产生瘀伤的原因有以下几点:

1. 练习次数较多,脚背持续用力下压或者下压不当导致。

2. 在练习过程中,脚背着地,没有垫子做铺垫,或者铺垫器材较硬导致。

3. 脚背柔韧性差,起跳时用力过猛导致。

三、课堂紧急处理办法

在发现学生脚背出现疼痛或出现明显瘀伤时，首先让其暂停练习，观察学生脚背的受伤情况。若只是出现疼痛而没有瘀伤，则不需要进行特殊处理。若发现瘀伤，则观察是否出现韧带拉伤、骨裂等症状。普通的瘀伤，让学生的脚置于高过心脏的位置，同时进行冷敷处理即可。一般瘀伤出现后几天，瘀血逐渐散去或者被吸收，瘀伤处便会逐渐变成黄褐色，然后痊愈。如果学生情况较严重，则应及时就医，进行全面的检查。除此之外，教师应该及时向班主任和家长反馈学生的受伤情况。

四、预防策略

针对跪跳起动作导致脚背瘀伤的问题，我们可以从多个维度出发，制定一套全面而细致的对策体系，以确保学生的安全。

（一）环境准备与安全措施

1. 课前，教师应选择柔软度适宜的垫子，并全面检查教学环境，清除障碍物，确保练习区域的平整与安全，营造安全的练习环境。

2. 教学前，教师应明确课堂纪律，强调所有练习必须在指定垫子上进行，禁止任何人擅自离开垫子练习，以预防意外发生。

（二）充分热身与准备活动

1. 教师带领学生进行充分的热身活动，特别注重脚背及脚踝关节的活动，以提高关节灵活性和肌肉弹性。

2. 通过模拟跪坐压垫等动作，提前让学生适应脚背与垫子的接触感，为正式练习打下良好基础。

（三）规范教学与示范引领

1. 教师需清晰、准确地向学生传达跪跳起的动作要领，包括动作概念、运动轨迹等，确保学生理解透彻。

2. 教师应进行教学示范，直观展示动作的正确形态，激发学生的学习兴趣与模仿欲望。

（四）科学练习方法与辅助手段

1. 在教学中，教师可以利用跳箱等辅助器材创造高低落差，引导学生从易到难、逐步升级练习难度，帮助脚背适应正确的用力方式。

2. 在教学中，教师应设定合理的练习时间和次数，采用轮流练习的方式，确保学生有足够的休息与恢复时间，避免过度疲劳导致的损伤。

（五）即时反馈与纠正

1. 在练习过程中，教师应密切关注学生的动作执行情况，及时发现并纠正学生脚背用力不当或过猛的情况。

2. 教师应引导学生通过摆臂带动身体上提，实现脚背与小腿的协调用力，必要时提供保护与帮助，确保学生安全。

（六）练习后的放松与恢复

1. 练习结束后，教师要组织学生进行充分的拉伸与放松活动，特别是针对脚背及小腿部位的肌肉进行针对性拉伸，以促进恢复。

2. 教师应不断强调练习过程中的安全问题，同时注重培养学生的兴趣与自信心，让他们在轻松愉快的氛围中完成学习任务。

（七）课后指导与自我练习安全

1. 课程结束后，教师可以鼓励学生进行课后自主练习，但一定要让学生注意安全，告知学生在练习时要遵循教学步骤，循序渐进地提升技能水平，避免急于求成导致的损伤。

2. 教师应反复强调不正确的练习方法可能带来的伤害和风险，增强学生的自我保护意识，并提高学生的自我保护能力。

五、恢复性方法与建议

脚背瘀伤发生后，首先，需要确保脚部得到充分休息，避免活动导致伤势加重，必要时使用石膏固定以稳定骨折部位；其次，在伤势初期，通过冷敷减轻水肿和疼痛；最后，伤势稳定后，改为热敷以促进血液循环和消肿。

在伤势稳定后，可以采用温和的物理疗法，包括冲击波治疗和足部肌肉、筋膜拉伸，这样可以恢复足部灵活性和力量。此外，还需要进行一些功能训练，如用脚趾练习书写、用弹力绷带进行抗阻勾脚尖训练等，这些训练有助于提高脚趾的灵活性和脚部肌肉的力量。

仰卧推起成桥——急性腰扭伤

一、案例回顾

2019年的某天，某校某教师在开展二年级“仰卧推起成桥”新授课教学。在教学过程中，教师先带领学生进行了全方位的准备活动，随后开始示范讲解动作。在学生建立起“桥”的基本概念之后，该教师带领学生展开练习。在进行到分组练习环节时，突然一名学生大叫：“啊，我的腰好痛！”老师要求该生立即停止练习，并让他轻轻平卧在垫子上。随后，对该生的腰部情况进行了检查。平卧休息5分钟后，学生表示疼痛感减少，小幅度伸腰和转动时无疼痛感。教师初步判断可能是由于腰部肌肉的过分紧张导致的腰部疼痛。但为了安全起见，教师停止了该学生本堂课的后续练习，让其休息。课后，教师将此事告知了该生的班主任与家长，请他们进一步关注孩子的腰部状态。所幸该名学生课后并未出现其他症状，在进一步检查和确认后，大家都放心了。

针对本次课堂发生的事情，老师们迅速开展了讨论会议，授课老师对本次课进行了深刻的反思。

二、案例剖析

（一）运动项目介绍

仰卧推起成桥是一种全身性的体操技巧动作，它不仅能锻炼核心肌肉，增强腰背部和下肢的力量，还能改善柔韧性和平衡能力。仰卧推起成桥不仅适用于学校体育课，还可以作为日常健身的一部分，特别适合希望改善腰椎间盘突出、增强腰背部线条的人群。它也是跳高运动员日常训练中不可或缺的项目之一。

动作的起始姿势是平躺在垫子上，膝盖弯曲，双脚与髋同宽，双手伸直，手掌紧握地面。动作执行时，首先通过反手推臂，双手向后弯曲，指尖着地，同时双腿蹬地，挺髋向上，形成拱桥状。接着，保持双臂伸直，顶肩时尽量将肩部抬高。最后，用双脚的力量支撑身体，同时臀部抬高，保持背部平直。在练习过程中，应注意保持正确的姿势，避免前倾或后仰，确保脖子、背部和臀部保持一条直线。初学者可以通过增加负重或单腿训练来逐步提高难度。练习时，手脚的协调用力至关重要，要避免出现推臂不直或挺髋不够的情况。

（二）急性腰扭伤

急性腰扭伤是腰部肌肉、筋膜、韧带等软组织因外力作用突然受到过度牵拉而引起的急性撕裂伤，常发生于搬抬重物或腰部肌肉强力收缩时。急性腰扭伤可使腰骶部肌肉的附着点、骨膜、筋膜和韧带等组织撕裂。其症状表现为腰部疼痛、活动受限、肌肉痉挛等。

（三）损伤原因

仰卧推起成桥练习导致急性腰扭伤的原因有以下几点：

1. 未进行准备活动或者准备活动不够充分。

2. 在练习过程中，用力方式不当或者成桥姿势不正确。

3. 成桥用力过猛，导致腰部肌肉过分牵拉。

4. 腰部肌肉左右不平衡。

三、课堂紧急处理办法

急性腰扭伤的紧急处理办法主要包括以下几个步骤：

1. 一旦发生腰部扭伤，应立即停止所有活动，避免造成二次损伤。

2. 选择一个既硬又平坦的地方平躺，可以减轻疼痛和防止肌肉痉挛。如果条件允许，可以在膝关节下垫枕头等软物，以减轻腰部压力。

3. 在扭伤后的前 48 小时内，应使用冷敷的方法来缓解疼痛和肿胀。具体做法是用柔软的毛巾包裹冰块，外敷在疼痛严重的部位，每次冷敷的时长控制在 20 分钟之内，每隔 2—3 小时冷敷一次。

4. 如果疼痛难以忍受，可以服用止痛药，如消痛灵、舒筋灵或非甾体类的消炎镇痛药物，也可局部外用扶他林或者云南白药喷雾剂进行止痛。

5. 若伤者受伤情况严重，应立即将其送往医院进行治疗。同时，告知其家长、班主任事情的具体情况，请家长前往医院陪同。

四、预防策略

1. 做好课前准备。授课教师应在课前检查好场地和器材，确保课前的准备齐全。其次，在准备活动中，教师要带领学生做好充分的准备活动。

2. 做好学生的心理辅导工作。由于仰卧推起成桥动作的特殊性，学生在练习过程中需要克服身体呈反弓状和头部处于非正常状态的恐惧感。所以教师需要在练习之前提前疏导学生，让学生对完整动作的形成有一定的了解。同时，激发学生兴趣，在练习过程中积极地引导与鼓励学生。

3. 示范动作准确优美。教师在讲解示范的过程中，应做到讲解简洁明了，突出重点，示范动作准确优美。确保学生对完整动作有一定的了解后才可开始组织练习。

4. 积极做好学生的指导工作。在学生练习的过程中，教师应积极指导学生练习，给予学生保护与帮助，同时也要做到及时地发现学生的错误动作，帮助其改正。

5. 做好课后的拉伸与放松。练习结束后，教师应引导学生调整好呼吸并对身体进行充分的拉伸与放松。

6. 正确的课后引导。教师要引导学生在课后练习时遵循循序渐进的原则，严格按照标准的教学步骤进行练习，并告知学生不正确的练习方式可能导致的运动损伤。

五、恢复性方法与建议

腰部扭伤后的恢复性练习方法对于促进康复和预防复发至关重要。

初始阶段：在疼痛缓解后，可以开始进行一些轻度的康复训练，如慢走、游泳等，以逐渐提高腰部的活动能力和稳定性。

中期阶段：在恢复的过程中，可以逐步加大运动量，做一些有氧的练习或加强练习。利用沙袋、弹力带等器材做阻力练习，能使腰大肌得到更大程度的锻炼；进行腰部侧屈训练（具体动作为靠墙站立，向一侧弯曲身体，手触摸同侧的膝外侧，然后回到直立姿势，换另一侧进行）、腰部回旋运动（具体动作为取站立位，双脚与肩同宽，双手叉腰，顺时针和逆时针旋转腰部）、腰部柔韧性训练（具体动作为取俯卧位，双肘弯曲前臂撑地，保持此姿势5分钟后放松手臂，休息1分钟）等。

注意所有的康复训练都应在医生或专业康复师的指导下进行，要根据个人的病情和恢复状况选择合适的锻炼方法。

燕式平衡——腰肌劳损

一、案例回顾

2019年4月的一天，某校钱老师跟往常一样在操场上体育课，他授课的内容是燕式平衡（第二课时）。同学们经过上一节课的学习，已基本了解了燕式平衡的动作要领。因此，本堂课在钱老师强调完练习要求后，同学们纷纷兴致勃勃地投入了练习。然而，在巡回指导时，钱老师注意到有一位同学参与积极性并不高，常常双手叉着腰看着同伴进行练习，偶尔轮到他练习时，其上体也没有做到积极下压。钱老师上前询问情况才了解到这位同学在上一节课的练习后就出现了腰部酸软乏力的症状。钱老师立即建议他停止练习，在一旁见习。课后，钱老师与学生家长取得了联系，了解到该同学平常腰部也偶尔会出现不适。加之体育课上出现的情况，钱老师便建议家长对这一情况予以重视。家长陪同该学生去医院进行了详细的检查，初步诊断为腰肌劳损。

二、案例剖析

（一）运动项目介绍

燕式平衡是一种由单腿站立，另一腿后举，两臂侧上举开始的健身或武术动作。其动作特点在于上体前倾，两臂前举或经前绕至侧平举，同时后腿经后向上逐渐抬起，使上体下压与地面平行，形成后举腿高于头部的腹平衡状态。因其形似燕子飞翔，故得名“燕式平衡”。初学者可以从双手扶器械开始，做一腿支撑，另一腿后举的腹平衡练习。随着熟练度的提高，可逐渐减少对器械的依赖，直至能够独立完成燕式平衡动作。训练时，练习者应注意保持身体平衡，避免过度前倾或后仰；支撑腿绷直，用全脚掌控制平衡；后举腿尽量高举，同时保持两腿夹角不小于 135°；在练习过程中，注意呼吸配合，保持心情愉悦和身心平静。

（二）腰肌劳损

腰肌劳损，又称功能性腰痛、慢性下腰损伤、腰臀肌筋膜炎等，实为腰部肌肉及其附着点筋膜或骨膜的慢性损伤性炎症，是腰痛的常见原因之一。主要症状是腰或腰骶部胀痛、酸痛，反复发作，疼痛可随气候变化或劳累程度而变化，如日间劳累加重，休息后可减轻，时轻时重。腰肌劳损为临床常见病，发病因素较多，日积月累，可使肌纤维变性，甚而少量撕裂，形成纤维索条或粘连，遗留长期慢性腰背痛等症状。

（三）损伤原因

急性腰扭伤、长期反复的腰肌劳损，以及长期反复的过度腰部运动和过度负荷，如久坐、久站或从弯腰位到直立位手持重物、抬物，均可使腰肌长期处于高张力状态，久而久之可导致慢性腰肌劳损。在进行燕式平衡练习时，单腿支撑，上体下压，后腿高举，会使腰部肌肉处于高张力状态。如果学生准备活动不充分或动作不规范，便会导致腰部肌肉出现损伤。

三、课堂紧急处理办法

若学生在课堂中出现腰部损伤问题，教师应先了解学生疼痛的部位与疼痛程度，询问过往伤病史。如果受伤学生疼痛、酸胀感明显，腰部扭曲受限，不能正常完成燕式平衡，教师应立即暂停受伤学生的练习，安排学生休息。在对学生进行紧急处理后，应加强对学生的观察，做好学生的心理疏导工作，并提醒学生坐、站结合，不要长时间保持同一个姿势。除此之外，教师应根据学生实际受伤情况判断学生是否需要立即送医处理。情况稳定时,及时告知班主任和学生家长。

四、预防策略

(一)运动前

1. 教师应对教学所需的场地与器材进行检查,合理使用体育器材,避免因场地、器材问题导致运动损伤。

2. 教师可特别告知学生燕式平衡的动作结构、发力部位及常见的运动损伤,总结出导致腰部损伤的常见原因,并提醒学生树立良好的安全意识。

3. 教师要带领学生做好充分的准备活动,安排针对腰部的专项热身练习,防患于未然。

(二)运动中

1. 在进行燕式平衡练习时,教师要注意教学示范动作的规范性,帮助学生建立正确的动作表象,并在示范讲解时传达正确的动作概念。因此,教师应提升自身职业素养,避免因不规范的示范和错误的讲解致使学生受伤。

2. 教师在学生练习时,多进行巡回指导,及时发现问题,并合理安排学生的运动负荷、练习密度。

3. 合理安排训练时间和训练强度,避免学生因过度练习导致肌肉疲劳与损伤。

(三)运动后

1. 在燕式平衡练习后,教师应组织学生做好放松活动,帮助学生尽快恢复身体机能,应安排针对腰部的专门性肌肉拉伸放松练习。

2. 教师在指导学生进行课后练习时,务必强调安全问题的重要性,确保学生按照教学步骤进行练习,以避免动作不规范而可能引发的腰部损伤风险。

3. 教师应积极引导学生树立良好的安全防范意识和观念,让他们充分认识到规范操作与自我保护对健康学习的重要性。

五、恢复性方法与建议

（一）药物治疗

主要用消炎止痛药、注射皮质类固醇及口服非甾体抗炎药等进行治疗，局部外用肌松药及镇痛药。

（二）物理治疗

在家可进行热敷治疗，热敷治疗可以起到活血的作用。有条件的，可以在医生指导下，进行适当的物理治疗，增强治疗效果。目前存在较多的理疗方式，包括电磁、超声波、红外线、激光等，通过声、光、电、热等作用于人体，起到舒筋活络的作用。

（三）推拿、按摩等舒筋活血疗法

推拿、按摩的方法多种多样，可手动，也可利用器械。按摩时，手法不宜过重，这里主要介绍几种比较有效的方法。

1. 大鱼际揉按膀胱经

方法：大鱼际位于手掌正面拇指根部，下至掌跟；膀胱经上穴位众多，主要位于人体的后部（后背和腿后侧）。按摩手法为十指相扣，用大鱼际揉按膀胱经。

2. 大拇指按揉肾俞穴

方法：肾俞穴在腰部，位于第二腰椎棘突下，旁开 3.81 厘米。按摩手法为双手叉腰，用大拇指按揉肾俞穴。

图 5 坐立脊柱扭转示意图

图 6 静态臀桥示意图

（四）适当的功能锻炼

配合按揉动作的同时，可加强腰椎处的肌肉锻炼，特别是深层肌群，这可以帮助患者更好地治疗，这里介绍几种比较有效果的方法。

1. 坐立脊柱扭转

方法：双腿伸直坐在垫上，左腿屈膝，左脚放在右腿膝盖处，挺直背部，右手握在左腿脚踝处，左手支撑挺直背部后身体向左边扭转。

2. 静态臀桥

方法：轻度腰肌劳损者在确诊过没有重度的腰椎管狭窄，没有重度的腰椎滑脱的情况下，可以进行五点支撑的臀桥动作。双手压垫，挺起髋部，坚持20秒左右，然后放下休息，可根据自身情况设定组数。

器材体操

横箱分腿腾越——肘关节脱位

一、案例回顾

2019 年 5 月的一天，某小学体育教师李老师在体育馆带领学生进行横箱分腿腾越运动的教学。李老师在讲解完相关知识点后，为学生们进行动作示范，随后安排学生一一进行规范动作的练习。大部分学生都对该技能掌握良好。下课铃响时，意外发生了。一名学生在练习时，不慎从跳箱上摔下。李老师立刻上前察看，经过检查发现，该学生未受到严重伤害，只有肘关节有点痛。经过紧急处理后，李老师安排学生去校保健室休息。课后，李老师在与其他体育老师交流时发现，其他教学班也出现过类似的情况，该学生很可能是肘关节脱位。于是，李老师立刻安排学生前往医院进行详细检查，经医生诊断，确为肘关节脱位。

二、案例剖析

（一）运动项目介绍

横箱分腿腾越运动项目是一项结合了助跑、踏跳、支撑推手、腾空和落地等多个环节的体操项目，属于体操类运动中的支撑跳跃类别，要求学生在短时间内完成一系列复杂的动作。该项目不仅考验学生的身体素质和技术水平，还对其心理素质和意志力有较高要求。横箱分腿腾越运动项目具有速度快、跨度大、运动复杂、心理要求高等技术特点。在教学和训练过程中,教师应注重加强学生的身体素质训练,包括力量、速度、柔韧性和协调性等方面的训练;从分解动作到完整动作逐步进行训练,注重每个环节的细节和技巧;通过模拟比赛、设置障碍等方式来锻炼学生的心理素质和意志力;在训练过程中加强安全保护措施,确保学生的人身安全。

(二)肘关节脱位

肘关节脱位,是肘部常见损伤,多发生于青少年,成人和儿童也时有发生。由于肘关节脱位类型较复杂,常合并肘部其他骨结构或软组织的严重损伤,如肱骨内上髁骨折、尺骨鹰嘴骨折和冠状突骨折,以及关节囊、韧带或血管神经束的损伤。多数为肘关节后脱位或后外侧脱位。

肘关节脱位的临床表现为:肘关节肿痛,关节置于半屈曲状,伸屈活动受限;如肘后脱位,则肘后方空虚,鹰嘴部向后明显突出,侧方脱位,肘部呈现肘内翻或外翻畸形;肘窝部充盈饱满;肱骨内、外髁及鹰嘴构成的倒等腰三角形关系改变。

(三)损伤原因

肘关节脱位主要是由间接暴力所引起。肘部是前臂和上臂的连接结构,暴力的传导和杠杆作用是引起肘关节脱位的基本外力形式。学生在进行横箱分腿腾越运动时,最常见的运动损伤情况就是关节脱位。如果学生在做运动时动作不标准,就极易导致关节运动超出活动范围,进而致使关节、韧带以及肌腱出现损伤。

三、课堂紧急处理办法

当课堂上有学生发生肘关节脱位时,教师应立即暂停受伤学生的练习,安排学生休息并用夹板固定伤处,随后进行加压包扎。在对学生进行紧急处理后,应该加强对学生的观察,适当地采用按摩等方法进行进一步治疗。除此以外,教师应该根据学生实际受伤情况,判断学生是否需要送医处理。同时,联系班主任和家长告知注意事项。

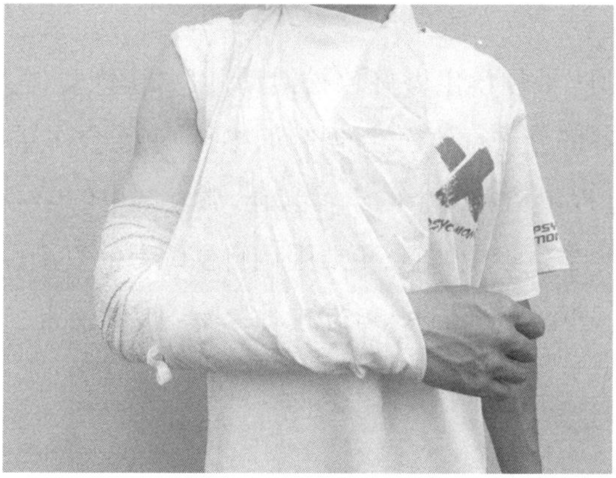

图7 肘关节脱位紧急处理办法(悬吊固定)

四、预防策略

(一)运动前

1. 横箱分腿腾越防护运动的保护措施要做好。

2. 教师在教学前要对横箱分腿腾跃教学所需的器械与场地进行清理,做好跳箱等器械的检查工作。

3. 教师应带领学生做好充分准备运动,拉伸全身关节,以减少运动损伤的发生。

(二)运动中

1. 教师做好学生心理疏导。学生在练习横箱分腿腾越时难免会受恐惧心理影响导致动作不标准,进而在练习时受伤。因此,在进行横箱分腿腾跃教学过程中,教师应做好学生的心理疏导,让学生明确动作原理和可能出现的错误,组织有趣、轻松的活动来帮助学生克服心理障碍,引导学生循序渐进地进行练习。

2. 教师应做好动作示范。在教学过程中,教师应该注意教学示范动作的规范性,在进行示范时应该注意以优美、准确的动作演示向学生讲解动作要点。除此以外,教师应该在学生练习时做好指导与保护工作。教师应该站在设备附近,对学生的不标准动作进行指导,同时还可以在学生重心不稳时及时提供帮助,避免学生受伤。

（三）运动后

运动后，教师应带领学生做好放松活动，以尽快恢复体力和肌肉的力量。其方法是对身体各部分进行放松性的抖动、拍打，双人合作互相按摩，等等。不仅如此，在学习过程中培养学生的学习兴趣，激发学生的学习自主性是重中之重。课后除了引导学生集中休息，更要强调自主练习的安全以确保学生按照教学步骤进行练习，避免不正确的练习方式对身体造成的伤害。

五、恢复性方法与建议

（一）手法复位

肘关节脱位最有效的治疗方法就是手法复位，这种治疗方法主要是通过有效的按摩或者推拿来帮助病人肘关节复位。手法复位的治疗方式对于治疗肘关节脱位是很有效果的。不仅如此，它对治疗陈旧性骨折也很有帮助，病人可以根据自己的情况选择适合自己的治疗方法。

（二）手术治疗

对于肘关节脱位情况严重的病人应该采用手术治疗，通过做手术来帮助患者的肘关节复位，使其能够正常使用。这种方法对于治疗这种疾病很有效果。而且，该方法还可以帮助患者修复身体里的坏死细胞，固定肘关节，促进身体恢复。

（三）恢复性练习

肘关节脱位后的恢复性练习是一个循序渐进的过程，初期需注重手腕和肩关节的主动活动，如握拳、耸肩等，同时采用间断性冷敷以减轻肿胀。随着外固定装置的移除，进入中期阶段，应开始进行肘关节的被动和主动伸屈训练，逐渐扩大活动范围，并辅以相邻关节的主动活动。后期阶段则侧重于加强肘关节的主动伸屈、抗阻力训练及持重练习，以全面恢复肌肉力量和关节功能。整个恢复过程需在专业医师指导下进行，确保训练的安全性和有效性，并定期复查以调整训练计划。

山羊分腿腾越——肩关节脱位

一、案例回顾

2019年4月的一天，某小学体育教师李老师像往常一样上体育。本堂课李老师准备进行山羊分腿腾越运动的教学。李老师花了10分钟的时间进行了理论讲解，紧接着安排学生一一根据讲解进行山羊分腿腾越的练习。课后，一位女同学自行练习，由于支撑不当，从山羊上摔在了垫子上。当时该生肩膀微微作痛，但未见明显症状。然而就在准备上下节课的时候，该学生班主任告知李老师，该生上完体育课后，自发练习过程中受伤导致肩膀疼痛剧烈被送到了医院，医生诊断为肩关节脱位。

二、案例剖析

（一）运动项目介绍

山羊分腿腾越是一项在中小学体育教学中常见的支撑跳跃类项目，它不仅是一项实用性很强的技能动作，也是身体锻炼的有效手段。这项运动精妙地融合了速度、力量与技巧，要求参与者在短暂的几秒内，行云流水般地完成一系列复杂而连贯的动作：从蓄势待发的助跑，到精准有力的踏跳，紧接着是稳固的支撑与敏捷的提臀分腿，随后是强有力的推手助力，实现身体的腾空飞跃，最终以稳定的姿态优雅落地。这一过程，不仅是对学生腿部与上肢爆发力的极致考验，更是对其肩臂、腰腹、下肢肌肉群及关节韧带力量的全面锻炼。它不仅显著提升了学生的速度素质，还极大地增强了学生身体的灵敏性、协调性，以及空中姿态的控制力和落地时的平衡能力。因此，山羊分腿腾越不仅是一项技能展示，更是促进学生身心健康、塑造强健体魄的有效手段，为学生的全面发展奠定了坚实的基础。

（二）肩关节脱位

肩关节脱位即肩关节的肱骨与关节盂失去正常的对合关系。肩关节由肩胛骨关节盂和肱骨头构成，肩胛骨关节盂小而浅，肱骨头呈半球形，其面积为肩胛骨关节盂的四倍。肩关节囊薄弱松弛，活动范围大，易发生脱位。肩关节脱位多由传达暴力或杠杆作用所致。一般来说，侧方跌倒，手掌着地，躯干倾斜，肱骨干高度外展、外旋位，由手掌传达到肱骨间的外力可冲破关节囊的前壁，向前滑出，造成肩关节前脱位。当肩关节前方受到冲击时，可使肱骨头向后冲破关节囊造成肩关节后脱位，此时，肱骨头强力过度内旋亦可造成肩关节后脱位。

（三）损伤原因

在完成山羊分腿腾越动作时，伸手、推手、顶肩的动作不及时或缺乏力量，会导致肩关节受到不正常的压力或扭转，引发脱位。此外，教师课堂保护措施安排不到位，会导致学生在练习时缺乏安全感，动作变形，从而引发肩关节脱位。山羊分腿腾越引起肩关节脱位的原因可能涉及技术动作错误、心理因素、身体条件、教学因素和意外情况等多个方面。为了预防肩关节脱位的发生，需要在教学和练习过程中注意以上因素，并采取相应的预防措施。

三、课堂紧急处理办法

课堂上，学生若出现肩关节疼痛，执课教师应立即让该生停止运动，并观察伤者疼痛部位，判断学生受伤性质与程度。手臂能自由旋转、微微作痛的学生一般不需要特别的治疗，进行药物的外敷，能够慢慢地痊愈。如现场疼痛严重，手臂不能动弹的，首先固定其肩和手的位置，然后将该生送往医院就诊。同时，告知该生家长和班主任具体情况，请家长前往医院陪同。

四、预防策略

（一）运动前

1. 山羊分腿腾越运动之前，教师要做好山羊器械检查工作。

2. 教师要确保学生正确佩戴防护用具。安抚好学生的心理情绪，确保学生的安全，消除学生害怕受伤的恐惧心理，使学生放下包袱，放松心情，大胆去练习，去挑战、超越自己。

3. 让学生充分地做好准备活动，拉伸好全身各个位置的关节，减少运动损伤的发生。

（二）运动中

1. 教师应当组织学生采取纵列排队的方式，确保每位学生都能井然有序地进行练习，这样既能提升效率，也能有效避免学生间的推搡与干扰，为每位学习者营造专注而安全的练习环境。

2. 在教学过程中，教师应引导学生细心观察其他同学动作，深刻认识山羊分腿腾越动作中常见的错误表现，如上板速度慢、“骑坐山羊”、“两腿夹手”、推手不迅速、上肢力量薄弱、推手时肘关节弯曲、两腿弯曲、分腿太小、落地时未及时屈膝缓冲等。通过对错误动作的认识，规避错误动作，减少损伤。

（三）运动后

练习完山羊分腿腾越后，让学生集体休息，进行身体放松运动，比如用双手拍打身体，使紧绷的身体放松，从小腿开始由下而上到肩颈进行拍打，放松肌肉组织，促进血液循环，减少第二天的肌肉酸痛感。通过手臂绕环的方式使肩膀得到放松。

五、恢复性方法与建议

1. 妥善固定。为使受损的组织有充足的时间修复，肩关节应保持内收位，时间为 2—3 周。固定期间要克服一切不利于关节稳定的因素，经常检查绷带的松紧程度，注意末梢循环，如出现患肢青紫、高度肿胀等情况应及时到医院进行处理。固定期间鼓励病人积极进行功能锻炼，进行肱二头肌、肱三头肌舒缩练习，活动肘部、腕部、手指关节，以促进血液循环、消除肿胀，避免肌肉萎缩和关节僵硬为宜。同时，避免外展外旋活动。

2. 解除固定后进行功能锻炼时，也应适当限制肩关节的外展外旋活动，避免泼洗脸水、伸手高处取物、以毛巾展臂擦背等动作。习惯性脱位者，固定时间不应少于 3 周。

3. 药物治疗。服用活血化瘀、消肿止痛药物，如田七口服液、去伤片等。

4. 饮食调护。伤者宜食易消化、清淡且富有营养之物，忌食辛辣之物。

双杠分腿骑坐前进 —— 大腿内侧皮下出血

一、案例回顾

双杠分腿骑坐前进是双杠成套动作起衔接作用的必要动作。在这一课教学中,老师带领同学们按步骤进行了专项准备活动及相关辅助练习后,将学生分成若干组,各组在小组长的带领下进行练习。因双杠动作需要较强的上肢力量,对学生的身体素质要求较高,学生在学习过程中掌握动作的程度不同,差异较大,因此教师对学生进行异质分组。基础薄弱的同学在跳箱上进行辅助练习分腿坐前进巩固动作。其他组根据水平的不同,在小组长的带领下分别在低双杠和高双杠上进行练习分腿坐前进。由于采用异质分组教学,学生们的参与积极性普遍比较高。在巡回指导学生过程中,教师发现部分学生存在练习中大腿与杠面之间摩擦产生疼痛的现象,个别学生疼痛感较强。教师也根据学生情况及时调整练习,但在第二日仍有个别同学向教师反映他们大腿内侧有皮下出血的情况。

二、案例剖析

(一)运动项目介绍

双杠分腿骑坐前进是体操双杠项目中的一个基础且重要的动作,它不仅能够锻炼学生的上肢、躯干、腹背肌及肩带肌群的力量和柔韧性,还能提高身体的协调性、灵敏性和感知力。这个动作需要学生具备良好的身体控制能力和技巧,以确保在双杠上稳定地前进。

双杠分腿骑坐前进动作要点:起始时,学生需稳固站立于双杠间,双手紧握杠体,双臂伸直,身体挺直;随后,通过强有力的上肢力量与核心控制,将身体提起并同时分开双腿至与双杠平行,形成稳定的骑坐姿态,此时脚尖需朝上,腿部保持紧绷以维持平衡;在前进过程中,学生需巧妙运用手臂的推力与腿部的协同动作,确保身体在双杠上平稳且连续地向前移动,同时不断调整身体姿态以维持平衡。整个动作要求学生展现出高度的力量、协调性、平衡感及对身体各部位的精准控制。

在进行此动作时，务必确保双杠的稳固与安全，采取必要的防护措施以预防意外伤害。初学者应从基础动作开始，循序渐进地提升难度，避免急于求成导致的身体损伤。全程保持正确的姿势与呼吸配合至关重要，这有助于提升动作效果并减少不必要的身体负担。同时，注意力需高度集中，密切关注身体反馈，及时调整动作以避免失误。总之，安全、渐进、正确姿势与专注是顺利完成双杠分腿骑坐前行动作不可或缺的关键要素。

（二）损伤原因

在双杠训练中，分腿骑坐前进作为一项核心动作，其正确执行对于技能提升至关重要，然而，不当的练习方式往往成为损伤的诱因。主要原因体现在以下几个方面：

1. 上肢力量薄弱。若上肢力量不足，学生在执行动作时将难以维持必要的稳定性，导致动作执行过程中出现变形。具体而言，分腿时机的把握失准及力量分配不当，可能引发屈膝、腿部未充分伸展及脚尖未紧绷等问题，这些问题不仅削弱了腿部肌肉的紧张度，还增大了大腿与杠面之间的接触面积，进而加剧了撞击与摩擦的风险。

2. 动作技巧掌握不精。在进行后摆并腿进杠的动作时，若双腿未能完全伸直并有效压杠，将导致大腿与双杠之间的接触面积减小，这种不规范的动作模式会显著增加大腿内侧与杠面之间的摩擦力。长期以错误的方式进行反复练习，将不可避免地对大腿内侧肌肉造成过大压力，引发毛细血管内出血等损伤。

3. 心理因素干扰。部分学生对双杠练习抱有畏惧心理，这种心理负担主要源于对疼痛与受伤的担忧。这种心理状态不仅影响了学生在练习过程中的放松程度，还限制了他们动作的自然流畅。恐惧感导致学生难以完全释放自我，动作变得僵硬而不自然，反而进一步提升了受伤的风险。因此，在双杠分腿骑坐前行训练中，除关注技术层面的提升外，还应重视学生的心理疏导与调适。

三、课堂紧急处理办法

在课堂上，如果有学生练习时出现大腿内侧皮下出血症状，教师可以根据以下步骤进行处理：

1. 立即让伤者停止运动。

2. 察看学生受伤情况，注意出血的范围、颜色及是否有继续扩大的趋势。同时，观察是否伴随有疼痛、肿胀、发热等其他不适症状。

3. 使用冷毛巾或冰袋（用毛巾包裹以避免直接接触皮肤）对出血部位进行冷敷。冷敷可以收缩血管，减少出血量，并缓解疼痛和肿胀。冷敷时间不宜过长，一般建议每次 15—20 分钟，每隔 2—3 小时重复一次。注意，不要用手用力挤压出血部位，以免加重出血或引起感染。

4. 若受伤程度较轻，则让学生进行其他练习活动，并叮嘱学生在出血停止后（一般 24 小时后），使用热毛巾对出血部位进行热敷。热敷可以促进血液循环，加速瘀血的吸收和消散。

如果出血范围较大或伴有明显疼痛、肿胀等症状，可以在医生指导下使用活血化瘀的药物进行治疗。但请注意，不要自行随意使用药物，以免产生不良反应。如果出血持续不止、范围不断扩大或伴有其他严重症状（如发热、贫血等），应及时前往医院进行检查和治疗。

四、预防策略

1. 强化安全教育，培育学生自我保护与互助能力。鉴于双杠练习的挑战性与潜在风险，教师教学的首要任务是加强安全教育，让学生在心理上筑起安全防线。在训练初期，尤其需针对身体素质较弱的学生，通过安全教育激发他们的自我保护意识，并培养他们在练习中的相互帮助能力。教师应采用保护与技术指导并重的教学策略，确保学生深刻理解动作要领，勇敢而自信地完成每一个动作，从而有效减少伤害事件的发生。

2. 精准掌握双杠动作技术的精髓是顺利完成动作并预防损伤的基石。在练习过程中，学生应不断提升肌肉控制力，精准把握分腿下落的时机等关键要素。同时，教师应引导学生树立正确的练习观念，避免盲目追求完美而导致的过度训练与损伤。

3. 双杠练习应遵循运动的基本规律与教学原则，即先进行充分的专项准备活动和辅助练习，再逐步增加运动负荷，确保练习内容从简单到复杂逐步过渡。教师应根据学生的个体差异，灵活调整教学方案，为不同身体素质和运动能力的学生量身定制练习计划，确保每位学生都能在循序渐进中稳步提升双杠技能。

4. 教师的示范在双杠教学中起着至关重要的作用。示范动作应目的明确、规范标准，力求简单直观，便于学生快速理解并模仿。在教学过程中，教师应时刻保持敏锐的观察力，及时发现并纠正学生的错误动作。通过反复练习与持续纠错，帮助学生牢固掌握正确的技术要领。此外，教师的积极态度与耐心指导也将极大地激发学生的学习热情与自信心。

五、恢复性方法与建议

发生大腿内侧出血损伤后，尽可能停止任何可能加重伤势的活动。在疼痛减轻后，可以进行一些静态拉伸练习来恢复肌肉的柔韧性和活动范围。例如，仰卧在床上，将一条腿伸直，另一条腿弯曲并慢慢向胸部方向拉，然后保持几秒钟后放松。重复数次后换另一条腿进行。

在疼痛完全消失且肌肉力量有所恢复后，可以开始进行一些渐进性的力量训练，如使用哑铃或弹力带进行大腿内侧的肌肉力量训练。开始时，选择重量轻或阻力小的，后逐渐增加难度。

在恢复期间，避免进行过于剧烈或高强度的活动，以免加重伤势或引起新的损伤。同时，留意病征的改变。若有新的疼痛、肿胀，或其他不舒服的现象，应该马上去看医生。

双杠支撑后摆转体 180° 成分腿坐 —— 腰肌劳损

一、案例回顾

高中双杠模块教学中，最主要的一课就是支撑后摆转体 180° 成分腿坐动作的复习与巩固。某节体育课上，经过准备活动和系列的辅助练习，学生在小组长的带领下进行分组杠上练习。因为双杠动作需要较强的上肢力量，对学生的身体素质要求较高，因此学生学习的进度差异较大。有的学生动作标准，姿态优美；有的学生动作能勉强完成，但很多细节掌握得不好；也有的学生还不能独立完成转体 180°。基于这样的学情，教师在课堂上对学生进行了分层分组教学，将基础薄弱的学生分到一组，老师重点关注，并进行针对性指导。其他学生则在小组长的带领下练习不同的内容。完成二轮练习后，一位基础薄弱组的学生向执课教师说他感觉左侧腰不舒服，执课教师立刻让他停止练习，去校医处检查。经过校医检查，初步判断该生为左侧腰肌损伤。后经医院进一步检查诊断，该生确实是腰肌劳损，该学生的症状表现为安静时无明显痛感，按压左侧腰部有疼痛感，活动中使用腰部肌肉有刺痛感。

二、案例剖析

（一）运动项目介绍

双杠支撑后摆转体 180° 成分腿坐是中学体操教学的一项重要内容，是中学生发展上肢力量、协调能力的技术之一。其教学目标为使学生初步掌握体操支撑转体的基本知识、基本技能与保护帮助的方法，增强学生肩带和躯干肌肉群的力量，发展平衡控制能力和灵敏素质，培养良好的姿态以及勇敢、坚毅、不畏困难、团结互助的优良品质。

（二）损伤原因

腰肌劳损是因腰部肌肉及其附着的软组织的慢性损伤引发腰部局部慢性

无菌性炎症的病症。学生在完成双杠支撑后摆转体 180° 成分腿坐时导致腰肌劳损的原因有以下几点：

1. 腰肌预热不够。双杠课堂中，大家一般比较注重手肘、肩背部的重点热身，有时会忽略腰腹肌与髋关节的针对性准备活动。而支撑后摆转体 180° 成分腿坐教学中，后摆与转体、转体与剪绞腿的协调配合，都需要腰腹肌协同来完成。因此，在腰肌没有充分活动开的情况下进行该动作容易造成腰肌劳损。

2. 腰肌力量薄弱。腰部肌肉是身体核心肌肉的一部分，很多运动都需要强大的腰肌来支持，但它隐藏在身体的两侧，容易被人们忽视，因此很多人会存在腰肌力量薄弱的问题。故而在进行需腰肌支持的运动时，很多人会因力量不足而引发损伤。

3. 身心紧张状态。双杠支撑后摆转体 180° 成分腿坐对肢体的协调能力和力量要求较高。要完成双杠上后摆转体 180°，对中学生来说是一种挑战。如果动作失败，可能意味着会脚撞双杠或落杠，因此学生容易产生害怕、紧张的情绪。而紧张的情绪会使动作僵硬、脱节、不舒展，更易造成运动损伤。

4. 注意力容易分散。双杠技术的巩固阶段运动损伤出现较多。此时的学生可以完成动作，但动作技术的衔接还不够顺畅，动作还未到固化阶段。做动作时顾了推手，却又忘记了转体；注重转体，又忽略了落杠时对双腿的控制：往往关注了这个要点，又忘了另外一个要点。注意力分散导致动作变形而产生损伤。

5. 肢体控制力弱。体操运动中，标准规范的动作姿态能促进身体各部位的控制能力，使身体更协调。双杠教学中，教师始终会强调身体姿态的重要性，然而还是有学生会忽视这些细节，杠上动作松散，用力不到位，不会用肌肉发力去控制姿态，身体的稳定性不够，从而造成运动损伤。

三、课堂紧急处理办法

体育课时常会发生程度不等的运动损伤，一旦出现运动损伤，需要体育教师及时处理。当有学生出现腰肌劳损时，教师要让学生立即停止运动，及时判断损伤的程度。如果损伤严重有肌肉断裂的可能，应及时就医；如只是一般腰肌拉伤，在拉伤急性期，立即进行冷敷处理，视具体情况加压包扎，减轻肿胀。

告诉伤者24—48小时后，局部热敷或者外用活血化瘀的膏药，局部制动，多休息，注意局部保暖。此外，做好班级其他学生的心理疏导，消除学生恐惧心理，增强运动安全意识，尽量避免运动损伤。

四、预防策略

1. 注重学生腰肌的激活。在双杠支撑后摆转体180°成分腿坐技术动作学练前，进行准备活动时，应注重侧腰肌的激活，例如，把侧腰的拉伸、侧提膝、侧抬腿等动作加入专项准备活动中，帮助侧腰肌预热，增强肌肉的延展性和灵活性，增加血液流量、氧气、营养供给等，帮助肌肉适应更多的训练。这样循序渐进地活动侧腰肌，能让侧腰肌接受更高强度的训练，有效的专项侧腰肌热身能将运动损伤的风险大大降低。

2. 提供正确的保护与帮助。教师的保护和帮助是使学生正确理解和迅速掌握动作的重要手段，也是提高教学质量和防止运动外伤的积极措施。双杠支撑后摆转体180°成分腿坐练习时，教师可以站在练习者体转方向异侧，一手扶支撑臂，另一手托送其髋部，给予其保护和帮助。双杠运动惊险、独特，又容易出现落杠、脱手、撞杠等情况，因此，要树立学生的保护帮助意识，正确规范学生的保护帮助动作，给予练习学生鼓励、安全感。消除学生对双杠动作的紧张、害怕心理，增强其自信心，这些也是预防腰肌劳损的有效方法。

3. 教师及时巡回纠错。错误的技术动作也是造成腰肌劳损的原因之一。双杠支撑后摆转体180°成分腿坐练习时，易犯错误一般有支撑摆动幅度过小导致摆动不出杠面，拧转不到位，推手、换握时机不当，砸杠，等等。学生出现以上各种错误，会产生心理障碍，导致分散注意力，发生运动损伤。教师在课堂中要仔细观察，发现学生的错误动作，及时指导学生纠正，完善动作质量，规范动作，尽可能避免运动损伤。

4. 注重身体姿态。双杠课中，教师应该将双杠的基本姿态融入整堂课的教学中。中学阶段的教学目标是让中学生学习和体会躯干直、膝盖直、髋关节直、绷脚尖等基本姿态。课堂中时刻强调身体姿态，学生养成一上杠就条件反射正确姿态，那么在练习中，出现的弯腿、屈髋、勾脚等错误身体姿态就会减少。要让学生深刻认识正确的体操姿态对于技术动作的促进作用，动作越到位，越标准，受伤的概率越低。

五、恢复性方法与建议

若在双杠支撑后摆转体 180° 成分腿坐练习时出现侧腰肌的损伤，在急性期应以休息为主，减少该部位的活动。经过 2—3 周以后，在体育课堂中可以做团身滚动、燕子飞等运动来促进恢复。教师要根据受伤学生的实际情况合理安排练习时间与练习强度，循序渐进，让受伤的肌肉慢慢恢复。

（一）团身滚动

仰卧位，双腿弯曲，低头团紧身体，双手抱小腿向上翻臀，大腿和小腿自然折叠，使背部呈弓形，上体缓慢前后滚动，身体像不倒翁一样反复滚动。10—15 次为一组，一天 3 组，一周锻炼 3—5 次。团身滚动过程中，腰肌受到有节奏的震颤和拉伸，起到按摩腰肌的作用，促进肌肉血液循环。

（二）燕子飞

俯卧位，脸部朝下，双臂以肩关节为支撑点，轻轻抬起，手臂向上的同时轻轻抬头，双肩向后向上收起，肩胛骨收缩。与此同时，双脚轻轻抬起，腰骶部肌肉收缩，尽量让肋骨和腹部支撑身体，持续 3—5 秒，然后放松肌肉，四肢和头部回归原位，休息 3—5 秒再做。每次可做 20—40 次，一天 3—4 组，一周锻炼 3—5 次。燕子飞能锻炼腰部肌肉的力量和弹性，可以有效缓解腰肌劳损。

（三）空中蹬车

仰卧位，双臂贴紧地面，双腿与地面呈 30°，下背部贴紧地面，双腿交替屈伸，感觉在向后蹬一辆自行车，动作尽量缓慢，不可用力蹬腿。20—30 秒为一组，一天 2—3 组，一周锻炼 3—5 次。空中蹬车可以锻炼到腰腹部及其深层的肌肉，长期坚持锻炼对于腰肌损伤的恢复很有帮助。

球类运动

篮 球　　足 球

排 球　　羽毛球

篮 球

双手胸前传接球——指关节扭伤

一、案例回顾

在一节七年级篮球双手胸前传接球课堂教学过程中，小王同学在接小赵的传球时，由于其注意力不集中，对于快速来球未做好充足的准备，导致左手的中指被小赵传来的球砸到，该手指的第二关节和第三关节的关节囊肿胀，造成指关节扭伤。

二、案例剖析

（一）运动项目介绍

篮球运动中的双手胸前传接球分为原地双手胸前传接球和行进间双手胸前传接球。传接球是在篮球比赛中进攻队员之间有目的地支配球、转移球的方法。双手胸前传接球是篮球比赛中最基本、最常用的一种传接球方法。

（二）损伤原因

篮球运动中，指关节扭伤是较为常见的、普遍的。在篮球比赛中，双手胸前传接球的特点是传球速度快、准确性高、容易控制、接球后便于与其他动作结合。因为传球速度快，所以对接球者要求较高。接球过程中，接球者往往因为技术概念模糊，动作条件反射较慢，未做好相应的准备，或者传球者的假动作使真正接球者注意力不在同一频道上等原因，导致其指关节因过快来球而瞬间挫伤。

本案例中，小王同学指关节扭伤是因其准备活动不充分和准备接球的意识不强导致的。小王同学的注意力不集中是长时间存在的问题。在开始的准备活动中，小王同学做准备操时节奏不在节拍上，目光不在教师身上，教师对此有过提醒；在练习过程中，在对技术动作尚未掌握的情况下，小王同学又因注意力不在球上，对于小赵的来球未能及时做好准备，最终导致其中指关节扭伤。

三、课堂紧急处理办法

（一）对伤者的处理

1. 课堂中，学生在指关节扭伤后应立即停止运动，以防疼痛和肿胀加重。

2. 体育教师应立即对伤者进行冷敷处理，在没有冰块的情况下，可用冷水局部冲洗或浸泡，同时请其他教师或学生就近购买棒冰或冰水，用毛巾包住后进行局部冷敷。

3. 在冷敷 15—20 分钟后，询问伤者情况，在学校有校医的前提下，将伤者带到医务室，请校医对伤情做出评估，提出意见及建议。

4. 体育教师有义务告诉学生，48 小时内进行冷敷，48 小时后才可进行热敷。在一般人的意识中，受伤后为了消肿都是热敷，没有冷敷的概念。这个时候教师要告诉学生冷敷是为了使破损的毛细血管收缩，减少出血量，降低炎症的发生概率，减轻肿胀，缓解疼痛感。热敷是在损伤出血已经停止的情况下，加速局部血液循环，促进瘀血的吸收，消除肿胀。

5. 建议伤者在受伤期间，减少该手指的使用，避免二次损伤；在恢复期，可适当活动关节，加快其恢复。

（二）对其他学生的教育

1. 在本堂课小结时，针对课上出现的运动损伤事件进行强调，呼应课前、课中、课后的安全注意事项的讲解。

2. 分析该事件发生的原因，向学生说明运动是存在受伤风险的。那么如何避免风险？首先，让学生增强自我保护意识，提高自我保护能力；其次，强调同伴间的相互保护，比如，每一次练习都能把传、接喊出来，增进相互间的默契；最后，强调准备活动的重要性。教师应针对课程内容的不同，设计适合本节课的准备活动，而学生应该集中注意力，积极完成相应练习，活动各关节，降低受伤率。

四、预防策略

1. 加强运动损伤的理论课程的研究与实践，既要提高体育教师运动损伤理论课程的上课能力，又要及时给予学生理论知识的指导，让学生了解常见的运动损伤及其紧急处理的方法。在条件允许的情况下，针对一般急救进行实践，以便学生更好地掌握急救方法，增强学生的自我保护、安全防范的意识和能力。

2. 在做好准备活动的同时，对于不同课程内容安排针对性准备活动。在准备活动中，双手相互揉捏，加快手部血液循环。

3. 教师在上课前要认真检查场地与器材是否安全，尤其是检查自行设计的器材是不是存在安全隐患。

4. 服装穿着要规范。要求学生着宽松的运动服、运动鞋，佩戴保护指关节的护具或保护带。

5. 在日常的基本功训练中，注重对于指关节力量的加强。可以通过增强指关节力量，来帮助球员提升手指的球感，降低指关节损伤概率。

五、恢复性方法与建议

指关节扭伤在篮球运动中是较为普遍的现象，因此被重视的程度不高。在挫伤不严重的情况下，伤者极有可能抵不住诱惑，在受伤后两三天就会去参与篮球运动，这是不理智的行为。虽说指关节的挫伤一般情况下不严重，但也不容小觑。尤其是初中生，他们在生长发育的关键时期，骨骼还在不断增长，不注意的话可能会引起手指的变形。针对手指挫伤，该如何进行恢复性练习或者是加强指关节力量的练习呢？

1. 紧握双拳后，用力伸展手掌，保持手指绷直的状态 10—15 秒，然后再次双拳紧握，循环进行 20 次。

2. 双手五指分开指尖相对，呈 30°—40° 的夹角，然后双手同时向中间压，让手指指跟尽可能地向反方向弯曲，此时两拇指分离，其余四指的夹角加大，压力会随之加大。

3. 手指俯撑推墙，五指撑于墙面，掌心空出，肘关节弯曲使身体靠近墙面后，利用手指的力量将身体推离墙体，10次一组，进行3—4组；在足够有能力后，可以进行指撑俯卧撑，5—8次一组，进行4—5组。

4. 进行手指低运球练习。在运球过程中，尽可能地利用手指运球，刚开始练习时，运球速度不必过快，防止指关节再次受伤，主要是体会手指与球的互动。在练习过程中，注意力要高度集中，眼睛可以看着球，熟练后可以适当地加快速度。

单手肩上传球——肩关节脱位

一、案例回顾

在一次高中体育课上，小张同学作为班级篮球队的一员，积极参与了老师组织的篮球技能训练。当天的主要训练内容之一是单手肩上传球，这是一种在篮球比赛中常用的传球技巧，要求球员利用单手从肩部高度将球准确、有力地传递给队友。训练开始时，小张同学表现出色，能够较好地掌握单手肩上传球的基本动作要领。然而，在一次尝试高难度传球时，他试图将球传向远距离的队友，并加大了手臂的摆动幅度和力度。由于当时张同学的身体并未完全站稳，且对力量的控制稍有偏差，导致在传球瞬间，他的肩关节承受了过大的压力。随着"咔嚓"一声，小张同学突然感到肩部传来一阵剧痛，随即发现自己的右臂无法自由活动，肩部出现了明显的异常形态。

体育老师见状立即上前询问情况，并初步判断可能是肩关节脱位。体育老师迅速采取了初步的急救措施，稳定了小张同学的情绪，并避免了他进一步移动受伤部位。随后，在老师的陪同下，小张同学被紧急送往校医务室进行初步检查和处理。校医确认其为肩关节脱位后，对其进行了复位操作，并建议他立即前往医院进行详细检查和治疗。

二、案例剖析

（一）运动项目介绍

篮球单手肩上传球是篮球比赛中不可或缺的一项技术，它不仅要求球员具备出色的身体协调性和力量掌控能力，还需要他们拥有敏锐的场上观察力和精准的传球判断力。通过充分利用腿部蹬地产生的爆发力，结合腰部扭转的力量传递，以及肩、肘、腕、指的精细控制，运动员能够完成中远距离的迅速、有力且准确的传球。这种传球方式在快攻反击时尤为关键，能够迅速瓦解对方防线，为队友创造得分良机。同时，在阵地进攻中，它也是转移球权、打破僵局的重要手段之一。因此，掌握篮球单手肩上传球技术对于提高篮球运动员的竞技水平和比赛表现具有至关重要的意义。

（二）损伤原因

在篮球这项高强度、高技巧性的运动中，单手肩上传球作为一项核心技术，在运动过程中，存在着肩关节脱位的风险，造成该损伤的原因主要有以下几点：

首先，肩关节的生理结构是脱位风险的天然温床。肱骨头相对庞大，与之对应的肩胛骨关节盂却浅小，这种不匹配导致关节稳定性较低。加之关节囊的松弛特性及周围支撑组织的薄弱，使得肩关节在承受外力时更容易失去控制，发生脱位。尤其是在篮球场上，快速变向、激烈对抗产生的外力冲击，极易突破这一脆弱的平衡，导致肩部受损。

其次，运动前的热身不足和技术动作掌握不当会加剧肩关节脱位的风险。热身活动是运动前不可或缺的一环，它能够有效提升肌肉温度，增加关节灵活性，激活神经系统，为接下来的高强度运动做好充分准备。然而，许多篮球爱好者却往往忽视这一步骤，直接投身于激烈的比赛中，导致身体各部位未能达到最佳运动状态，从而增加了受伤的风险。

最后，在技术动作方面，单手肩上传球要求运动员具备高度的协调性和精准的发力技巧。从蹬地发力到转体、挥臂、压腕、拨指，每一个细节都需精准到位，方能确保传球既有力又稳定。然而，在业余篮球圈中，由于缺乏对技术动作的深入理解和系统训练，许多球员在传球时往往只依赖手臂的快速挥动，忽视了身体其他部位的协同作用，这不仅降低了传球质量，更因动作不规范而加大了对肩关节的压力，使其成为脱位的高发区域。

案例中，张同学肩关节脱位的原因可以归结为运动前热身不足、传球冲击力太大以及技术动作掌握不当等多方面因素的综合作用。

三、课堂紧急处理办法

（一）对伤者的处理

1. 教师应立即让受伤同学停止运动，进行休息，避免造成二次损伤。

2. 伤者在同学帮助下到医务室，寻求校医帮助，随后立即送往就近医院进行检查。

3. 联系该同学的班主任和家长，向其说明情况，并请家长尽量到医院陪同治疗。

（二）对其他学生的指导

1. 当课堂突发学生受伤事件时，教师应迅速而冷静地安抚受伤同学。同时，通过体育委员及班长的协助，对其他学生进行有效的组织与安抚，确保现场秩序井然，避免恐慌情绪的蔓延。

2. 在处理完受伤情况后，教师应立即利用这一鲜活案例进行深入的原因分析，向学生传授预防类似伤害的知识，增强学生的安全意识。通过案例分析，让学生认识到安全运动的重要性，学会从自身做起，避免潜在的危险行为。

3. 教师应着重培养学生的冷静应对能力，教导他们在面对自己或他人发生意外时，能够迅速判断形势，采取正确的自救或救治他人措施。通过模拟演练、安全教育课等形式，让学生掌握基本的急救知识和技能，提升应对突发事件的能力。

4. 教师应向学生反复强调准备活动对于预防运动损伤的重要性，让学生深刻理解到充分的热身是保障运动安全的前提。针对不同体育项目，教师应详细讲解所需活动的身体部位及具体的活动方法，确保每位学生在运动前都能进行科学合理的准备活动，为接下来的运动打下坚实的安全基础。

四、预防策略

1. 系统开设运动伤害预防与急救知识的课程，旨在让学生树立牢固的安全防范意识。课程内容涵盖急救技能、伤害最小化策略等，确保学生在面对突发意外时能够迅速、准确地采取自救或互救措施。

2. 每节课前，教师要对学生进行安全教育，重点强调技术动作的规范性，引导学生掌握正确的运动技巧，培养良好的运动习惯。

3. 运动前，一定要带领学生进行充分的热身运动，特别加强对肩关节的专项活动，通过一系列的拉伸、旋转等练习，提高肩关节的灵活性，扩大肩关节的活动范围，确保在比赛中能够自如应对各种动作需求，降低受伤风险。

4. 通过针对性的练习方案，加强学生肩部肌肉及韧带的锻炼，提升学生肩部的稳定性和承受能力，有效预防肩部受伤事件的发生。

5. 在日常训练中，应特别注重学生肩关节周围辅助肌肉群的力量训练。通过科学系统的锻炼方案，提升肩关节的整体稳定性，为高强度的运动提供坚实的支撑。

6. 对单手肩上投篮等关键技术动作进行深入细致的分析与研究，明确技术要点，纠正学生中普遍存在的单纯依赖肩关节发力的错误习惯，引导学生掌握正确的发力方式，减少因技术不当导致的肩关节损伤。

五、恢复性方法与建议

在肩关节受伤后的恢复阶段，科学合理的练习方法至关重要，它们不仅能够促进关节囊的修复，还能有效预防关节僵硬，加速康复进程。以下是一些恢复性练习方法与建议，供大家参考。

（一）适度固定与活动管理

首先，根据受伤情况及医生的专业建议，对肩关节进行必要的固定，以创造稳定的恢复环境，让关节囊得到充分的休息与修复。然而，需注意的是，固定时间应避免过长，以免引发关节僵硬等负面效应。因此，在固定期间及之后，应逐步引入适量的活动，以维持关节的灵活性和肌肉的功能性。

（二）针对性恢复练习

1. 进行张手握拳强化练习。此练习旨在激活手部及前臂肌肉，促进局部血液循环。具体操作为：用力张开双手并保持 2 秒钟，感受肌肉的紧张与伸展；随后迅速转为用力握拳状态，同样保持 2 秒钟。之后放松，重复上述动作。此练习每组进行多次，可根据个人情况调整组数与次数。

2. 进行耸肩放松循环训练。耸肩动作能有效锻炼肩颈部肌肉，同时增强肩关节的稳定性。练习时，先用力耸肩至最高点并保持 2 秒钟，感受肩部的提拉感；然后缓慢放松至自然状态。重复此动作，每组 20 次，共进行 4 组。注意保持动作的节奏与幅度，避免过度用力。

3. 进行坐位体前屈伸展练习。此练习旨在拉伸背部、肩部及手臂肌肉，提高关节的柔韧性。在坐位状态下，缓慢弯腰并尝试用双手触摸脚尖，同时手臂伸直至最大限度并保持 2 秒钟。随后放松身体，回到起始位置。重复此动作，每组 20 次，共进行 4 组。此练习有助于缓解肌肉紧张，促进关节灵活性的恢复。

（三）综合建议

1. 遵循医嘱。在进行任何恢复性练习前，务必咨询医生或专业康复师，确保练习方案的安全性与有效性。

2. 遵循循序渐进的原则。根据自身的恢复情况与感受，逐步增加练习的难度与强度。避免急于求成或过度训练导致的二次伤害。

3. 关注反馈。在练习过程中，密切注意身体的反应与变化。如有任何不适或疼痛加剧的情况，应立即停止练习并寻求专业帮助。

传接球——创伤性鼻出血

一、案例回顾

在一次篮球课上，几个爱好篮球的学生在打比赛。大家正打得激烈，突然听到“啊”的一声，只见小陈同学倒在地上，双手捂着脸部。体育教师迅速上前，指导其他学生散开，并轻声询问小陈同学的状况。他的鼻子略显红肿，但没有其他明显伤。老师便对其安慰了一番。在安慰他的同时，也对该生受伤情况进行了了解，原来是小汪同学传球时不慎击中了小陈同学的鼻子。然而，没过多久，小陈同学的鼻子开始出血了。教师赶快让他坐到边上的座椅上，并安排小陈进行紧急处理。

二、案例剖析

（一）运动项目介绍

篮球的传接球是篮球运动中的核心技术，它涵盖了多种传球方式，如胸前传球、击地传球、空中传球、反弹传球及假动作传球，每种方式都有其独特的适用场景和战术价值。同时，接球技术也非常重要，它要求球员具备预判、反应迅速和身体平衡的能力。传接球的熟练运用能够提升球队进攻效率，增强团队协作，并创造更多得分机会。为了提升传接球技术，球员需通过基础练习、组合练习和对抗练习等方法进行训练，以不断磨炼技艺，为球队的胜利奠定坚实基础。

（二）创伤性鼻出血

创伤性鼻出血是指由于外部机械性损伤（如外伤撞击、挖鼻过深、鼻骨骨折等）、气压性损伤（如潜水或高气压作业中鼻黏膜受压破裂）或手术过程中的操作失误等原因导致的鼻部血管破裂出血。其症状主要表现为突发性的鼻腔流血，可能伴有鼻部疼痛、鼻塞、头痛以及因出血量多而导致的头晕、乏力、心慌等症状。治疗时，轻微出血可采用局部冷敷，较严重的出血则需进行鼻腔填塞或鼻内镜下止血，并可能辅助药物治疗。预防创伤性鼻出血，我们应避免机械性损伤，保护气压平衡，积极治疗原发病及纠正不良生活习惯。一旦出现鼻出血症状，应及时就医并遵循专业医师的治疗建议。

（三）损伤原因

在篮球这项充满活力的运动中，初中生作为初学者，往往面临上肢力量尚显薄弱及身体协调性不足的挑战。这种生理发育阶段的特点，使得他们在激烈的传球、接球及身体对抗过程中，难以完全掌控球体的运行轨迹与力量，从而增加了球不慎失控、误击面部的风险。尤其是当篮球以不当的角度和力度撞击到面部时，鼻部由于较为突出且鼻腔内部血管网络丰富而脆弱，容易在外力冲击下破裂，进而引发创伤性鼻出血。

三、课堂紧急处理办法

（一）对伤者处理

1. 面对学生流鼻血的情况，教师应首先保持冷静与镇定，因为教师的情绪状态会直接影响到学生。过度紧张不仅无益于解决问题，反而可能加剧学生的恐慌，导致血压升高，进而加重出血状况。

2. 学生鼻出血后，避免让他将头部后仰以止血。这种姿势实则使血液倒流至咽喉，增加不适感且无法真正止血。正确的做法是保持头部直立或略微前倾，以减少血液流入咽喉的风险，并便于观察出血情况。

3. 迅速采用指压法，以手指轻轻按压出血侧鼻翼的柔软部分，持续 5—10 分钟。同时，在前额部敷上冷毛巾，利用冷刺激促使毛细血管收缩，加速止血过程。

4. 若出血量较大或上述方法无效，应立即采取压迫填塞法。使用脱脂棉或干净的布条，卷成适合鼻孔大小的形状，轻轻而紧实地填入鼻腔，确保填塞到位，以达到止血效果。

5. 止血后，应提醒学生避免剧烈运动、跑跳或揉搓鼻子，以防再次出血。同时，注意观察学生状态，确保学生无其他不适症状。

（二）对其他学生的指导

1. 在妥善处理伤者后，教师应迅速集合其他学生，简要说明情况，稳定学生情绪，避免恐慌蔓延。

2. 利用此次事件作为契机，向全班学生详细讲解流鼻血的处理方法，增强他们的自我保护意识和应急处理能力。同时，强调场地器材的安全使用与管理，确保每位学生都能在安全的环境中参与活动。

3. 深入分析此次受伤的原因，如注意力不集中、准备活动不充分、篮球技术不熟练或缺乏必要的装备保护等。通过实例教育，提醒学生重视这些因素，避免类似事件再次发生。

4. 鼓励学生之间建立深厚的友谊和互助精神，在面对突发情况时能够相互支持、共同应对。通过实际行动展现团队的力量和温暖，促进学生全面发展。

四、预防策略

1. 体育课前，教师应确保学生进行全面而充分的准备活动，包括一般性和专门性准备，以激活身体各关节，预防运动损伤。尤其在寒冷天气，应适当延长准备活动的时间，确保身体充分预热。

2. 体育教师应严格审查场地平整度、器材稳定性和坚固性，确保篮球等运动器材符合安全标准，避免场地不平或器材问题引发的运动损伤。

3. 体育教师需细致备课，合理安排教学顺序和内容，避免局部负荷过重引发运动损伤。同时，通过丰富教学手段，提升课堂趣味性，吸引学生注意力，减少因分心导致的意外。

4. 教师应要求学生穿着合适的运动服，所着篮球鞋应具备良好弹性和防护性。让学生最好佩戴护膝、护腕及篮球面具等防护装备，这可以有效保护面部，特别是鼻部免受撞击伤害。

5. 教师应时刻提醒学生增强自我保护意识，在运动中主动保护鼻腔等脆弱部位，避免不必要的碰撞和伤害。

6. 教师可以向学生普及鼻腔出血等常见运动损伤的应急处理知识，确保学生及教师能在第一时间采取正确措施，减轻伤害程度，防止失血过多等严重问题的发生。

五、恢复性方法与建议

受伤的学生应当保持良好的心态，这有助于伤情的恢复。在受伤的前几天，尽量保持静养；一周后，可逐渐进行小运动量的锻炼，如慢跑、韧带拉伸等。切勿进行力量性的、憋气性的练习，否则容易引起鼻黏膜再次破裂。

在静养期间，可加强对篮球规则的学习，以更加了解篮球这项运动。这样就能在以后的练习中，懂得哪些动作允许做，哪些动作会对身体造成危害，不能做。学会根据规则、利用规则打球。

4 v. 4篮球赛——破裂伤(眉弓部、嘴唇)

一、案例回顾

在某中学的一场4 v. 4篮球友谊赛中,双方学生为了争夺球权,在篮筐下发生了激烈的身体对抗。红队主力控卫小王在突破时,因地面湿滑失去平衡,与蓝队中锋小张发生碰撞。在碰撞过程中,小王的眉弓部撞到了小张的牙齿,导致其眉弓部裂伤;而小张在试图站稳时,嘴唇被小王的牙齿划破,造成嘴唇突破裂伤。双方都受伤流血,比赛因此中断。场边的老师和校医迅速进行了初步处理,随后将两位受伤学生送往校医院进一步治疗。

二、案例剖析

(一)运动项目介绍

4 v. 4篮球赛是一项集竞争与团队协作于一体的篮球运动项目,它采用小场地进行,旨在加快攻防转换节奏,提升比赛激烈度。每队4名球员(含两名替补)在场上奋力拼搏,争夺球权并努力得分。比赛规则包括时间设置、犯规与罚球、暂停与换人等内容,并可能根据赛事需求设置特殊规则以鼓励更快的比赛节奏。此项目不仅考验球员的技术与体能,更强调团队配合与战术执行,参与其中不仅能提升篮球技能,增强战术意识,还能培养团队合作精神与竞争意识,同时丰富业余生活、促进身心健康、增强社交互动。

(二)损伤原因

在篮球比赛中,学生发生破裂伤的原因主要可以归结为以下几点:

1. 激烈的身体对抗。篮球作为一项高强度的对抗性运动,球员之间在争抢球权、防守进攻等环节中,身体接触频繁且激烈。这种高强度的身体对抗容易导致运动员的脆弱部位如眉弓部和嘴唇受到撞击。

2. 动作失误或失控。在快速移动和跳跃的过程中,球员可能因为动作失误、脚步不稳或失去平衡而摔倒或碰撞到对方球员或场地设施。这种失控的状态往往会增加受伤的风险。

3. 场地的不平整、湿滑或存在硬物等安全隐患也可能导致球员在比赛中受伤。例如,地面湿滑可能导致球员在变向或急停时滑倒,从而增加面部受伤的风险。

4. 缺乏防护装备。虽然篮球运动中的防护装备相对有限,但佩戴合适的护具,如护目镜、面罩等,可以在一定程度上降低面部受伤的风险。然而,在实际比赛中,由于种种原因,球员可能并未佩戴这些防护装备。

三、课堂紧急处理办法

(一)对伤者的处理

1. 即时停赛与休息。一旦发现学生受伤,首要任务是立即停止其运动活动,并安排受伤学生至安全区域休息,以防受伤部位遭受进一步损伤。

2. 初步止血措施。在教师或体育委员等班干部的协助下,迅速搜集医用棉花、干净毛巾或消毒纸巾等物品,轻柔而有效地覆盖于伤口处,实施压迫止血,以减缓血液流失速度,保障伤者安全。

3. 专业医疗介入。以上措施做完后,应迅速护送伤者至学校医务室,由校医进行专业评估与处理。若校内无校医或伤情严重,需立即联系救护车,将伤者转送至医院,确保得到及时、有效的医疗救治,包括必要的伤口清创与缝合手术。

(二)对其他学生的指导

1. 有序组织与安抚。面对突发状况,教师应迅速通过体育委员及班长等班级骨干,对未受伤学生进行有序组织,维持现场秩序,同时用温和的语言安抚学生情绪,避免恐慌情绪蔓延。

2. 案例分析与安全教育。将此次事件作为教学案例,组织学生进行讨论,深入分析受伤原因,引导学生认识到运动安全的重要性,学习如何预防类似伤害的发生,增强自我保护意识。

3. 自救互救技能培训。教师可以根据此类情况向学生传授一些基本的自救与互救知识,如止血、包扎、心肺复苏等急救技能,使他们在遇到紧急情况时能够冷静应对,有效减轻伤害后果。

4. 强化准备活动意识。教师应特别强调运动前准备活动的重要性,详细讲解不同运动项目所需预热的关键部位及正确方法,帮助学生养成良好的运动习惯,减少因准备不足而导致的运动伤害。通过生动实例和实际操作演示,加深学生对准备活动重要性的认识,促进他们在日常体育锻炼中的实践应用。

四、预防策略

为了预防篮球比赛中眉弓部和嘴唇的突破裂伤等损伤,可以采取以下措施:

1. 加强安全教育。加强学生的安全教育和自我保护意识,提高他们在比赛中的警觉性和应对能力。

2. 完善场地设施,检查并维护篮球场地的平整度,确保无湿滑、坑洼等安全隐患,减少因场地问题导致的意外伤害。

3. 加强裁判的培训和监督,确保他们能够准确判断比赛中的犯规动作和恶意伤害行为,并及时给予相应的处罚。

4. 建立健全的医疗保障体系,确保受伤学生能够得到及时有效的救治和处理。

五、恢复性方法与建议

对于眉弓部及嘴唇等敏感区域的裂伤而言,至关重要的恢复策略在于充分的静养与细致的护理。在静养期间,伤者需保持高度的警觉性,密切关注伤口状况,遵循医嘱定期进行检查并更换敷料,以确保伤口处于最佳愈合环境。尤为重要的是维持伤口区域的绝对干燥,这是预防细菌感染、促进组织修复的关键步骤。

此外,伤者还需特别留意对伤口的保护,避免任何可能导致伤口再度撕裂或受压的行为,从而防止二次损伤的发生,这对于加速愈合过程、减少疤痕形成至关重要。在整个恢复过程中,保持耐心与积极配合医疗护理,是确保伤口顺利恢复、减少并发症的重要前提。

5 v. 5 篮球赛——腕关节损伤

一、案例回顾

在一个阳光明媚的下午,某中学的操场上,八年级的学生们正热火朝天地进行着一场5 v. 5的篮球比赛。赛场上,进攻与防守的较量异常激烈。红队的球员们攻势如潮,不断冲击着蓝队的防线;而蓝队则采取稳固的"二三联防"战术,尤其是五号位球员小王,他深知自己的两个关键职责:一是要牢牢掌控防守篮板球,为球队争取更多的进攻机会;二是在队友被对手突破时,迅速补位,利用自己的身体优势限制对手的推进。

正当比赛进入白热化阶段时,红队的小赵,一位以突破见长的猛将,凭借着他那灵活多变的身法和惊人的速度,成功突破了蓝队的前排防线,直逼小王而来。小赵蓄势待发,准备贴着小王的身体完成一次精彩的篮上进攻动作。然而,小王为了免受可能的碰撞,果断地向侧后方退半步,试图通过调整防守位置来化解小赵的攻势。但这一举动却意外地让小赵在空中失去了稳定的支撑点,他的身体瞬间失去了平衡,眼看就要重重摔落在地。在这千钧一发之际,小赵出于本能,迅速伸出手掌,试图先着地以减缓冲击力。然而,由于他自身体重重、冲击速度快,这一动作非但没有起到应有的缓冲作用,反而导致了他的手腕过度背伸,瞬间承受了巨大的压力。随着一声痛苦的呻吟,小赵倒在了地上,他的手腕关节、韧带及筋膜因过度拉伸而遭受了严重的损伤。这一突发事件立即引起了全场的关注,比赛也因此中断。随后,校医迅速赶到现场对小赵进行了初步的检查和处理,并建议立即将其送往医院接受进一步的治疗。

二、案例剖析

(一)运动项目介绍

5 v. 5篮球赛是一项考验团队协作与个人技术相结合的竞技体育项目。每队 5 名球员，包括 1 名队长，以及最多 7 名候补球员，共同在四节各 10 分钟的比赛中争夺胜利。得分规则简单明了：三分线外投篮得 3 分，线内 2 分，罚球 1 分。若常规时间结束时比分平手，将通过五分钟的加时赛决出胜者。球员们需穿着统一的篮球服装，并严格遵守比赛规则，以确保比赛的公正性。赛事可以采用直接淘汰或循环赛制，每队有 5 次暂停机会，用以调整战术或恢复体力。获胜队伍将根据胜负和得失分率获得积分，最终评定排名，奖项包括冠军、亚军、季军。训练是提高球员技术和团队协作的关键，包括热身、技术练习、战术演练和视频分析等环节。5 v. 5 篮球赛不仅是展示体育精神和竞争意识的平台，更是推动篮球运动发展的重要途径。

（二）损伤原因

腕关节损伤的原因多种多样，主要可以归纳为以下几大类：

1. 外力作用。外力作用包括直接的外力打击、跌倒时手掌撑地、运动中的碰撞或扭伤等，这些都会导致腕关节受到不同程度的冲击，从而引发损伤。例如，在打篮球时，手腕可能因为受到对方球员的撞击或自身动作不当而受伤。

2. 过度使用或劳损。长期重复的手腕活动，如打字、举重、篮球等运动中的频繁手腕动作，会导致腕关节周围的肌肉、韧带和肌腱过度使用，引发劳损性损伤。

3. 姿势不当或技术错误。在进行某些活动时，如果姿势不正确或技术动作有误，也可能导致腕关节受到异常应力，从而引发损伤。例如，在打篮球时，如果投篮或防守时手腕姿势不正确，就可能增加受伤的风险。

4. 骨骼或关节疾病。如骨关节炎、风湿性关节炎、类风湿性关节炎等，这些疾病会影响腕关节的结构和功能，使其更容易受到损伤。

在上述案例中，红队的小赵在篮球比赛中受伤，其腕关节损伤的原因主要可以归结为以下几点：

1. 高速突破与防守对抗。小赵作为突破猛将，以灵活多变的身法和惊人的速度成功突破了蓝队的前排防线。在这个过程中，他与小王之间发生了激烈的防守对抗。这种高速和高强度的对抗使得腕关节处于高度紧张状态，容易受到损伤。

2. 防守动作导致的意外。小王为了保护自己免受可能的碰撞，向侧后方退半步以调整防守位置。然而，这一举动却意外地让小赵在空中失去了稳定的支撑点，身体瞬间失去平衡。这种突发的身体失衡使得小赵无法有效地控制自己的动作和姿态，从而增加了手腕受伤的风险。

3. 自我保护反应不当。在千钧一发之际，小赵出于本能的，迅速伸出手掌试图先着地以减缓冲击力。然而，由于他自身体重重、冲击速度快，这一动作非但没有起到应有的缓冲作用，反而因为手腕过度背伸而承受了巨大的压力。这种不当的自我保护反应直接导致了腕关节的严重撕裂伤。

综上所述，小赵的腕关节损伤是在高速突破与防守对抗中发生的意外事件。其根本原因在于防守动作导致的身体失衡和自我保护反应不当。这一案例提醒我们，在进行体育活动时要注意安全，保持正确的姿势和技术动作，并学会正确的自我保护方法以减少受伤的风险。

三、课堂紧急处理办法

（一）对伤者的处理

在体育课上，如果有学生出现腕关节损伤情况，教师应对其进行紧急处理。处理分以下几步：

1. 一旦发现学生受伤，教师应立即吹停比赛，确保受伤学生不再受到进一步的伤害。

2. 迅速观察受伤学生的伤势，特别是腕关节部位是否有明显的肿胀、变形或出血。询问伤者的感受，了解其疼痛程度和关节的活动情况。

3. 使用冰水或冰袋对伤者的受伤腕关节进行冷敷，以减轻肿胀和疼痛。冷敷时间一般持续 15—20 分钟，其间注意避免冰块直接接触皮肤，以免冻伤。如果条件允许，可以使用夹板、绷带或其他可用物品对受伤腕关节进行固定，以减少关节活动，避免进一步损伤。固定时应保持腕关节在功能位，即轻微背伸、尺偏的位置。将小赵的受伤手臂抬高至心脏水平以上，以促进血液回流，减轻肿胀。在处理伤情的同时，教师应安抚小赵的情绪，减轻其紧张和恐惧感。

4. 立即联系校医前来处理，或根据伤情严重程度决定是否需要拨打 120 急救电话送医。在等待校医或急救人员到来的过程中，教师应继续观察小赵的伤情变化，并随时准备提供必要的帮助。

5. 后续教师应及时与家长沟通，告知小赵的伤情及处理情况。如果小赵需要长时间休息或治疗，教师应协助他办理请假手续，并关注其康复进展。

（二）对其他学生的教育

在处理小赵腕关节损伤的同时，对其他同学进行安全教育也同样重要。这不仅可以增强学生的安全意识，还能教会他们在面对紧急情况时如何采取正确的行动。

1. 在处理伤者伤情的过程中，教师可以趁机向在场的学生强调体育活动中安全的重要性，提醒他们在进行任何运动时都要保持警惕，避免类似事故的发生。

2. 简要分析伤者受伤的原因，让学生理解是哪些不当行为或疏忽导致了这次事故。通过具体案例的教育，让学生更直观地认识到安全规范的重要性。

3. 教师可以示范在类似情况下应该如何正确保护自己和他人的方法，如如何在跌倒时正确着地以减少伤害等。

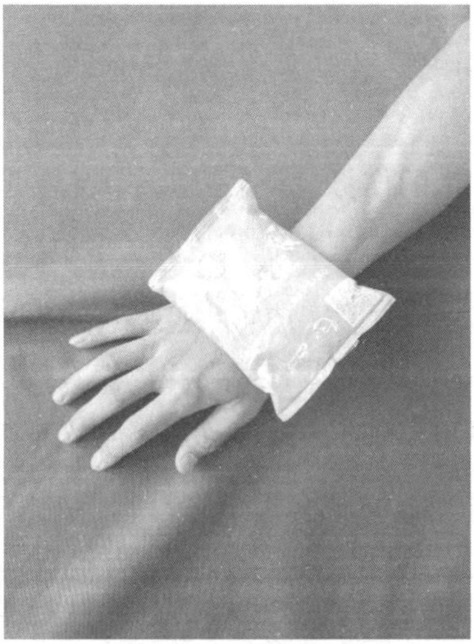

图 8　腕关节损伤紧急处理办法（冷敷）

4. 课程结束后，教师可以再组织一次专门的安全教育课，系统地讲解体育活动中的安全知识、预防措施及应急处理方法。通过互动问答、案例分析等形式，激发学生的学习兴趣和参与度。

5. 通过团队活动和合作项目，培养学生的团队精神和协作能力。让他们明白在比赛中不仅要追求个人表现，更要关注团队的整体利益和安全。

四、预防策略

1. 加强安全教育。在体育课前，教师应向学生强调安全的重要性，让学生明白预防损伤的重要性。教师可以通过讲解和演示，让学生了解腕关节的结构和功能，以及常见的损伤类型和预防方法。

2. 合理安排运动。教师应根据学生的年龄、体质和技能水平，合理安排运动强度，避免过度训练导致腕关节疲劳和损伤。在上课过程中，教师应确保学生有足够的休息和恢复时间，避免长时间连续进行高强度运动。

3. 掌握正确技巧。教师应教授学生正确的运动姿势和技巧，确保学生在进行体育活动时能够正确发力，减少腕关节的受力。同时，也应强化技能训练，通过有针对性的技能训练，提高学生的技术水平，减少因技术动作不规范而导致的损伤。

4. 使用防护装备。在进行篮球、排球等高风险运动时，教师应建议学生佩戴护腕等防护装备，以减轻腕关节在运动中受到的冲击。此外，教师也应定期检查学生的运动装备，确保其完好无损，避免因装备问题导致的损伤。

5. 在体育课前加强热身和拉伸。教师应组织学生进行充分的热身活动，以增强关节的灵活性和肌肉的弹性，减少损伤的风险。在课后，教师应引导学生进行适当的拉伸放松，缓解肌肉紧张和疼痛，促进恢复。

五、恢复性方法与建议

（一）系统性康复训练

1. 关节活动度恢复。在确保疼痛处于可管理范围内的前提下，温和而渐进地进行腕关节的屈伸与旋转运动。这些动作旨在逐步拓宽关节的活动范围，促进关节囊及周围软组织的柔韧性与弹性恢复。练习时,应注重动作的流畅与控制,避免突然发力或过度牵拉。

2. 肌力强化训练。通过一系列精心设计的练习,如轻柔的握拳练习、逐渐增加重量的提物训练等,来增强腕关节周围肌肉群的力量与耐力。此阶段应根据个人恢复进度,科学调整训练负荷,确保训练既能促进肌肉生长,又不至于造成额外负担。

3. 功能恢复训练。伤者恢复期间可以开展精准抓握、模拟日常操作等训练项目,提升手腕在日常生活中的实用功能。在训练过程中,应强调动作的准确性与协调性,同时确保不过度劳累,避免影响恢复进程。

(二)注意事项

1. 预防二次伤害。在康复阶段,务必采取一切必要措施,防止手腕再次受伤或受到不当应力。这包括避免参与高风险活动、佩戴保护性护具及适时调整工作与生活方式等。

2. 维持良好体态。无论是进行工作、学习还是休闲娱乐活动,都应时刻注意保持正确的身体姿势与手腕位置。避免长时间维持同一姿势,定期进行手腕与身体的放松与伸展,以减轻疲劳感,预防重复性劳损。

5 v. 5 篮球赛——前交叉韧带撕裂

一、案例回顾

在体育课上,一场激烈的 5 v. 5 篮球赛正在进行,同学们都沉浸在竞技的乐趣中。小王同学作为班级篮球队的主力,一直以来都以其出色的技术和顽强的拼搏精神著称。这天,他更是全身心投入,希望在同学们面前展现自己的最佳状态。比赛进入白热化阶段,双方比分交替上升,气氛紧张而刺激。在一次快攻中,小王同学凭借敏锐的洞察力和出色的爆发力,成功断下了对方的传球,并准备发动反击。然而,就在他全速冲刺、准备上篮的关键时刻,对方防守球员突然一个急停变向，试图阻止他的进攻。就在这电光石火之间，小王同学为了保持身体平衡和进攻节奏，不得不做出一个大幅度的急停和转身动作。然而，这个动作却超出了他膝盖前交叉韧带的承受能力，只听“啪”的一声，他感到膝盖传来一阵剧痛，随即倒地不起，双手紧紧捂住膝盖，表情痛苦不堪。同学们见状立即停止了比赛，纷纷围拢过来观察小王同学的情况。体育老师迅速上前，对小王同学进行检查，初步判断可能是前交叉韧带撕裂损伤，并立即联系了校医和急救车。经过紧急处理，小王同学被送往医院接受进一步检查和治疗。在医院，经过专业的检查和诊断，小王同学被确诊为前交叉韧带撕裂。

二、案例剖析

（一）运动项目介绍

5 v. 5 篮球赛是一项集竞技性、团队协作与观赏性于一体的体育项目。比赛分为上、下两个半场，每个半场持续 20 分钟，中场休息 10 分钟。若比赛结束时两队得分相同，则进入加时赛，每次加时赛时长为 5 分钟，直至决出胜负。在 5 v. 5 篮球赛中，球员们需严格遵循比赛规则，如不可带球走步、两次运球、用脚或拳头击球等，否则将被判为违例。该项目不仅考验学生的个人技术和身体素质，更强调团队之间的默契配合与战术执行。学生们需根据场上形势灵活调整战术，通过传球、突破、投篮等方式争取得分，同时积极防守以限制对手得分。在激烈的对抗中，球员们展现出极高的竞技水平和团队精神，为观众带来紧张刺激、精彩纷呈的篮球盛宴。

（二）损伤原因

前交叉韧带撕裂的主要原因包括运动损伤、非接触性因素、特定动作及慢性疾病和退行性变化几个方面：

1. 运动损伤是最常见的原因，这类情况占大多数。具体机制包括旋转和屈伸、突然减速或改变方向、直接撞击等。

2. 一些情况下，即使没有明显的外力作用，也可能发生前交叉韧带撕裂。随着年龄增长，韧带会逐渐变弱，容易在日常活动中受伤，而女性由于生理结构上的差异，比男性更容易发生前交叉韧带损伤。

3. 某些特定的动作或姿势，如内旋和外旋、篮球运动中的急停和切割动作等也会增加前交叉韧带撕裂的风险。

案例中，小王同学在篮球赛中前交叉韧带撕裂的原因有以下几点：

1. 剧烈运动与急停急转。小王同学作为班级篮球队的主力，在比赛中进行了高强度的奔跑、跳跃和转身等动作。这些动作对膝关节的负荷较大，尤其是在急停和急转时，膝关节需要承受突然变化的应力，容易导致前交叉韧带撕裂。

2. 缺乏足够的保护。在比赛中，小王同学可能未佩戴足够的护具（如护膝）来保护膝关节。此外，如果比赛场地条件不佳或鞋底抓地力不足，也可能增加受伤的风险。

3. 技术动作不规范。小王同学在快攻中为了保持身体平衡和进攻节奏，做出了大幅度的急停和转身动作。如果这一动作的技术要领掌握不准确或身体协调性不足，就可能增加前交叉韧带撕裂的风险。

综上所述，前交叉韧带撕裂的原因是多方面的，包括暴力因素、运动因素和个体差异等。在篮球等高强度对抗性运动中，学生应特别注意保护膝关节，可以通过佩戴护具、做好热身和拉伸、掌握正确的技术动作等方式来降低受伤风险。

三、课堂紧急处理办法

（一）对伤者的处理

1. 伤者倒地后应立即停止比赛，询问其膝关节位置的感觉，不可盲目让伤者站起来，甚至行走至场地外等。

2. 体育教师观察伤者的膝关节是否出现明显的肿胀，询问伤者的疼痛感，稍作休息后，两人一人一边扶起伤者并将其架在肩上，让伤者用未受伤的脚站立，慢慢伸直受伤的膝关节，教师观察屈伸情况并询问疼痛感是否加强，判断基本伤情。

3. 学校有校医的情况下，请校医到场进行伤情评估，提出合理化意见及建议。

4. 联系班主任通知家长，并拨打 120，请专业急救医生到场送伤者到骨科医院进行更深入的检查。

（二）对其他学生的教育

1. 集合在场的学生，针对比赛中出现的运动损伤事件进行强调：无疲劳的训练是无效的训练，过于疲劳的训练是危险的训练。

2. 分析该事件发生的原因，强调运动过程都是存在一定风险的，让学生增强预防风险的意识。

3. 教授学生预防风险的方法。冬天运动中（或者天气较冷的情况下）做好保暖工作，比如说穿运动紧身裤以及戴护膝；在运动前将准备活动做充分，以身体有微微出汗现象为宜；教导学生提高自我保护意识，要根据自身的疲劳程度，及时与教师沟通，安排下场休息。

四、预防策略

1. 充分热身与拉伸。热身活动可以降低肌肉的黏滞性，提高关节的灵活性和稳定性，从而有效预防膝关节及前交叉韧带的损伤。在篮球赛前，可以安排学生进行 5—10 分钟的有氧运动，如慢跑或跳绳，以提高心率和血液循环。此外，也要进行膝关节周围的肌肉拉伸，特别是大腿前侧的股四头肌、后侧的腘绳肌及小腿肌肉，每个动作保持 15—30 秒。

2. 强化肌肉力量。强大的肌肉力量是保护关节的关键，尤其是膝关节周围的肌肉群。增强这些肌肉的力量可以提高膝关节的稳定性，降低前交叉韧带撕裂的风险。老师可以安排学生定期进行下肢力量训练，包括深蹲、硬拉、腿举等动作，以加强大腿和臀部的肌肉力量。特别注意强化核心肌群，因为核心稳定对于维持身体平衡和减少膝关节压力至关重要。

3. 提高技术动作的规范性。正确的技术动作可以减少不必要的膝关节扭转和过度伸展，从而降低前交叉韧带撕裂的风险。在日常训练中，应注重技术动作的规范性，确保每个动作都符合人体运动力学结构。教师应加强对学生的技术指导，及时纠正学生的错误动作，并强调正确动作的重要性。

4. 合理安排训练强度与负荷。过度训练或负荷过大可能导致肌肉疲劳和关节稳定性下降，从而增加前交叉韧带撕裂的风险。因此在训练过程中，要遵循循序渐进的原则，逐步增加训练强度和负荷。同时要确保学生有足够的休息时间,以便肌肉和关节得到恢复。

5. 佩戴适当的护具。护具可以提供额外的支撑和保护,减少膝关节在运动中的损伤风险。因此,教师要鼓励学生在篮球赛中佩戴护膝等护具。

6. 加强安全教育与自我保护意识。增强学生的安全意识和提高他们的自我保护能力,可以减少意外事故的发生。在体育课前,教师应该进行安全教育,讲解篮球运动中的常见损伤及预防方法,要向学生强调在运动中保持注意力集中和遵守比赛规则的重要性,鼓励学生之间互相监督和帮助,共同维护运动安全。

总之,预防前交叉韧带撕裂损伤需要从多个方面入手,包括充分热身与拉伸、强化肌肉力量、提高技术动作的规范性、合理安排训练强度与负荷、佩戴适当的护具及加强安全教育与自我保护意识等。这些措施的实施将有助于学生更好地享受篮球运动的乐趣并保护自身健康。

五、恢复性方法与建议

1. 注意休息。前交叉韧带撕裂后,首先需要充分休息,避免进一步活动或运动,以防止损伤加重。休息的时间长短应根据损伤的严重程度而定,一般需要数周至数月的时间。

2. 进行恢复性练习。前交叉韧带撕裂损伤的恢复性练习是一个系统而渐进的过程。在恢复早期可以做一些非负重练习,如踝泵练习、股四头肌静力收缩训练,以促进血液循环、增强肌肉力量;中期部分可以加入负重练习,做一些直腿抬高和膝关节屈伸活动练习,以逐步恢复关节活动度和稳定性;进入后期,可以进行完全负重练习,通过负重行走和平衡与稳定性练习,全面提升患肢的功能性和稳定性。整个过程中,需严格遵循医嘱,循序渐进,观察身体反应,并保持积极心态,以促进最佳康复效果。

3. 注意饮食健康。恢复期间,伤者可以适当摄入富含优质蛋白的食物,如鸡蛋、牛奶、瘦肉等,以补充身体所需的营养,促进组织的修复和恢复。

4. 心理调适。前交叉韧带撕裂损伤的恢复过程可能较长且伴有疼痛,因此,患者需要保持良好的心态,积极配合治疗和康复训练,可以通过与家人、朋友交流,参加轻松的活动来缓解心理压力和焦虑情绪。

足　球

足球赛——擦伤、肌肉痉挛

一、案例回顾

2019 年 12 月 5 日，阳光正好，某校体育教师如常地引领着六年级的学生们踏入充满活力的人工草坪足球场，开始了一堂别开生面的体育课——足球对抗赛。课前，同学们热情高涨，一丝不苟地完成了足球运动所需的专项准备活动，为接下来的激烈比拼奠定了坚实的基础。

随着哨声响起，一场五对五的足球盛宴正式拉开序幕。比赛进行得如火如荼，时间悄然流逝，转眼间，上半场已接近尾声，空气中弥漫着紧张而又兴奋的气息。就在这时，小张凭借敏锐的洞察力和敏捷的身手，在后场捕捉到了一次宝贵的进攻机会。他犹如离弦之箭般带球疾驰，直逼对方球门。然而，对方后卫同样展现出了不凡的防守实力，两人在场上展开了激烈的对抗。在一次合理的冲撞后，小张不幸倒地。但这位不屈不挠的小将迅速调整状态，试图重新夺回球权。然而，就在他奋力向前冲刺几步之后，意外再次发生——他单脚跳跃着，脸上写满了痛苦，最终无力地倒在了绿茵之上。教师见状，立即吹响哨子，暂停了比赛，并迅速上前观察他的情况。只见小张的左腿膝盖处渗出了鲜血，他的双手紧紧抓着自己的右侧小腿肌肉，那里已经因肌肉痉挛而收缩成块状，疼痛让他的表情扭曲而痛苦。面对这一突发状况，教师迅速冷静下来，立即指导小张平躺于地，并迅速展开紧急处理措施，以缓解他的痛苦并稳定伤情。

二、案例剖析

（一）运动项目介绍

足球赛项目作为全球性的热门运动，被誉为“世界第一运动”。它要求每队11名球员（含守门员）在长方形草地球场上进行激烈对抗，旨在将球射入对方球门得分。比赛不仅考验球员的身体素质、技战术能力，还强调团队协作与默契配合。各种大大小小的足球赛事汇聚了全球顶尖球队与球员，成为展示国家荣誉与俱乐部实力的舞台。此外，足球还承载着丰富的文化内涵，成为联结不同国家和地区人民的桥梁，并推动了相关经济产业的发展，创造了巨大的经济价值与就业机会。

（二）擦伤和肌肉痉挛

擦伤，属于开放性软组织挫伤，是机体表面与粗糙的物体相互摩擦而引起的皮肤表层损伤。受伤后，伤口浅，面积大，边缘不整。表皮脱落，点状出血，组织液渗出。无感染时，伤口易干燥结痂而愈合。伤口感染后易化脓，有较稠的渗出液。

肌肉痉挛，俗称“抽筋”，是肌肉在无外界直接作用下的自发性的强直性收缩表现。其诱发因素广泛而多样，不仅限于剧烈运动时的身体负荷，还可能源自炎症、创伤及中枢神经系统与周围神经系统的病理变化。尤为常见的是小腿腓肠肌与脚趾肌肉的痉挛，发作时往往伴随着难以言喻的剧痛，且这种疼痛在短时间内难以自行消散。深入分析其成因，我们可以归纳出几大主要因素：（1）体内盐分（电解质）的过度流失，导致体液平衡被打破；（2）肌肉在收缩与舒张过程中的调节失衡，使得肌肉无法维持正常的运动状态；（3）寒冷环境对肌肉的直接刺激，促使肌肉产生不自主的收缩反应；（4）养元素的缺乏，如钙、镁、钾等关键矿物质的不足，也是引发痉挛的常见原因；（5）某些特定疾病或药物的使用也可能间接导致肌肉痉挛的发生。

（三）损伤原因

本案例中，小张在足球对抗赛中出现的损伤，其可能的原因涉及多个方面，结合足球运动中常见的损伤原因及本案例的具体情况，可以归纳如下：

1. 准备活动不充分。尽管案例中提到学生们认真完成了专项准备活动，但可能准备活动的强度和针对性不足，未能充分预热肌肉和关节，导致在激烈对抗中容易发生损伤。

2. 运动量过大。在上半场即将结束时，学生们可能已经处于疲劳状态，此时再进行高强度的对抗，身体各部位的功能和协调性都会有所下降，增加了受伤的风险。

3. 技术动作不正确。如果在带球或对抗时技术动作不规范，违反了身体结构特点和运动时的力学原理，也可能导致肌肉或关节的损伤。

4. 心理状态。紧张、急躁或过度兴奋等心理状态也可能影响学生的判断和动作，从而增加受伤的风险。

5. 伤者受到了直接的外力冲击，如碰撞、跌倒等，导致身体各部位突然改变体位或过度扭伤，引起肌肉、韧带甚至骨损伤。

6. 肌肉痉挛是此次损伤的直接表现。其原因可能包括体内失盐过多（如大量出汗后未及时补充电解质）、肌肉疲劳、冷刺激、缺钙等。在足球比赛中，由于运动强度大、运动时间长、学生出汗过多等导致体内电解质失衡，加上肌肉长时间处于紧张状态，容易发生痉挛。

三、课堂紧急处理办法

（一）擦伤的课堂紧急处理办法

擦伤是日常生活中常见的外伤之一，正确的紧急处理对于避免伤口感染、促进伤口愈合至关重要。在课堂环境中，如果学生发生擦伤，可以按照以下步骤进行紧急处理：

1. 判断伤情，安抚伤者情绪。教师应首先观察擦伤的面积、深度及是否有出血、异物残留等情况。对于年龄较小或情绪紧张的学生，及时安抚其情绪，避免恐慌。

2. 清洁伤口。如果伤口表面有泥土、沙粒等异物，应先用清水或生理盐水冲洗干净。注意，自来水可能含有细菌，不建议直接使用。然后，使用碘酊、酒精等对伤口进行消毒，以杀灭伤口表面的细菌。对于较深的伤口，可能需要使用双氧水进行冲洗,以去除伤口内的厌氧菌。

3. 止血处理。如果伤口出血较多,应立即用干净的纱布或棉球压迫伤口,以达到止血的目的。注意,不要用力过猛,以免加重伤口损伤。对于四肢的擦伤,可以抬高患肢,以减少血液流向伤口,有助于止血。

4. 覆盖伤口。在对伤口进行过消毒后,可以用无菌纱布或创可贴覆盖伤口,以保护伤口免受外界污染。包扎不宜过紧或过松,以免影响血液循环或导致伤口感染。

(二)肌肉痉挛的课堂紧急处理办法

在体育课堂上,如果学生发生肌肉痉挛,需要立即进行紧急处理。以下是一些具体的处理方法:

1. 当学生发生肌肉痉挛时,应立即停止当前活动,避免痉挛进一步加重。按照肌肉痉挛的相反方向进行反向牵拉,以缓解痉挛。例如,小腿抽筋时,可以伸直膝关节,同时用力将踝关节充分背伸,拉长痉挛的腓肠肌。

2. 在痉挛部位进行轻柔的按摩,手法以揉捏、重力按压为主,可以促进血液循环,缓解肌肉紧张。如果小腿抽筋,则让伤者伸直膝关节,然后用力将踝关节背伸,同时用手握住脚尖向自己拉,持续数秒钟至痉挛缓解;若为大腿抽筋,则弯曲伤者膝盖,将大腿肌肉向身体方向拉伸,同时用手轻轻按摩痉挛部位;若为手臂抽筋,则将伤者手臂伸直,用力将手掌或手指向身体方向拉伸,同时用另一只手轻轻按摩痉挛的手臂肌肉。

3. 热敷也是有效的方法。可以使用热毛巾或热水袋敷在痉挛部位,促进血液循环,放松肌肉。

4. 抽筋有时可能是因为电解质(如钠、钾、镁)不足或水分不足引起的。因此,可以适量饮用含有电解质的饮料,如运动饮料或椰子水,以纠正电解质的不平衡和补充水分。

5. 如果肌肉痉挛频繁发生、持续时间较长或伴随其他严重症状,应及时就医,以便得到专业的评估和治疗。

四、预防策略

（一）前期准备与安全教育

1. 在足球教学及比赛筹备之初，教师应全面考虑天气变化对活动的影响，并提前对教学场地进行细致检查，确保场地平整、无杂物、排水良好。同时，对足球、球门、护具等器材进行安全检查和维护，确保其完好无损，符合使用标准，以减少因环境因素或器材问题导致的运动伤害。

2. 将安全教育贯穿于整个教学过程中。通过生动的案例分享和专业的知识讲解，使学生深刻认识到运动损伤的危害性，并掌握基本的预防与应对方法。培养学生的安全意识，使其在日常生活中也能保持警惕，避免意外发生。

（二）热身活动与意识培养

1. 教师可以设计一套包含全身性基本活动和足球专项热身练习的热身方案，确保学生在比赛前能够充分活动开身体各部位，提高肌肉温度、弹性和关节灵活性。同时，通过热身活动，帮助学生调整心理状态，为正式比赛做好充分准备。

2. 在日常教学中，教师应不断强调热身的重要性，通过示范和引导，使学生认识到热身是预防运动损伤的关键环节。鼓励学生自觉参与热身活动，将预防运动损伤的意识内化为自己的行为习惯。

（三）比赛中的动态监控与干预

1. 在比赛过程中，教师应保持高度的警觉性，密切关注场上动态和每个学生的表现。通过预判潜在的危险情况，提前采取措施进行干预，以防止运动损伤的发生。

2. 教师应根据学生的身体状况和比赛表现，合理安排运动负荷和练习密度。避免学生因过度劳累而引发肌肉疲劳和损伤。同时，鼓励学生根据自己的身体状况及时调整运动强度，确保安全完成比赛。

五、恢复性方法与建议

（一）擦伤的恢复性方法和建议

1. 保持伤口清洁与干燥，避免刺激。日常应保持伤口干燥，避免潮湿环境，以防细菌滋生。出血的话，每天用碘酊等擦拭伤口。在伤口愈合期间，应避免用手触摸或抓伤口，以免导致伤口感染或疤痕增生。

2. 合理用药与预防感染。可根据伤口情况，在医生的指导下使用红霉素软膏、莫匹罗星软膏等外用药物，以促进伤口愈合和预防感染。对于伤口感染或疼痛较严重的患者，可遵医嘱口服阿莫西林胶囊、阿奇霉素分散片等抗生素或止痛药。如果伤口较深或污染较重，应及时注射破伤风抗毒素或破伤风免疫球蛋白，以预防破伤风的发生。

3. 注意饮食和休息。多吃富含维生素和微量元素的食物，如新鲜水果、蔬菜、瘦肉等，以促进伤口愈合。避免食用辛辣刺激性食物，忌抽烟、饮酒，防止强烈刺激皮肤导致出现刺痒、疼痛感觉。保证充足的休息和睡眠，避免过度劳累和剧烈运动，以免影响伤口愈合。

（二）肌肉痉挛的恢复性方法和建议

肌肉痉挛在紧急处理之后的恢复方法和建议主要包括以下几个方面：

1. 保持休息，注意保暖。在肌肉痉挛紧急处理后，患者应保证充足的休息，避免过度劳累，以减轻肌肉的负担，促进恢复。由于痉挛有时与局部受凉有关，因此患者应注意保暖，根据天气情况及时增减衣物，避免在寒冷环境中暴露过久，以防加重痉挛症状。

2. 采取物理性治疗办法，如拉伸肌肉、对痉挛部位进行适当的按摩和热敷等。向痉挛肌肉收缩的反方向进行缓慢、温和的拉伸，有助于缓解肌肉紧张，促进肌肉放松和恢复。对痉挛部位进行适当的按摩和热敷，可以促进局部血液循环，加速代谢产物的排出，缓解肌肉疼痛和紧张感。

3. 进行适当锻炼。可以进行慢跑、游泳等有氧运动，增强心肺功能，促进血液循环，这有助于缓解肌肉痉挛。但锻炼时要注意适量，避免过度劳累。此外，也可以通过瑜伽、拉伸操等柔韧性训练，提高肌肉的柔韧性和协调性，减少肌肉痉挛的发生。

4. 进行饮食与生活习惯的调整。平时应注意饮食均衡，适量补充钙、钾、钠等矿物质含量丰富的食物，如海带、豆腐、鸡蛋、鱼类等。这些食物有助于维持神经肌肉的兴奋性，减少肌肉痉挛的发生。避免长时间不运动或突然进行剧烈运动，以免导致肌肉疲劳和痉挛。平时可适量进行有氧运动，如散步、慢跑等，以提高身体素质和肌肉耐力。注意避免过度劳累、情绪紧张、受凉等可能诱发肌肉痉挛的因素。保持良好的生活习惯和心态，有助于预防肌肉痉挛的发生。

5. 定期复查与随访。对于频繁发生肌肉痉挛的患者，建议定期到医院进行复查和随访，以便及时了解病情变化并调整治疗方案。同时，患者也应密切关注自身症状变化，如有异常应及时就医。

排　球

准备姿势和移动——踝关节扭伤

一、案例回顾

在某一中学的一个排球场上，一名体育老师正带领七年级的同学进行排球练习。随着热身活动的推进，学生们在老师的悉心指导下，认真地进行着排球准备姿势和移动的练习。突然，一名学生一时分神，不慎跑错了方向，在高速移动中，与另一名同学发生了轻微的碰撞。不幸的是，这名学生在慌乱中一脚踩空，另一只脚落在了同伴的脚上，随即传来一声轻呼——“啊！”紧接着，他痛苦地坐倒在地，显然脚踝处遭受了扭伤，脚踝迅速肿胀起来，伴随着明显的红肿。见状，体育老师立即吹停了训练，快步走到受伤学生身边，一边安抚学生情绪，一边有条不紊地展开了急救处理。

二、案例剖析

（一）运动项目介绍

排球是一项在排球场上以将球击落对方场地内为中心的隔网对抗性竞技运动，以其独特的隔网对抗性和技巧性著称。比赛用球由皮革制成，内置橡皮胆，具有 65—67 厘米的圆周和 260—280 克的重量，这保证了球的弹性和飞行稳定性。标准排球场地长 18 米、宽 9 米，中央设有球网，男子网高 2.43 米，女子网高 2.24 米。比赛由两支队伍进行，每队 6 名运动员，在各自半场内利用发球、垫球、传球、扣球和拦网等技巧展开攻防。排球比赛中,球在空中被连续击打,运动员们需要在不超过 3 次触球的情况下将球击回对方场地。任何形式的持球、连击或触网行为均被视为犯规,对方将获得得分机会。比赛通常采用五局三胜或三局两胜制,每局先得 25 分并且领先对手至少 2 分的队伍获胜。在决胜局中,先达到 15 分的队伍将赢得比赛。

移动练习是排球基本技术之一,是完成发球、垫球、扣球和拦网等各项击球技术的前提和基础。良好的移动能力能够帮助球员及时接近球,调整人与球的位置,从而更准确地完成击球动作,提高比赛中的效率和成功率。准备姿势是排球移动的基础,它分为半蹲准备姿势、稍蹲准备姿势和低蹲准备姿势三种。其中,半蹲准备姿势运用得最为广泛。准备姿势的动作要点是:两脚左右开立稍比肩宽,一脚在前,两脚尖稍内收,两膝弯曲呈半蹲。脚跟稍提起,身体重心稍前倾,两臂放松,自然弯曲,双手置于腹前。身体适当放松,两眼注视来球,两脚始终保持微动。排球比赛中常用的移动步法有并步、滑步、交叉步、跨步和跑步等。这些步法各有特点,适用于不同的比赛情况。在移动练习中,练习者要注意保持低姿势以便更好地控制身体平衡和快速启动。目视前方并注意观察来球的方向和速度,以便及时做出反应;在移动和击球过程中,要保持身体平衡以防止摔倒或扭伤等意外情况的发生,同时注意脚步的灵活性以便快速改变方向和加速。

（二）损伤原因

在排球运动中,准备活动不充分和移动不当是导致踝关节扭伤的重要原因。以下是对这些原因的具体分析:

1. 准备活动不充分。排球运动前,如果准备活动不充分,身体的肌肉、关节和韧带没有得到充分的拉伸和预热,就容易在运动中受伤。特别是在气温较低或肌肉较为僵硬的情况下,更容易发生扭伤。

2. 技术动作不正确。在排球运动中,扣球、拦网、移动等动作都需要正确的技术支持。如果技术动作不正确,如扣球后落地姿势不规范、移动时脚步不稳等,都可能导致踝关节扭伤。特别是初学者或技术水平不高的运动员,更容易因为技术动作掌握不熟练而发生损伤。

3. 在移动中身体协调性差。排球运动对身体的协调性要求较高。如果运动员在移动过程中身体不协调,如重心不稳、步伐混乱等,就容易导致踝关节扭伤。

4. 排球运动的场地和器材也是影响踝关节扭伤的重要因素。如果场地不平整、有障碍物或湿滑,以及器材不合适(如鞋子尺码不合适、防滑性能差等),都会增加踝关节扭伤的风险。

5. 运动负荷不合理。排球运动中的运动负荷包括运动强度、运动量和运动时间等。如果运动负荷过重,超过了运动员的身体承受能力,就容易导致身体疲劳和损伤。

而这起案例中导致踝关节扭伤的原因,可以归结为以下几点:

1. 注意力不集中。学生在高速移动时因一时分神,未能保持对周围环境和队友动态的充分关注。这种注意力的分散使得他未能及时察觉并避免与同伴的碰撞,从而增加了受伤的风险。

2. 缺乏碰撞预防意识。在排球等团体运动中,队员间的碰撞是不可避免的,但运动员应具备一定的碰撞预防意识,通过观察、预判和适当的身体控制来减少碰撞的发生。该学生在高速移动中未能有效预判并避免与同伴的碰撞,是导致受伤的直接原因之一。

3. 身体平衡与协调性较差。学生在碰撞后失去平衡,一脚踩空并落在同伴脚上,这反映出其在紧急情况下的身体平衡性和协调能力有待加强。良好的身体平衡性和协调能力有助于运动员在复杂多变的运动环境中保持稳定,减少受伤的可能性。

三、课堂紧急处理办法

踝关节扭伤的课堂紧急处理办法主要遵循 RICE 原则,即休息(Rest)、冰敷(Ice)、加压包扎(Compression)和抬高(Elevation)。以下是详细的处理步骤:

1. 休息(Rest)。为减少受伤部位的活动,避免进一步损伤和加重疼痛,教师应立即叫停活动,将受伤学生搀扶到安全舒适的地方坐下或躺下,避免让受伤学生使用受伤的踝关节承重或行走。

2. 冰敷(Ice)。为减少局部出血、肿胀和疼痛,可以使用冰袋或冰块,用毛巾包裹后敷在受伤部位。每次冰敷持续15—20分钟,每隔2—3小时进行一次。注意不要将冰块直接接触皮肤,以防冻伤。

3. 加压包扎(Compression)。使用弹性绷带或干净的布条对受伤部位进行加压包扎。包扎时要适度收紧,但不要过紧,以免影响血液循环。包扎后应观察肢体末端(如脚趾)的颜色,确保血液循环正常。通过加压包扎可以减少出血和肿胀,保护受伤的踝关节。

4. 抬高(Elevation)。将伤者患肢抬高至心脏水平以上,可以使用枕头或折叠的毛毯垫高。抬高的目的是促进血液回流,减轻肿胀和疼痛。如果疼痛严重,伴有明显的变形、不能负重等情况,或自行处理后,症状未缓解或加重,应及时到医院就诊,排除韧带撕裂、断裂及骨折等严重情况。

四、预防策略

在排球课堂教学中,预防踝关节扭伤的策略至关重要。这不仅能够保护学生的身体健康,还能提升教学质量和效果。以下是一些具体的预防策略:

1. 加强对学生的预防教育。在排球课程开始前,教师应向学生强调踝关节扭伤的危害性和预防的重要性,增强学生的自我保护意识。教师可以详细介绍踝关节扭伤的原因、症状及处理方法,让学生了解如何避免和应对扭伤。

2. 合理安排教学内容与强度。根据学生的年龄、体能和技术水平,合理安排教学内容和训练强度,避免过度训练和急于求成。针对不同学生的身体状况和技术特点,制订个性化的教学计划,确保每个学生都能在适合自己的范围内进行训练。

3. 做好热身与拉伸。在排球训练或比赛前,教师应让学生进行充分的热身活动,如慢跑、跳跃、拉伸等,以提高身体的温度和灵活性,减少肌肉和韧带的黏滞性。此外,可以带领学生进行针对踝关节的拉伸练习,如跟腱拉伸、小腿肌肉拉伸等,以增加踝关节的灵活性和稳定性。

4. 强化踝关节力量训练。通过练习单脚站立、闭眼站立等训练平衡感的动作,提高学生的平衡能力和踝关节的稳定性。进行踝关节周围的肌肉力量训练,如提踵练习、内外翻练习等,以增强肌肉对踝关节的支撑和保护作用。

5. 规范技术动作。教师在示范技术动作时，要确保动作规范、准确，避免因技术动作不正确而导致的踝关节扭伤。在学生学习和练习过程中，教师应及时发现并纠正学生的错误动作，防止因错误动作导致的损伤。

6. 使用合适的装备。课前，教师应要求学生穿着合脚、具有良好支撑和防滑性能的运动鞋进行训练和比赛，以减少因鞋子不合适而导致的扭伤风险。在需要时，可以建议学生佩戴护踝或弹性绷带等护具，为踝关节提供额外的支撑和保护。

7. 注意场地与环境安全。教师应在每次训练或比赛前，检查场地是否平整、有无杂物等，确保场地符合安全要求。

五、恢复性方法与建议

（一）持续休息与保护

1. 保证充分的休息。扭伤后，应给予踝关节充分的休息时间，避免过度使用或承重，以防止伤势加重。

2. 使用支具。在恢复期间，可以根据需要佩戴踝关节支具或护踝，以提供额外的支撑和保护。

（二）康复运动

1. 早期康复运动。在疼痛和肿胀明显减轻后，可以开始进行轻度的康复运动，如踝关节的屈伸活动、内外翻练习等。这些运动应在专业指导下进行，以避免过度运动或不当运动导致的二次损伤。

2. 强化训练。随着恢复进程的推进，可以逐渐增加康复运动的强度，扩大活动范围，如进行踝关节的阻力训练、平衡感训练等。这些训练有助于增强踝关节周围肌肉的力量和稳定性，提高关节的功能性。

（三）定期复查与评估

1. 定期复查。在恢复期间，应定期进行复查和评估，以了解扭伤部位的恢复情况。复查内容包括观察肿胀和疼痛的变化、评估踝关节的功能和稳定性等。

2. 寻求专业指导。根据复查结果和医生的建议，及时调整康复计划和治疗方法。在康复过程中，应密切关注自身感受和身体反应，如有不适应及时就医。

垫球——手臂红肿

一、案例回顾

2017年4月，某学校为备战区里的排球比赛，从各年级中选出有排球比赛经验、练过排球、身体素质优秀的学生10男10女参加训练。

训练伊始，在经验丰富的教练的悉心指导下，学生们从排球最基础的动作——垫球开始学起。训练模式循序渐进，从最初的单人对墙垫球练习，逐步过渡到自抛自垫的自主练习阶段，最后则是增进团队协作的两人一组一抛一垫练习。这样的安排旨在帮助学生逐步建立球感，同时激发他们的学习兴趣与热情。每次训练接近尾声时，教练都会预留出10—15分钟的时间进行总结与自由练习，鼓励学生自由发挥，进一步加深他们对排球运动的热爱。

然而，在训练的第四天，教练敏锐地观察到，当进行垫球训练时，不少学生显得犹豫不决，甚至有些胆怯，不敢大胆垫球。面对教练的询问，学生们纷纷表达了自己的困扰："老师，我的手臂又红又肿，还出现了淤青。"这一反馈立即引起了教练的高度重视，他迅速意识到这很可能是垫球动作不规范所致。

随后，教练逐一检查了学生的垫球动作，果然发现了诸多问题。针对这些问题，教练立即采取了行动，他耐心地向学生们重新讲解了垫球的正确姿势与技巧，并亲自进行了示范，确保每位学生都能透彻地理解。紧接着，教练组织学生进行了一系列有针对性的练习，并在练习过程中不断纠正学生的错误动作，鼓励他们反复练习，直至形成正确的肌肉记忆和动作习惯。通过这一系列的调整与优化，学生们不仅掌握了正确的垫球技巧，还大大增强了自信心，为后续的训练与比赛奠定了坚实的基础。

二、案例分析

（一）运动项目介绍

排球垫球是在全身协调用力的基础上通过手臂的迎击动作，把来球从垫击面上反弹出去的一项击球技术。学校里教学的技术一般是正面双手垫球，准备姿势为两脚开立，略比肩宽，呈半蹲姿势。击球的手形有抱拳式、叠掌式、互靠式等。垫球时，一般要看准来球，两臂夹紧前伸，手腕下压，插到球下，用前臂腕关节以上 10 厘米左右位置，即两臂桡骨内侧形成的平面击球的下部。

（二）损伤原因

在上述案例中，学生们在排球训练中出现手臂红肿和淤青等损伤的原因，主要可以归结为以下几点：

1. 技术动作不规范。这是导致损伤的直接原因。学生们在垫球时，两臂未能夹紧，手腕没有正确下压，且垫球位置过于靠近肘关节内侧，这些错误的技术动作使得手臂在接触排球时承受了过大的冲击力，从而导致了手臂的红肿和淤青。

2. 缺乏正确的训练指导。在训练初期，教练虽然安排了学生从基础动作开始练习，但可能对于垫球技术的细节讲解得不够充分或示范得不够清晰，导致学生在自我练习时形成了错误的动作习惯。此外，教练在发现学生出现错误动作后，虽然及时进行了纠正，但可能纠正的力度和频率不够，没有使学生迅速建立起正确的动作模式。

3. 学生自我保护意识不足。学生们在训练过程中可能过于关注技术动作的完成度，而忽视了自身安全。当手臂出现不适时，没有及时告知教练或采取适当的保护措施，而是继续坚持训练，这在一定程度上加剧了损伤的程度。

4. 学生身体适应性不足。部分学生可能由于平时缺乏体育锻炼或排球训练经验较少，身体对于排球训练的强度和节奏还未完全适应。在这种情况下，突然增加的训练量和强度可能超出了他们的身体承受能力，从而导致了损伤的发生。

三、课堂紧急处理办法

1. 立即让受伤学生停止训练。一旦发现学生手臂淤青、红肿,立即让学生停止训练,避免伤势恶化。

2. 对受伤学生的患处进行冷敷处理。使用冰袋(外包毛巾)对受伤手臂进行冷敷,每次 15—20 分钟,每天 3—4 次,以减轻疼痛、肿胀和出血。

3. 抬高受伤学生受伤部位。将受伤手臂抬高至心脏水平以上,促进血液回流,减轻肿胀。

4. 观察与评估。密切观察伤势变化,评估严重程度。若伤势加重或出现其他症状,及时就医。

四、预防策略

1. 加强对学生的安全教育。在排球训练中,首要任务是加强学生的安全教育,通过定期的安全讲座和实操指导,让学生深刻理解运动安全的重要性,掌握自我保护的知识和方法,从而在训练中自觉遵守规则,减少因不当行为导致的伤害。

2. 规范学生技术动作。教师(后文"预防措施"部分的教师指教师和教练)应专注于规范学生的技术动作,从基础开始,确保每个学生都能掌握正确的垫球、发球、扣球等动作技巧。通过反复的练习和及时的纠正,帮助学生形成正确的动作习惯,避免因技术动作不规范而引发的红肿和淤青等损伤。

3. 合理安排训练强度。合理的训练强度是预防运动损伤的关键。学校应根据学生的实际情况,制订科学的训练计划,确保训练强度适中,避免过度训练导致的身体疲劳和损伤。同时,要给予学生充足的休息时间,让身体得以恢复,为下一次训练做好准备。

4. 保证充分的热身与拉伸。充分的热身和拉伸是预防运动损伤的重要环节。在训练前,教师应组织学生进行全面的热身活动,提高肌肉的温度和弹性,减少受伤的风险。训练结束后,监督学生及时进行拉伸放松,帮助肌肉恢复柔软性,预防红肿和淤青的发生。

5. 提高学生自我保护能力。除了上述措施外，提高学生的自我保护能力也是预防运动损伤的重要途径。学校应通过多种途径，如开展安全教育课程、组织模拟演练等，增强学生的安全意识，提高他们的自我保护能力和应对突发事件的能力。同时，鼓励学生积极参与体育锻炼，增强身体素质和抵抗力，为预防运动损伤打下坚实的基础。

五、恢复性方法与建议

1. 在受伤后的72小时或根据具体情况（如淤青已稳定不再加重），使用热毛巾、热水袋或暖宝宝等热敷工具对受伤部位进行热敷。每次热敷的时间控制在15—20分钟，每天可进行2—3次。热敷可以促进局部血液循环，加速瘀血和炎症的消除，从而减轻红肿和淤青。

2. 使用具有活血化瘀、消肿止痛功效的外用药物。根据药物说明书正确使用，通常是将适量药物涂抹在受伤部位，并轻轻按摩片刻以促进药物吸收。注意避免用力过大或过度揉搓，以免加重伤势。

3. 根据伤势恢复情况，在医生指导下进行适当的手臂活动，如旋转手腕、轻轻摆动手臂等。避免进行剧烈运动或过度使用受伤手臂。在恢复期间进行适当的活动有助于保持关节灵活性和肌肉力量，防止肌肉萎缩和僵硬。

4. 在恢复期间，注意保持均衡的饮食，摄入足够的蛋白质、维生素和矿物质等营养素，以促进组织修复和伤口愈合。避免摄入高糖、高脂等可能加重炎症的食物。

扣球——肩部损伤（肩关节脱位、肩袖损伤、三角肌拉伤）

一、案例回顾

2018年5月的一个上午，一堂充满活力的室内排球课正在紧锣密鼓地进行中。随着中场哨声的响起，为了进一步提升训练效果并营造更加热烈的课堂氛围，教师组织起了一场教学比赛，将学生们分为四队，在两块场地上同时展开激烈对决。赛场上，最引人注目的莫过于那一记记势大力沉的扣球，它们如同闪电划破长空，引得众人瞩目。

正当比赛进入白热化阶段时，小明同学在一次完美的二传配合下，腾空而起，背弓优美，挥臂如鞭，准备完成一次精彩的扣球。然而，"啪"的一声后，人球同时落地，却只见小明同学痛苦地捂住右臂，紧咬牙关，侧身躺在地板上，表情十分痛苦。教师见状，立即冲到小明身边，一边用一只手轻轻安抚着他，一边细心检查起他的手臂状况。小明艰难地吐出一句话："老师，我的肩关节好像脱位了。"幸运的是，这位教师凭借多年丰富的教学经验和急救知识，迅速而专业地对小明进行了初步的手法复位处理，小明的疼痛感虽然有所缓解，但每当试图活动手臂时，仍会感到阵阵刺痛，且肩膀中上部已有明显肿胀。意识到情况的严重性，教师立即通知了小明的家长，并迅速协调同事接管课堂，确保其他学生能够得到妥善安排。随后，他迅速准备了冰块，为小明进行冷敷处理，并亲自驾车，将小明送往附近医院接受进一步的检查与治疗。经医生详细检查，小明同学不仅肩关节脱位，还伴有右侧肩袖的损伤及右侧肩膀三角肌中、后束肌肉的拉伤。

二、案例剖析

（一）运动项目介绍

排球扣球是排球运动中极具观赏性和决定性的技术动作，它要求运动员在二传手准确到位的传球基础上，迅速起跳至最高点，利用全身力量，特别是腰腹和手臂的爆发力，以迅猛的速度和刁钻的角度将球猛击过网，力求使球落在对方场地有效区域内，或直接造成对方防守困难甚至失误。扣球是进攻得分的重要手段。扣球技术的掌握不仅需要运动员具备良好的身体素质，如力量、速度、弹跳和协调性，还需要精准的判断力、对时机的把握及团队的默契配合。在排球扣球过程中，由于该动作涉及高速运动、强烈的身体扭转和力量释放，因此运动员容易遭受多种运动损伤。

（二）损伤原因

1. 肩关节的生理脆弱性。肩关节由宽大的肱骨头与浅小的肩胛骨的关节盂构成，关节囊松弛且韧带薄弱，赋予其极高的灵活性，但也牺牲了稳定性。这种结构特点使得肩关节在活动时，特别是大范围活动时，极易因周围肌肉韧带的不当受力而发生摩擦、挤压，进而引发脱位、拉伤等损伤。肩袖作为关键稳定结构，其脆弱性在此类损伤中尤为显著。

2. 排球扣球的力学挑战。排球扣球动作复杂且力量要求高，涉及助跑、起跳、背弓、旋转发力等多个环节，最终通过肩带臂的协调完成击球。此过程中，肩关节需承受巨大的机械应力，加之其结构特性，极易导致韧带损伤、脱位及肌肉拉伤等严重后果。

3. 热身运动的缺乏。缺乏充分的热身或身体处于疲劳状态，会显著降低神经系统的反应速度和肌肉的力量与弹性，增加运动损伤的风险。此时，肌肉和韧带对冲击力的吸收能力减弱，关节润滑不足，磨损加剧，极易引发损伤。

4. 技术动作的错误。错误的技术动作会直接导致关节、肌肉和韧带承受异常应力，超出其正常承受范围，加剧摩擦与碰撞，是引发运动损伤的重要原因。

5. 身体素质的差异。良好的身体素质是预防运动损伤的基础。特别是肩关节周围的三角肌等核心肌肉群，其强壮程度直接影响肩关节的稳定性和抗损伤能力。

6. 教学组织的失误。在教学组织过程中，教师未充分考虑学生的体能状况和运动状态，尤其是在课程后半段安排高强度的教学比赛，易使学生因疲劳而增加运动损伤的风险。合理的教学安排应确保学生在最佳状态下进行高强度练习。

三、课堂紧急处理办法

1. 当此类紧急事件突发时，教师应迅速而冷静地采取救治行动。若伤情初步判断较为严重，尤其是面对可能的脱位情况，且教师自身缺乏处理此类伤势的经验时，首要任务是确保伤者安全，避免任何可能加重伤势的移动。教师应立即稳定伤者情绪，同时轻柔地固定伤者的受伤部位，保持其处于原位不动，随后采用适宜方式将伤者平稳带离事故现场，以防二次伤害的发生。

2. 教师应立即启动应急通信机制，迅速联系学生家长，并向120急救中心拨打电话请求专业救援。同时，通知校内具有急救经验或相关知识的同事前来协助，确保在专业人员到达之前，现场能够得到妥善管理。

3. 在等待救援的过程中，教师应指派一名责任心强的学生代表或教师助手，负责照看伤者，给予必要的心理安抚，并确保其处于舒适状态。同时，有序组织其余学生进行安全的集体练习或活动，维持教学秩序，避免恐慌情绪的扩散。

4. 当急救人员抵达后，教师应清晰、准确地向医护人员描述受伤过程、伤者现状及已采取的初步处理措施，确保信息的连续性，为专业救治提供有力支持。随后，教师应陪同伤者前往医院，进行进一步的检查与治疗，直至家长到达，确保伤者得到妥善安置。

5. 对于未出现脱位但肌肉有明显损伤的情况，教师应立即采取冷敷处理，以减少肿胀、缓解疼痛，并尽快联系家长，让家长陪同学生前往医疗机构进行专业处理。

四、预防策略

1. 规范技术动作。确保技术动作的准确无误是预防运动损伤、提升运动效能的关键。这要求技术动作必须符合人体运动科学原理及骨骼肌肉的工作机制。在纠正与精进技术时，学生应坚持反复进行基础动作训练，如无球状态下的模拟练习、上下肢分解练习等，以逐步构建起一个全面而细致的动作记忆网络。通过持续的练习，让学生深刻体会动作的发力点，强化肌肉记忆，确保技术动作的标准化与规范化。

2. 合理安排课程。案例中提及的教学比赛安排在课程后半部分，显然有违科学的训练原则与体能消耗规律。教学比赛应作为高强度训练环节，置于准备活动之后，此时学生的注意力最为集中，身体状态最佳。此外，每次课程开始前，可引入扣球专项的预热练习，如徒手挥臂、原地及助跑对墙扣球等，设置科学合理的过渡性训练内容，以逐步提升学生的运动状态。

3. 进行充分的热身与放松活动。热身运动对于预防运动损伤、提升运动表现至关重要。它能有效激活肌肉，增加关节滑液分泌，减少摩擦损伤。同样，运动后的积极放松练习也是不可或缺的，它能迅速缓解肌肉疲劳、恢复生理平衡，促进体内代谢废物的排出，帮助学生快速恢复到最佳状态。

4. 全面强化身体素质。排球扣球是一项全身性运动，要求学生具备良好的力量、速度、耐力及协调性。因此，应加强上肢、腰腹、下肢等多方面的力量训练，同时注重协调发力与柔韧性提升。通过多样化的练习手段，如引体向上、俯卧撑、负重推举、腹肌两头起、跳绳、蹲跳起等，结合肩关节的柔韧素质练习，全面提升学生的身体素质，为扣球技术的发挥奠定坚实基础。

5. 加强课堂管理与个性化教学。教师作为课堂的引导者，应高度重视课前准备、课中调控与课后反馈。课前应仔细检查场地器材，确保安全；课中需密切关注学生的个体差异，灵活调整教学内容与方法，实施分层教学，确保每位学生都能在适合自己的节奏中进步；课后则应及时收集学生的反馈意见，进行教学反思与改进，不断提升教学质量与效果。

五、恢复性方法与建议

（一）肩关节脱位的恢复性方法和建议

1. 初期固定与休息。肩关节复位后，患者需使用夹板或吊带固定肩部数周，以限制肩部活动。在此期间，患者应避免做一些可能引起脱位的动作。

2. 逐步恢复关节活动度。损伤一到两天后，可开始进行温和运动，以维持肩关节的活动性，防止关节僵硬。

3. 康复训练。去除外固定后，患者应按阶段进行康复训练，以恢复关节活动度和稳定性：

第一阶段（0—2 周或 0—4 周），制动康复训练。肩关节贴胸外展位固定制动 2—3 周，开始进行肘关节屈伸、腕关节和手的握力的训练，以及钟摆画圈训练。在术后 1 周，可进行肩周肌肉的等长收缩练习，也可以在无痛范围内进行肩关节各方向被动活动。

第二阶段，保护性的康复训练。继续用肩关节支具或肩前臂吊带固定，在无痛范围内进行肩关节被动活动训练和主动助力活动训练。

第三阶段，增强肌力和康复训练。增加肩关节主动活动范围训练，在不引起肩关节疼痛的前提下，尽可能地让每个动作都达到最大活动范围。

第四阶段，运动功能恢复的训练。继续进行抗阻练习，加强三角肌和肩袖肌在肩胛骨平面的肌力训练，增强三角肌和肩袖张力。

4. 定期复查。康复过程中，应定期复查，以监测肩关节功能的恢复情况，并根据医生建议调整计划。

5. 长期保养。待伤势痊愈并恢复良好的肩关节活动度后，继续坚持运动。每天做肩部伸展运动，并进行肩膀强化和稳定性的练习项目，这有助于避免脱位的复发。

（二）肩袖损伤的恢复性方法和建议

1. 制动与休息。在受伤初期，应避免所有可能导致疼痛或伤情加重的活动，如跑步、剧烈运动等，以防病情恶化。

2. 物理疗法。可以通过热敷、冷敷和按摩促进血液循环，缓解肌肉紧张。此外，超短波疗法、微波疗法、温热疗法加超声波疗法也可用于促进血液循环，缓解疼痛。

3. 康复训练。若肩袖损伤不是很严重，在疼痛和肿胀减轻后，可以在专业医师的指导下进行康复训练，如肩部旋转、上举、后伸等动作。这些训练有助于肩部肌肉力量和灵活性的恢复。若肩袖损伤严重且无法通过保守治疗恢复，则需进行手术治疗。术后也需要进行相应的康复训练，以帮助患者恢复肩部功能。术后 0—3 周，主要进行被动关节活动范围训练，避免外旋和伸展，同时进行肩胛骨后缩和后三角肌锻炼。术后 4—6 周，可以逐渐恢复关节的全范围活动，开始进行主动辅助运动，如爬墙练习、牵伸锻炼等。术后 7—12 周，开始正常活动时，可以进行一些力量训练和关节活动度练习。

4. 保持清淡饮食，多吃富含蛋白质和维生素的食物，避免油腻、辛辣、生冷的食物。保持合理的作息时间，每天进行两次热敷，每次 15—20 分钟，这有助于促进血液循环和伤口愈合。

（三）三角肌拉伤的恢复性方法和建议

1. 休息与防护。在三角肌拉伤的初期阶段，务必避免任何剧烈运动，确保肩部获得充分的休息。

2. 冷敷与热敷。肌肉拉伤后的48小时内，可通过冷敷来缓解疼痛并减轻肿胀。每次冷敷的时间应控制在20分钟以内，需冷敷多次。48小时后可转为热敷，以促进血液循环并加速肌肉的修复。

3. 物理治疗。急性期过后，可通过超声波治疗、电疗及理疗等物理疗法，来促进血液循环、缓解肌肉紧张，并帮助肌肉恢复。

4. 康复锻炼。当疼痛和肿胀症状有所缓解后，应逐步开始实施肩部的康复锻炼。初期可以进行肩关节的钟摆训练和内外旋训练，以恢复关节的活动度和增强肌肉的基本力量。随着康复进程的推进，可逐渐增加肩部推举、侧平举等强化训练项目。

5. 饮食与营养补充。在康复期间，要多吃富含蛋白质和维生素的食物，为肌肉的修复和生长提供必要的营养支持。

6. 避免过早负重。在康复期间，应避免拿重物或进行可能导致再次损伤的活动，以确保肌肉完全恢复。

羽毛球

羽毛球步法——踝关节扭伤

一、案例回顾

在羽毛球选修课的步法训练中，小张不慎遭遇了一次意外。由于动作过快，加之着地技巧不当，他在一次前场移动时不慎滑倒，随即感到右脚踝有剧烈疼痛，坐倒在地。教师见状迅速上前，将他搀扶至一旁休息，对其进行检查，经过初步检查，确认小张右脚踝关节扭伤。

二、案例剖析

（一）运动项目介绍

羽毛球是一项比赛双方隔网对抗，手握球拍将球来回击打，以得分多少决定胜负的比赛项目。该项目具有极强的观赏性、娱乐性、竞争性，受到大众喜爱。经常参加羽毛球运动锻炼，可促进身心健康、增强体质、培养学生的团结合作精神和公平竞争的意识，以及勇于挑战自我和吃苦耐劳的精神，增强社会适应能力。在进行高水平羽毛球比赛时，其步法、手法、线路的变化充分展现了该运动的魅力，让观赏者回味无穷。

羽毛球的步法练习不仅专注于提升球员的移动速度、敏捷度和位置感，还强调球员步法的流畅性、稳定性和节奏感。在训练过程中，球员需要掌握多种步法技巧，如小碎步的灵活调整、交叉步的快速转身、并步的直线冲刺以及垫步的微妙调整，这些步法的灵活运用能够帮助球员在场上灵活应对各种来球。同时，通过模拟比赛情景的步法组合练习，如接杀球后的快速回位、网前小球后的后退步等，球员可以进一步提高实战中的应变能力。此外，步法练习还注重培养球员的预判能力和反应速度，通过反复练习，球员能够逐渐形成对场上局势的敏锐洞察，从而在比赛中占据主动。

（二）损伤原因

在羽毛球步法练习过程中，造成踝关节扭伤的原因有以下几点：

1. 技术动作不规范，没有掌握正确的着地技巧，导致脚踝承受了过大的压力，从而引发扭伤。

2. 练习前没有进行充分的热身运动，肌肉和关节没有得到足够的拉伸和准备，增加了受伤的风险。

3. 场地过于湿滑或不平整，导致运动员在移动过程中发生意外扭伤。

案例中，该学生在步法练习过程中，由于对运动项目掌握不够熟练，加之练习兴致不高、思想不够集中，快起快停时用力过猛、肌肉快速收缩，致使脚下打滑出现损伤现象。

三、课堂紧急处理办法

当学生在羽毛球步法练习过程中出现损伤时，教师应及时让学生停止练习，避免造成进一步损伤。取坐位或卧位，抬高患肢，尽量让受伤的脚部保持静止。使用冰袋或冷毛巾对受伤部位进行冷敷，每次冷敷时间为10—20分钟，每隔2—3个小时冷敷一次。冷敷能够使毛细血管收缩，减少局部出血和组织液

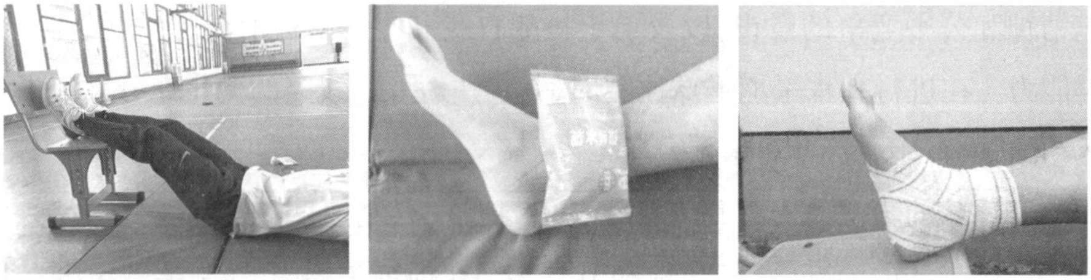

图9　踝关节扭伤紧急处理办法（抬高患肢、冷敷、加压包扎）

的渗出，从而减轻肿胀和疼痛。如果需要，可以请校医对受伤学生的受伤部位进行适当的加压包扎，但注意不要过紧，以免影响血液循环。如果症状严重或持续恶化，应尽快到医院进行检查，排除骨折等其他可能的损伤，并接受进一步的治疗。通知班主任该生的受伤情况，与家长做好沟通。

四、预防策略

1. 教师应认真备课，在对学情、教学内容及场地器材充分了解的基础上编写教案。课前提前到达场地，根据现场实际条件进行二次备课。

2. 学生应备好适合运动的衣服或根据学习需要提前准备好教师要求的服装，鞋子应合脚、舒适，以便于运动。

3. 教师应带领学生做好运动前的热身运动。衡量锻炼效果的关键在于练习中能否最大限度地调动并激活参与的肌肉群。这一过程要求大量肌肉群协同工作，对机体的协调性、灵活性和关节、肌肉及韧带的弹性、伸展性要求极高。提前动员身体各部位机体能力对预防损伤至关重要。

4. 教师在动作示范时，应充分以技术动作为主要教学内容，结合实际学情开展教学，力争让学生看清、听懂、会做、会反思；学生在观看示范，学习动作时带着疑问学习、深入讨论反思、认真练习落实。从教与学两个方面出发，避免动作技术形成各阶段所隐含的损伤风险。

五、恢复性方法与建议

康复期间，可以进行针对拉伤肌肉特性的轻度拉伸练习。这些拉伸练习需依据肌肉的具体类型与纤维排列进行，旨在逐步恢复肌肉的柔韧性与功能。练习过程中，务必遵循循序渐进的原则，避免过度牵拉，以防引发新的损伤。

为了全面促进肌肉力量的恢复与身体协调性的提升，患者可以进行一些恢复性训练，如扶墙提踵、脚尖走、跪跳起和单足跳等基础练习。此外，还可以引入更多元化的训练内容。

1. 等长肌肉收缩训练。通过静态收缩受伤肌肉，不产生关节运动，以增强肌肉力量与耐力，同时减轻关节压力。

2. 渐进式抗阻训练。使用弹力带、哑铃等轻量级器械，从低强度开始，逐渐增加阻力，帮助肌肉恢复力量与爆发力。

3. 平衡感与稳定性训练。如单腿站立、闭眼站立等，这些练习不仅能提升核心稳定性，还能增强上肢与下肢之间的协调配合能力。

4. 功能性训练。模拟日常生活与运动中的动作模式，进行如推、拉、提、举等功能性训练，使肌肉在更贴近实际需求的情境中得到锻炼，加速康复进程。

值得注意的是，所有康复性训练都应在专业康复师或教练的指导下进行，以确保训练动作的准确性、负荷的合理性，以及康复进度的有效监控。通过科学、系统的康复训练，受损的上肢肌肉将得以全面恢复，重新焕发生机与活力。

六、结语

羽毛球步法练习是提升技术水平的重要环节，但在练习过程中要注意预防运动损伤。通过规范技术动作、充分热身、选择合适场地和佩戴护具等措施，可以有效降低踝关节扭伤等运动损伤的风险。同时，在发生意外扭伤时，要及时就医，并遵循医生的建议进行治疗和康复。

羽毛球步法、手法——肘关节扭伤

一、案例回顾

在一所学校的羽毛球选修课上，学生们在老师的指导下练习着步法和手法。虽然这些基础训练有时显得枯燥，但老师和学生们都明白，只有通过不断磨炼，才能在羽毛球这项运动上达到高水平。然而，在高远球对练中，小李同学在一次过于用力的击球后突然感到肘部一阵剧痛。老师立刻上前察看，凭借他的经验，他初步判断小李可能是肘关节扭伤了。

二、案例剖析

（一）运动项目介绍

羽毛球是一项在全球范围内广受欢迎的隔网对抗性运动，参与者使用球拍在场地两侧快速击球，通过得分来决定比赛的胜负。这项运动不仅具有高度的观赏性和娱乐性，还因其竞争性而备受青睐。羽毛球运动对身心健康有着积极的影响，它能够增强体质、促进心肺功能，同时也是一种极佳的社交活动，有助于培养学生的团队合作精神、公平竞争意识，以及勇于挑战自我和吃苦耐劳的品质。此外，参与羽毛球运动还能提升个人的社会适应能力。

羽毛球步法是指球员在场上为了准确、迅速地到达击球位置而采取的一系列脚步移动技巧。它包括启动步、并步、交叉步、蹬跨步和垫步等多种步法，每种步法都有其特定的应用场景和优势。启动步为快速启动提供初速度，并步适合短距离快速移动，交叉步则擅长长距离的快速转移，蹬跨步在上网或底线击球时尤为关键，而垫步则用于微调步距和保持步法连贯。通过灵活运用这些步法，球员能够在场上灵活穿梭，抢占先机，确保每一次击球都能达到最佳效果。

羽毛球手法是球员在击球时运用手腕、手指等部位的精细动作技巧，它直接关系到击球的力度、速度和准确性。正确的握拍是基础，稳定而灵活的握拍方式有助于球员更好地控制拍面。引拍、挥拍、击球和随挥是手法中的关键环节，它们构成了一个完整的击球动作流程。在引拍时，球员调整拍面角度和击球点位置；挥拍时，迅速挥动手臂并翻转手腕发力；击球时，把握合适的时机、角度和力度将球击出；随挥则保持身体平衡和动作连贯。通过不断练习和优化手法技巧，球员能够提高击球的稳定性和威胁性，从而在比赛中占据优势。

（二）损伤原因

在羽毛球步法、手法练习过程中，造成肘关节扭伤的原因有以下几点：

1. 学生对自身的身心机能过于自信，致使动作过于夸张而导致的损伤。

2. 练习前没有进行充分的热身运动，肌肉和关节没有得到充分的拉伸，增加了受伤的风险。

3. 对运动项目掌握得不够熟练导致的损伤。

案例中，该同学肘关节扭伤的主要原因是学生对运动项目掌握得不够熟练，又想追求以最小的动作发挥出最大的力量，加之前后兴奋度反差较大，以至于身体机能和所做动作不相匹配，从而导致伤害事故的发生。

三、课堂紧急处理办法

肘关节扭伤后，紧急处理办法主要包括以下几个步骤：

1. 制动和休息。在肘关节扭伤后，首先要立即停止活动，避免进一步损伤。可以使用硬纸板或木板捆绑住肘关节，或者使用三角巾悬吊，防止刺激导致肿胀加重。

2. 冷敷。在受伤后的 24—48 小时内，应进行冷敷处理。可以用冰袋或冷水瓶装冷敷，每次 15 分钟，需重复数次。冷敷可以减轻局部的炎症和肿胀。

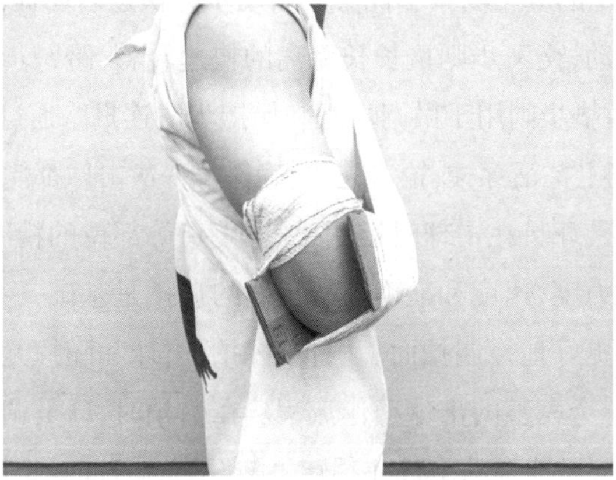

图 10　肘关节扭伤紧急处理办法（悬吊固定）

3. 抬高患肢。将患肢抬高，帮助缓解局部的肿胀，并避免进一步加重病情。

以上步骤可以有效地减轻肘关节扭伤后的疼痛和肿胀，促进恢复。如果症状严重或持续不缓解，应及时联系班主任或家长前往医院进行检查和进一步治疗。

四、预防策略

体育运动的损伤皆因准备不足、冒进大意所致。因此必须做好安全防护工作,防范安全事故的发生,这样才能实现体育运动目标。以下按运动时间历程对每个阶段的预防策略进行说明。

(一)运动前

1. 教师应认真备课,在对学情、教学内容及场地器材充分理解的基础上编写教案,提前到达场地根据现场实际条件进行二次备课。

2. 学生应根据教学需要,着教师提前要求的服装,鞋子要合脚、舒适,以便于运动。

(二)运动中

1. 做好运动前的热身,可以增加肌肉和关节的温度,使其更加柔软和灵活,从而减少在运动中的肌肉拉伤、韧带损伤和其他运动相关的损伤。

2. 教师要向学生讲解、示范正确动作,力争让学生看清、听懂、会做、会反思;学生在观看示范、学习动作时力争做到清晰观看、留心细节、留有余地,带着疑问学习、深入讨论反思、认真练习落实,从而避免动作技术形成各阶段所隐含的损伤风险。

(三)运动后

1. 运动后需进行有效放松。有效放松不仅可以预防损伤,对巩固、提高练习效果也有一定的积极意义。

2. 学生应在课后进行针对性训练。大量针对性练习是动作技术自动化的关键,动作技术的自动化可以降低运动损伤风险。

五、恢复性方法与建议

肘关节扭伤后的恢复性训练是一个较慢的过程,需要根据损伤的严重程度和治疗后的恢复情况来制定。以下是一些恢复性训练的方法和建议。

在损伤后的初期,重点在于减轻疼痛和肿胀。可以进行轻微的屈伸肘关节练习,同时进行手指握拳和腕关节的屈伸、旋转活动,以促进血液循环。对于屈曲型强直患者,可以在小臂上方放置适当重量的物品,以下压小臂帮助肘关节伸直,重量从轻到重逐渐增加。

当症状稳定后,可以开始手握哑铃或其他重物进行肘关节屈曲和伸直的力量训练，注意不要引起关节肿胀 。此外，也可以采用针灸、小针刀、体外震波、超短波等理疗方法，帮助缓解症状并促进恢复。如果症状没有改善或出现加重，应及时进行检查，以明确扭伤的严重程度，并选择合理的治疗方法。

中华传统体育类运动

武　术

武　术

劈叉——大腿后侧肌肉拉伤

一、案例回顾

由于近期室外风较大，温度较低，体育老师特意安排三年级（3）班的同学在体育馆内上课。教学内容为武术基本功腿功练习。老师根据学生的实际能力分组进行教学。A组能力较好的同学练习正压腿、侧压腿、后压腿、仆步压腿及劈叉（横叉、竖叉）；B组能力较弱的同学不进行劈叉练习，其他练习一样。小王被安排在B组进行练习，当他完成了自己的练习后，看到A组的同学在进行劈叉，他觉得很简单，就在一旁学着样练起了竖叉。突然小王喊了声："哎哟，好痛啊！"老师闻声前去察看，仔细询问了情况，初步判断小王是大腿后侧肌肉拉伤。

二、案例剖析

（一）运动项目介绍

武术中的劈叉是一项需要高度柔韧性和力量的基本动作，通常分为横劈叉和竖劈叉两种类型。横劈叉是双腿左右分开呈一字形，双手在体前撑地，使上身正直，然后努力使身体向下压，至两腿左右分开呈一条直线并坐于地下方为合格。这种劈叉相对容易，可以速成，但需要一定的基础和练习。竖劈叉是双腿前后分开呈一字形，双手撑地，使上身正直，然后努力使身体向下压，至两腿前后分开呈一条直线坐于地下为合格。这种劈叉需要较高的柔韧性和力量，是许多武术、舞蹈和体操项目中的高级训练内容。

（二）损伤原因

武术运动中的韧带拉伤是常见的一种运动损伤。结合本案的实际分析，小王同学大腿后侧肌群肌肉拉伤的原因有以下几种可能：

1. 气温过低，身体容易冷下来导致肌肉活动不充分。

2. 准备活动不够充分，外加低温，肌肉的生理机能尚未达到适应活动所需的状态。

3. 对自身的身体状况认识不足，未按老师的要求进行练习，导致过度负荷，使肌肉的机能下降，力量减弱，协调性降低。

4. 学习新的教学内容时充满好奇，兴奋过度。

本案例中，老师根据学生能力，让学生进行分组练习。能力较好的练习劈叉，能力较弱的先不进行劈叉。但是，小王看到同学练习劈叉觉得很简单，也非常好奇，就练习了劈叉，而且还是对柔韧性和力量要求较高的竖叉。然而其身体状况并未达到练习要求，最后过度负荷，导致大腿后侧肌肉拉伤。

三、课堂紧急处理办法

（一）对伤者的处理

1. 让伤者立即停止运动，不要使受伤的部位再次负重，导致二次受伤。

2. 明确伤势。对受伤的部位轻轻按压，确认哪些肌肉或者韧带损伤。让班长去校医室拿冰袋，用冰袋敷患处 15 分钟左右，因为低温可以帮助减轻疼痛和肿胀，抑制血液循环。同时，抬高伤肢。

3. 冷敷期间，联系班主任或者学生家长，看是否需要去医院就医。

4. 冷敷后，用绷带对患处加压包扎，防止肿胀。

（二）对其他学生的指导

1. 班长去拿冰袋的同时，安排一名学生陪同受伤的学生。之后，立刻安排全班同学整队集合，此时切不可让其他学生处于无人看管的状态。

2. 教授学生此类损伤的处理办法。强化学生自我保护的意识和能力，同时鼓励同学之间互相帮助。

3. 向学生强调，在进行体育锻炼时应把安全放在第一位，态度要严谨，不能嬉戏打闹，更不能自作主张随意乱练。通过此次事件，让学生意识到做足准备活动及练习时态度认真，在任何运动中都是非常重要的。

四、预防策略

1. 上课前，一定要进行充足的热身运动，如拉伸、弯腰、跳跃等，以便于在运动时对身体进行保护。

2. 谨慎选择武术动作，在做动作时要根据学生的实际情况，如经验、基本功等，综合考虑，做出谨慎的选择。

3. 掌握基本的急救常识，明确受伤后的急救步骤，以便在意外发生时第一时间做出反应。

4. 科学地安排教学内容和教学负荷。武术是一项特殊的运动项目，很多动作的掌握因人而异。因此，在进行武术教学的过程中，要根据学生实际的身体状况，有差别地布置教学内容。在布置练习时，要合理地安排练习负荷，切不可盲目加量，导致学生出现不必要的运动损伤。

5. 重视腿部力量的训练，提高肌肉的伸展性和柔韧性，同时要注意加强对易伤部位的保护。

6. 加强场地设施设备的选择和查看。武术教学和训练应在标准的地毯或者松软的土地上进行，如果条件有限，也应尽量避免在不平坦或者过于湿滑的场地上进行教学或训练。

7. 课后应积极安排相应的拉伸和放松，及时消解疲劳。对于使用较多的部位，一定要进行充分放松，以促进血液的循环。

五、恢复性方法与建议

对于中小学生而言，大腿肌肉拉伤根据受伤的轻重需要不同时间的疗养。待恢复，可以正常走路后，即可以慢慢进行恢复性训练，以加快肌肉的恢复。以下提供几点练习方法和建议：

1. 完全不能运动时，可以对受伤的部位进行按摩。按照由下到上的方式轻轻地按摩大腿的肌肉，循环几次。

2. 在大腿走路不痛的情况下，可以进行简单的收缩伸展练习。如仰卧单腿伸展、支撑单腿前后摆腿练习、小腿负重练习及其他未受伤部位的练习。

3. 在大腿适当用力不痛的情况下，可以进行快速走或者慢跑练习，同时做一些可控范围内的拉伸，以此来保持肌肉的柔韧性。

4. 进一步恢复后，慢慢地可以加点力量训练，如弓步压腿、单腿支撑跳等。

在进行恢复性练习的过程中，恢复训练要讲求循序渐进，一定要根据大腿后侧肌肉的恢复情况适当地增加运动负荷，切不可一下子加大练习负荷。

腿功——左膝内侧副韧带损伤

一、案例回顾

某校三年级近期的体育课内容安排为武术基本功练习。周一下午第一节课是三年级（5）班的体育课，体育老师正在操场上带着学生做准备活动。鉴于前几堂课大家对武术的基本功已经有了一定的了解，这节课老师直接进行步型的教学。本课主要学习马步、弓步、仆步及三种步型间的转化。前半部分主要学习三个步型，动作较为简单，学生跟着老师的节奏进行练习，后半部分是三种步型的转换。在教授弓步变仆步这一动作时，队伍中突然传出“哎哟”一声，小杨应声坐在地上，老师上前询问，小杨说他左膝盖很痛，仔细询问情况后，初步判断小杨的膝盖受到了损伤。后经过医院拍片显示，小杨左膝内侧副韧带损伤。

二、案例剖析

（一）运动项目介绍

武术运动是以技击动作为主要内容，以套路和格斗为主要运动形式，注重内外兼修的中国传统体育项目。其基本功包括肩功、腰功、腿功、手型、步型、手法、步法、跳跃、平衡等,本案中主要讲步型的练习。步型主要包括弓步、马步、仆步、虚步、歇步。几种步型分别运用于不同的项目中,有着各自的技术要求,但是他们有一个共同的特点,就是需要借助膝盖支撑来完成动作。在实际练习或者格斗的过程中,各种步型之间免不了进行快速转换,这就需要膝盖具有一定的力量支撑,自然也会存在相应的安全隐患。

(二)损伤原因

小杨同学膝盖内侧副韧带拉伤的原因可能有以下几种:

1. 在运动前没有进行充分的热身,导致肌肉和关节的生理机能尚未达到适应活动所需的状态。这种情况下,身体容易在突然的高强度或高难度动作中受伤。

2. 腿部肌肉力量不足,这使得在进行某些需要较强腿部力量支持的动作时,容易造成膝关节和韧带的损伤。

3. 在没有掌握正确的武术技术动作和基本功的情况下,盲目进行练习,容易导致动作失控,从而引发膝关节和韧带的损伤。

4. 在学习新内容时,由于好奇和兴奋过度,小杨可能忽视了正确的动作要领和安全防护措施,导致在练习过程中出现错误动作,进而引发膝关节和韧带的损伤。

三、课堂紧急处理办法

(一)对伤者的处理

在这种情况下,老师需要迅速而有效地处理突发的左膝内侧副韧带损伤事件。紧急处理方法主要包括以下几点:

1. 一旦发现膝关节受伤,应立即停止活动,避免进一步损伤。

2. 让未受伤的学生去校医室拿冰袋,用冰袋冷敷伤者的受伤部位,每次15—20分钟,每隔2—3小时重复一次,以减少肿胀和疼痛。

3. 使用弹性绷带对受伤部位进行适当的压迫包扎,将受伤的腿抬高至心脏水平以上,有助于减少肿胀。

4. 确保充分休息,避免承重和过度使用受伤的膝关节。

如果症状严重或持续不缓解，应及时送学生前往医院就医，进行进一步的检查和治疗。

（二）对其他学生的指导

1. 找人去拿冰袋的同时，立刻整队集合全班同学，确保所有学生都处于安全有序的状态。向其他学生说明导致受伤的可能原因，并向他们强调在老师讲解完注意事项之前不应该自行开始练习。

2. 教授学生如何处理类似的运动损伤，包括立即停止活动、寻求帮助、冷敷、压迫包扎、抬高受伤部位等基本的急救知识。

3. 强调体育锻炼中的安全意识，提醒学生在任何体育活动中都要保持严谨的态度，避免嬉戏打闹和随意练习。鼓励学生之间相互帮助，培养团队合作精神和集体责任感。

4. 在处理完紧急情况后，老师应继续监督学生开展体育活动，确保所有学生都能在一个安全的环境中进行锻炼。

四、预防策略

1. 加强理论学习，普及运动损伤知识。开展相关的武术理论课程，加强理论知识的学习，提高预防运动损伤的意识。

2. 提高准备活动的实效性。课前针对本课的内容做好相应的一般性准备活动和专门性准备活动。充足的准备活动能提高各关节的灵活性，提高机体的兴奋性。

3. 科学安排教学内容和教学负荷。教师在课堂上要选取适合学生的动作内容，不可超出学生们可完成的范围。

4. 教学过程中，要遵循循序渐进的原则。教师应先安排学生学习动作技巧，然后再让他们自行练习。这能帮助学生正确了解每一个动作的要领，以避免不必要的损伤。

5. 佩戴保护器材。武术中常常会出现一些跌倒、碰撞等意外，佩戴合适的护具可以有效降低损伤程度。

五、恢复性方法与建议

膝盖韧带拉伤根据受伤的轻重需要不同时间的疗养。情况较轻者休息 1—2 周即能恢复正常练习;伤情较严重的需要进行较长时间的恢复,这期间就需要进行相应的恢复性训练,加强肌肉力量的恢复,帮助膝盖较好地适应,避免出现局部粘连。以下提供一些练习方法和建议:

1. 早期可以进行简单的屈伸练习,但要避免动作幅度过大或者练习次数过多,只要屈伸角度有所改善即可。同时,加强身体其他各部位的力量训练和柔韧性练习,如上肢力量训练、核心力量训练等。

2. 根据恢复情况可以做平躺双脚骑自行车练习,加强腿部力量训练,同时注重全身训练。进而可以进行走路到慢跑的训练,让膝盖逐步适应受力。

3. 进一步恢复后,可以进行弓步走及双脚跳跃练习,之后根据恢复情况转入正常训练。

在进行恢复性练习的过程中,恢复训练要讲求循序渐进,一定要根据恢复情况适当地增加运动负荷,切不可一下子加大练习负荷。在恢复性练习结束后一定要用冰块冷敷。

三路长拳 —— 急性腰扭伤

一、案例回顾

在七年级武术课堂教学上,某学生在学习三路长拳 —— 叉步双摆掌实战攻防演练时(在以右脚向左腿后插步来锁住对方的前提下,同时用两掌摆击对方的胸部动作),因腰部用力过猛,致腰部肌肉拉伤。当时该同学出现腰部刺痛,活动受限,局部肿胀等情况。后来,去医院检查,经医生诊断,该生为急性腰扭伤。

二、案例剖析

（一）运动项目介绍

在众多长拳流派中，三路长拳以其适中的难度和全面性，在校园中广受推崇。它的套路长度适中，内容丰富多样，涵盖了踢、打、摔、拿等多种技巧，全面体现了初级拳术的精髓。三路长拳的动作舒展而大方，每一个姿势都具有普遍的代表性和经典之美，使其成为推广武术文化的理想选择。长拳的练习不仅能够锻炼练习者的腿部力量和腰腹肌力量，还能提高身体的协调性和柔韧性。然而，正是这些对身体的高要求，使得练习者在练习过程中容易发生肌肉拉伤和扭伤等运动损伤。因此，充分的热身活动显得尤为重要，它能够有效预防运动损伤，让练习者在享受武术带来的身心愉悦的同时，也能保持身体的安全和健康。在长拳的世界里，每一次出拳、每一次踢腿，都是对自我的挑战和超越。我们可以在长拳的练习中，不断追求卓越，体验武术的无限魅力。

（二）损伤原因

在三路长拳学习过程中，腰部肌肉拉伤是一种常见的运动损伤，其原因多种多样，主要有以下几点：

1. 该生缺乏对运动损伤的认识和重视，未能充分理解运动性损伤的知识，导致在练习时未能采取适当的预防措施。

2. 未能进行合理的热身和放松活动，使得肌肉在没有充分准备的情况下承受负荷，增加了受伤风险。

3. 训练水平不高，肌肉力量和柔韧性不足，难以应对高强度或高难度的动作要求。

4. 运动技术动作的错误执行，如姿势不正确、用力不当等，可能导致腰部肌肉承受不适当的压力。

5. 超出个人能力的运动负荷，使得肌肉过度疲劳，增加了拉伤的可能性。

6. 训练或比赛的组织方法和管理不当，可能导致训练计划不合理，未能根据个人情况调整训练强度。

7. 不良的气候条件，如气温过低，可能导致肌肉僵硬，增加冻伤和拉伤的风险。

长拳作为一种武术形式，其动作快速有力，对身体的灵活性和力量要求较高。受伤的同学在练习前没有进行充分的针对性热身，肌肉没有达到适合运动的状态就开始练习，此外，该生体质虚弱、训练水平不足，其肌肉力量、柔韧性和耐力较差也是导致他在运动中发生肌肉损伤的原因。

三、课堂紧急处理办法

停止继续练习，检查学生损伤情况，确定是否为肌肉拉伤。若不严重，立即进行冷处理，用冷水冲局部或用毛巾包裹冰块冷敷，然后用绷带适当用力包裹损伤部位，防止肿胀。在放松损伤部位肌肉并抬高伤肢的同时，如疼痛感较强可服用一些止疼、止血类药物。24—48 小时后拆除包扎。根据伤情，可外贴活血和消肿膏药，可适当热敷或用较轻的手法对损伤局部进行按摩。

四、预防策略

1. 通过教育和讨论，让学生明白预防腰部肌肉拉伤的重要性，了解其潜在的长期影响，从而提高自我保护意识。

2. 做好运动前的热身运动，热身不仅仅是简单的伸展，还应包括轻度的有氧运动和动态拉伸，以提高肌肉温度和血液循环，降低僵硬度。

3. 教师应对学生进行精准技术指导。正确的运动技术不仅能提高运动表现，还能降低错误动作带来的损伤风险。

4. 考虑到学生的个体差异，制定符合个人能力和需求的训练计划，确保每个学生都能在安全的前提下进行训练。

5. 重视休息与恢复，进行活动安排时，为学生预留出充分的休息时间，避免过度训练和疲劳累积。鼓励学生在训练中注意身体发出的信号，如出现疼痛或不适，应立即采取措施，避免受到二次伤害。

五、恢复性方法与建议

在疼痛得到控制后，逐渐开始康复练习，如俯卧位的小腿快速屈伸练习，三点支撑、五点支撑等腰背肌肉锻炼等，促进肌肉功能的恢复。

仰卧位背伸肌锻炼：五点支撑法，取仰卧位，双侧屈肘、屈膝，以头、双足、双肘五点做支撑，用力将腰拱起（亦可用双手掌托腰拱起），反复练习；三点支撑法，经五点支撑锻炼后，腰部肌肉较好者可把双臂置于胸前，以头及双足三点做支撑，用力做拱腰锻炼，反复多次。

俯卧位锻炼：抬头插胸伸臂俯卧，两上肢紧贴于躯干两侧伸直，抬头挺胸，反复操练；在以上姿势的基础上，将抬头挺胸改为伸直抬双腿，反复操练；结合前两者，以腹部着床，头、手、胸及两下肢一起上抬，反复多次。

腰部回旋运动：双足分开与肩同宽站立，双手叉腰，腰部做顺时针及逆时针方向交替旋转，旋转由慢到快，由小到大，反复进行。

南拳——肘关节脱位和肱二头肌撕裂

一、案例回顾

在七年级武术课堂教学上，某学生在学习新动作南拳基本手法时（双摆掌和双推掌），因用力过猛，致肘关节脱位和肱二头肌撕裂。当时该同学出现肘关节不能伸直，活动不便，剧烈疼痛的症状，并声称听到了尖锐的撕裂声。同时，他还感觉到肩部疼痛，且痛感延伸至上臂前侧。按压肌肉或肱二头肌结节间沟时有痛感，出现功能障碍，上臂无力。

二、案例剖析

（一）运动项目介绍

南拳是武术中的主要拳种之一，因流行于中国南方各省而得名。南拳以步稳、拳刚、势烈、少跳跃、多短拳、擅剽手等特征而别于长拳（北拳），所以有“南拳北腿”之说。通过南拳练习，利关节，强筋骨，壮体魄，理脏腑，通经脉，调养气血，提高人体机能。因此，南拳被列入体育运动项目。南拳对于练习者的腿部力量、腰腹肌力量、身体协调性和柔韧性都有一定的要求，在运动中容易出现肌肉扭伤、拉伤或撕裂等损伤。因此,我们在练习前要做好充分的热身活动,预防运动损伤。

（二）损伤原因

在打拳过程中,肘关节脱位和肱二头肌撕裂是较为严重的运动损伤,它们可能由以下因素引起:

1. 跌倒或被撞击等意外情况可能导致肘关节承受异常力量,从而引发关节脱位或肌肉撕裂。

2. 在打拳时,如果肘关节的动作超出了正常运动范围,如过度拉伸或扭曲,可能会造成损伤。

3. 技术动作不准确,例如,肘关节在不正确的角度下进行强力冲击或支撑,增加了受伤的风险。

4. 长期进行重复性动作,尤其是在姿势不正确的情况下进行,可能会造成关节和肌肉的慢性损伤。

本案例中,学生学习新动作时过于兴奋,导致动作幅度过大,用力过猛且姿势不正确。加之学生正处于青春期,身体还在发育阶段,对外界刺激的抵御能力较低,因此更容易发生局部脱位等运动损伤。

三、课堂紧急处理办法

停止继续练习,检查学生肘关节情况,在判定学生为肘关节脱位的情况下不要轻易实施肘关节脱位复位法,以防损伤血管和神经,可用三角巾将伤肢呈半曲位悬吊固定在前胸部,送医救治。

当肱二头肌在练习中撕裂以后,应马上停止训练,对拉伤部位进行冷敷,同时应根据受伤的程度看是否要去医院。若严重,则立马将学生送往医院,同时与家长取得联系,上报学校领导,说明情况。

四、预防策略

1. 加强学生的自我保护意识,引导学生树立正确的自我保护意识,将预防运动损伤意识贯穿于平时的课堂练习中。必要时,教师还可以向学生传授有关运动保健、按摩及康复方法等相关知识。这样，在发生运动损伤时，学生能够及时找到运动损伤的原因并采取相应措施。

2. 做好充分的准备活动。让学生在武术课前有意识、有目的地做各种热身练习，逐步提高中枢神经系统和肌肉的兴奋性与适应性，为随后的运动做好生理和心理的准备。

3. 每个学生的身体素质、基本功掌握情况都各不相同，在制订课堂练习计划时，需要根据不同的学生制订不同的练习计划，以合理进行练习。

4. 指导学生掌握正确运动要领。正确的运动姿势不仅能提高运动表现，还能减少错误动作带来的损伤风险。

五、恢复性方法与建议

运动损伤最重要且简单的方法是静养到好。但是静养时身体技能、体能会不断下降，因此我们可以针对肘关节和肱二头肌做强度低一点的练习，循序渐进地提高关节和肌肉的功能。

（一）肘关节脱位恢复性方法与建议

去除石膏固定后，应积极进行肘关节的主动活动，重点以屈肘为主。这是因为伸肘功能的恢复相对容易，前臂下垂的重力和提物的重量都有利于伸肘功能的恢复。功能锻炼时，必须禁止肘关节的粗暴被动活动，以免增加新的损伤，加大血肿，产生骨化性肌炎。

（二）肱二头肌撕裂恢复性方法与建议

拉伤或撕裂以后，应尽量避免进行大重量的训练，不可再进行南拳练习。恢复初期，可以恢复全关节的被动活动度，并开始做轻柔的主动肘关节活动，如长内外旋和外展练习；恢复中期，可以恢复大部分的肩关节主动活动度，进行肩袖和肩胛骨的稳定性训练，以增强肌肉力量和关节稳定性；差不多恢复后，可以进行全面的力量和稳定性训练，如使用弹力带、哑铃进行练习，并逐渐增加训练强度。

健身长拳——膝关节损伤

一、案例回顾

在一节武术课健身长拳教学中，七年级学生小董，在练习到闪身冲拳时，突然出现膝关节疼痛难忍、腿伸不直的情况，而且膝盖碰一下就很疼，不能再进行下一动作。教师见状立即上前察看，经检查发现小董同学膝关节出现损伤。

二、案例剖析

（一）运动项目介绍

健身长拳，巧妙融合了长拳的流畅韵律与现代健身理念，旨在全方位提升练习者的身体协调性、灵活性及核心力量。长拳之美，在于其动作之舒展大气，姿态之优雅飒爽，节奏之鲜明轻快，一招一式皆蕴含着力量与美学的和谐统一。通过精心编排的拳法、腿法及身法，健身长拳不仅深度锤炼着练习者的肌肉群，更在无形中强化了心肺功能，促进了血液循环，使身体在运动中焕发勃勃生机。同时，这种内外兼修的锻炼方式，还能有效锻炼意志，提升注意力与自我控制能力，让练习者在每一次挥汗如雨中，感受到身心的双重升华。

（二）损伤原因

在健身长拳教学中，有马步、弓步、弹踢等动作，所以膝关节几乎一直处于半屈伸的状态。这种情况下，韧带发生松弛，关节稳定性相对较差，若学生动作不规范，前期未进行充分的热身活动，再加上本身力量不足，在练习当中很容易受伤，其中膝关节损伤较为常见。

三、课堂紧急处理办法

（一）对伤者的处理

1. 受伤学生应该立即停止课堂中各类练习项目，在旁休息。教师检查其膝盖是否出现肿胀，慢慢地拉伸或收缩受伤膝盖，检查是否伤到骨头，如果不是伤到骨头，考虑是否为内侧副韧带损伤。

2. 安排体育委员或班长去医务室或者保健室找校医要冰块，用棉布包住冰块，对受伤部位进行冷敷。如果找不到冰块，用牙膏擦拭，因为牙膏中含有的薄荷脑、丁香油等成分有消炎止痛、杀菌消肿的作用。

3. 教师安抚受伤同学，缓解其紧张情绪。

4. 如果伤情没有得到明显的改善或疼痛没有减轻，应立即联系家长，送医院进行进一步诊断治疗。

（二）对其他学生的指导

1. 集合整队，对其他学生进行安全教育，防止类似情况发生。

2. 除受伤学生外，组织其他学生有序地进行其他既定教学内容。

3. 在课堂教学中引入德育教育，引导学生在练习或运动过程中互相帮助。同时，培养学生的自我保护意识和能力。

4. 强调在体育课堂中，要有严格的纪律意识，不能嬉戏吵闹。

四、预防策略

1. 合理地安排练习负荷，如果练习负荷安排不足，就达不到练习目的，而如果练习负荷过重，则会对学生身体造成非常大的损伤。

2. 加强对基本功及易损伤部位的练习。在武术套路练习中，基本功就是腿功和腰功及肩臂功。扎实的基本功不仅能够有效地提高学生的身体素质，还可以使肌肉的力量得到增加，可以有效地避免身体出现损伤。

3. 增强学生自我保护的意识。武术套路练习主要以个人练习为主，这种情况下，学生一定要注意对自己的保护，这样就能够有效地避免膝关节的损伤。告知学生，在练习过程中一旦出现任何不舒服的情况，就要及时做出处理。

4. 注意重视医务监督，只有这样才能够在出现问题的时候，及时进行处理，减少不必要的伤害，保证膝关节不出现任何问题。

5. 练习前要做好准备工作，尤其是要做好容易出现损伤部位的准备活动，提前做好预防工作能够有效地减少膝关节出现损伤的可能性。

五、恢复性方法与建议

膝关节损伤后,应至少保证4个月的静养。这期间只能进行日常的走动,也可在医生指导下进行恢复性运动,避免膝关节僵硬。进行恢复运动过程中,以关节不觉得疼痛为宜。以下有几种恢复方法供参考:

1. 抬腿练习:平躺在床上,双腿伸直,轮换着用力抬高,反复100次,可加强膝盖软组织的耐磨性。注意,不能双腿同时抬起。

2. 单腿站立平衡:从山式站立开始,把重心移到右脚上,弯曲左膝向后,放在椅子上,身体不要前倾。收臀部向前,感受左大腿前侧的拉伸。注意将椅子调整到合适的高度。

3. 仰卧手拉腿:仰卧,吸气时双手拉动右腿向上,让右大腿和地面呈90°。再次吸气时,缓慢伸直右腿的膝盖,感受右大腿后侧的拉伸,保持几次呼吸后下落。

健身短棍——开放性擦伤

一、案例回顾

在一节九年级武术课健身短棍教学中,需要用到短棍,而小陈第一次接触短棍,所以很激动,也不听老师的指挥和要求,不停地甩动短棍,一不小心把短棍的一头碰到了同学小张的额头,导致小张额头上面出现了长3厘米的开放性擦伤,同时伴随流血状况。

二、案例剖析

(一)运动项目介绍

健身短棍是一种融合了多种武术技巧的器械运动,旨在提升练习者的身体协调性、力量和自卫能力。这项运动包含了一系列基本动作和技法,如平抡、斜劈、下挂、斜撩和侧点等,并要求与腿法结合,形成组合攻击。套路动作快速、勇猛,具有明显的节奏感,能够实现密集和连环的攻击方式。在教学和学习过程中,学生需掌握正确的握法和运动路线,熟练执行规定套路,并注重动作的准确性和熟练度。安全始终是首要考虑的因素,包括做好准备活动和了解动作细节。健身短棍不仅是一项有趣的体育活动,还能增强学生的协调性和力量,为学生提供有效的自我保护手段。通过练习,学生能更好地理解攻防含义,确保在必要时能够进行正当防卫。

(二)损伤原因

由于武术运动的特点,若没有及时有效地对可能造成武术运动损伤的因素加以预防,容易造成损伤,而武术器械类运动最容易引发的损伤主要为擦、碰、戳及其他。在健身短棍教学中,教师首次使用短棍进行教学,小陈由于激动,不听老师的指挥和要求,未对该类运动容易造成的损伤有全面的认识,在缺乏损伤预防和不按要求的情况下,导致了小张同学的受伤。

三、课堂紧急处理办法

(一)对伤者的处理

1. 受伤学生应该立即停止课堂中各类练习项目,在旁休息,目的是使其保持冷静,防止伤口出现大面积出血。

2. 安排体育委员或班长安抚其心理,并帮助他去自来水池旁进行伤口外部的血迹清理,但不能直接用自来水冲洗伤口。血迹清理完毕之后扶受伤同学去医务室找校医进行进一步的诊断。

(二)对其他学生的指导

1. 集合整队,进行安全教育,向学生强调带器械武术教学中安全的重要性,避免类似情况发生。

2. 除受伤学生外,组织其他学生有序地开展其他教学内容。

3. 在课堂教学中引入德育教育,增强学生自我保护的意识,同时引导学生之间互相帮助。

4. 向学生强调课堂纪律,禁止学生上课期间嬉戏打闹。

四、预防策略

1. 加强预防损伤的宣传和教育。要加强防风险意识的教育和培养，把预防损伤的技术贯穿于体育教学之中，提高学生自觉防伤的能力。

2. 加强学生身体的全面锻炼，提高机体对运动的适应能力。对不同的武术动作，要注意加强易伤部位和身体相对薄弱部位的训练，提高机体承受专项负荷的能力。

3. 合理安排教学、练习和测试。教师要认真钻研教材，充分了解教学训练内容中哪些技术动作不易掌握，哪些技术动作容易发生损伤，做到心中有数。要特别注意教学各环节的安全教育，落实安全保健措施，以防伤于未然。测试最好采用过程评价。

4. 场地、设备、服装、天气等因素也是发生运动损伤的原因。所以，老师应在课前检查运动场是否有小碎石或杂物，检查学生运动时服装是不是符合要求。如果气温过低，应该做好充分的准备活动，防止出现肌肉僵硬、身体协调性下降而引起受伤等。

五、恢复性方法与建议

受伤部位可根据严重程度来指定其练习内容。一般情况下，不提倡进行受伤部位的练习。提倡轻微的练习内容，以不出汗为主，如果出汗可能会导致伤口进一步恶化、发炎。此外，在进行轻微练习时，注意保护受伤部位，防止二次受伤。伤口好了之后，可以请老师或者同学帮助其完成完整的套路动作。

健身短棍斜撩斜劈——小腿内侧皮肤红肿

一、案例回顾

在一节武术课健身短棍教学中，九年级学生小郑，在学习斜撩斜劈动作时，由于与同学小孙的练习距离较近，在进行上步斜撩时，短棍直接碰到了小孙同学右小腿内侧。由于小郑用力过大，导致小孙右小腿内侧皮肤直接红肿。

二、案例剖析

（一）运动项目介绍

短棍斜撩与斜劈是武术短棍技艺中的精妙攻击手法，它们不仅汲取了传统武术的精髓，也融入了现代自卫的实用技巧。在短棍盾牌术的丰富技法中，劈、抡、扫、撩、刺等动作各具特色，而斜撩与斜劈尤为突出。斜撩动作以其从下至上或侧向地快速横扫挑击而著称，它在近战中灵活多变，能够出其不意地攻击对手，迅速改变战局。相对而言，斜劈则是一种自上而下的强力劈击，它在保持安全距离的同时，能对对手施加沉重打击。

这两种技巧在实战中极为有效，特别是在快速反应和距离控制至关重要的情况下。斜撩可用来破坏对手的攻势或武器，而斜劈则能够直接对对手造成重大伤害。训练中，练习者需通过不断重复，加大动作的精准度与力度，确保在实际应用中能够发挥其应有的效果。

（二）损伤原因

健身短棍斜撩斜劈造成学生胫骨损伤的原因可能包括以下几个方面：

1. 运动技术不当。在进行健身短棍斜撩斜劈的运动时，如果技术掌握不到位，会导致动作过于激烈或方向控制不当，从而增加对小腿部位的冲击力和压力。这种情况下，小腿部位承受了超出其正常承受范围的力量，可能导致骨折或其他形式的损伤。

2. 力量过猛和速度过快。如果在执行斜撩斜劈动作时，力量过猛或速度过快，同样会增加小腿部位受到的冲击力，从而造成小腿部位的损伤。

本案例中，小郑在学习斜撩斜劈动作时，由于与同学小孙的练习距离较近，在进行上步斜撩时，短棍直接碰到了小孙同学右小腿内侧。小郑用力过大，对其右侧小腿部位造成较大冲击，从而造成了小孙小腿内侧部位皮肤的红肿。

三、课堂紧急处理办法

（一）对伤者的处理

1. 受伤学生应该立即停止课堂中各类练习项目，在旁休息，教师观察受伤学生的表情状态，检查其受伤部位的严重性，是否伤到骨头。如没有伤及骨头或者破皮，只是出现肉眼可见的红肿，应立即带学生去卫生间用冷水冲洗。

2. 安排体育委员或班长去医务室找校医要冰块，用棉布包住冰块，对碰撞部位进行冷敷。如果当时找不到冰块，用牙膏擦拭，因为牙膏中含有的薄荷脑、丁香油等成分可以消炎、止血、消肿。

3. 教师安抚受伤同学，告诉他并未出现骨裂等严重的损伤，缓解其紧张情绪。

4. 如果伤情没有得到明显的改善或疼痛没有减轻，应立即联系家长，送医院进行进一步诊断治疗。

（二）对其他学生的指导

1. 集合整队，对学生进行安全教育，强调带器械武术教学中安全的重要性，防止类似情况发生。

2. 除受伤学生外，组织其他学生有序地开展其他教学内容。

3. 在课堂教学中引入德育教育，增强学生自我保护意识，提升学生自我保护的能力。

4. 强调课堂纪律，告诫学生上课期间不能嬉戏打闹。

5. 在器械类教学中，让学生拉开前后左右的间隔距离，防止受伤。

四、预防策略

1. 教师必须足够重视准备活动，使学生认清准备活动的目的与作用，带领学生进行充分的准备活动，尽可能使关节和肌肉韧带活动开。将准备活动与教学内容有机结合，在常规准备活动基础上，进行项目针对性准备活动。

2. 教师应充分了解武术运动规律，并且让学生循序渐进地掌握武术基础技术，充分练习武术动作的基本功，由易到难，由分解至完整，最后组合成完整的武术技术动作。

3. 加强学生身体素质练习，提高其柔韧、灵敏、爆发力等身体素质。

4. 拉开学生之间的间隔距离，保留一定的安全空间，同时告诫学生在练习中提高注意力，禁止吵闹。

5. 教师应参透教材，认真备课。教师要在课前预演一遍练习方法和练习的组织形式，预判可能出现的突发情况，避免放羊式教学。

6. 教师应通过多种渠道让学生了解运动损伤常识。对于武术课，应使学生懂得如何避免在武术套路练习时发生运动损伤，运动损伤发生后如何应对，以及应采取哪些措施进行治疗等，从而最大限度地减少运动损伤的发生、发展。

五、恢复性方法与建议

在红肿初期，应确保伤者得到充分的休息，避免加重损伤。当红肿和疼痛逐渐缓解后，可以进行一些轻度的活动，如关节的轻微屈伸、转动等。可以利用弹力带、哑铃等器械进行恢复性力量训练。但注意，训练强度应逐渐增加，以避免过度训练导致新的损伤。

少年拳——脚背震伤

一、案例回顾

在武术课堂教学中，六年级学生小李在自主练习少年拳时，与同伴嬉闹，态度不认真，致其右脚背震伤，一时疼痛不已，不能站立、不能用力、不能扭转。

二、案例剖析

（一）运动项目介绍

少年拳是中国传统武术中的一种，它不仅是一种体育运动项目，也是中华优秀民族传统文化的重要组成部分。少年拳的动作包括踢、打、推、冲等攻防动作，这些动作组成套路的运动项目，深受学生喜爱。少年拳的动作结构分析表明，其内容充实，节奏、结构、布局合理，能从多方面反映武术的本质。少年拳对青少年的身体素质有显著的积极影响，能够提高心肺功能、速度、力量、耐力、灵敏和柔韧性等身体素质指标。因此，少年拳的教学和训练在中小学体育教学中占有重要地位。

（二）损伤原因

由于武术讲究快速有力，动静迅定，要求练习者有着大量的跳跃制动，各个关节肌肉的运动幅度大、频率比较快。因此，如果练习中出现训练水平不够，训练内容安排不当，运动前准备活动不充分，场地不平及学生生理、心理状态不佳的情况，就容易出现运动损伤事故。本次运动损伤事故发生的直接原因是小李练习动作时态度不认真，与同伴嬉闹，导致动作不规范，致其受伤。

三、课堂紧急处理办法

（一）对伤者的处理

1. 伤者立即停止运动，避免造成二次损伤。

2. 在班长和体育委员等班干部的帮助下，将伤者抬到附近的水源处用冷水浸泡伤部 15 分钟。同时，叫副班长去购置冰袋，冷水浸泡后用冰袋敷患处，因为冷敷可以帮助伤者减轻疼痛和肿胀，并且较低的温度可以抑制血液循环。

3. 冷敷的同时抬高伤肢，可以帮助血液回流、减轻肿胀。

（二）对其他学生的指导

1. 在课堂中出现学生受伤的情况，除了去救治的学生，教师要把其余的学生都集中到一起，继续上课，避免其他事故的发生。

2. 教授学生处理此类损伤办法。强化学生自我保护的意识和能力，同时增强同学之间互相帮助的意识。

3. 向学生强调在进行体育锻炼时，要保持严谨的态度，不能嬉戏打闹。通过此次事件，让学生意识到态度认真在运动中重要性。

四、预防策略

1. 加强学生体育理论学习。在课堂中不可避免地会出现一些运动损伤，因此学生必须掌握必要的急救知识，了解运动中一些常见损伤的急救处理方法。

2. 做好充分的准备活动，提高关节的灵活性。当学生身心状态不佳时，不要让学生做高难度的练习，应相应地减少运动负荷。

3. 教师应向学生强调运动时不能嬉闹，遵守课堂纪律，集中注意力。

4. 场地与器材的维护。学校的室外体育器材与场地要及时保养与维护；上课活动的场地，教师也要在课前观察好，上课场地布置也要考虑安全隐患。

5. 教师应参透教材，认真备课。斟酌每个口令和练习，练习方法和练习的组织形式教师都要在课前预演一遍，避免放羊式教学。

6. 教师应要求学生课前准备运动服、运动鞋，课上须穿着适合运动的服装和鞋子。

五、恢复性方法与建议

脚背震伤最重要且简单的方法是静养到好。但是静养时身体机能、体能会不断下降，因此我们可以针对非患处进行适度的锻炼。在患处逐渐恢复后，可以加强对受伤部位的锻炼，使该部位恢复到最佳状态。

1. 垫上核心力量：可以练习腰腹肌和上肢的力量及柔韧性，如仰卧卷腹、膝盖俯卧撑等。

2. 患处功能性练习：加强踝关节周围肌肉的力量和韧带的柔韧性，可采取如负重提踵、脚尖走、脚跟走、脚外侧走、单双脚跳绳等方式。

水上运动

游 泳

游　泳

游泳（1200 米）——肌肉痉挛

一、案例回顾

2019 年 8 月初，某初中体育教师严老师正在进行游泳中考前的一次游泳训练课。考虑到游泳中考将近，严老师本节课安排了 1200 米的游量。

当课堂进行到三分之一时，突然有位男生停止了练习，一手抓住池壁，面露痛苦之色，见状后严老师立刻上前询问，该男生说他小腿疼，小腿抽筋了。严老师马上将他提拉至岸边，而后将其抽筋的右腿伸直，一手压住他膝盖，一手按住他右腿前脚掌，往该同学身体方向推。几十秒后，严老师询问男生情况，男生感觉疼痛明显较少，严老师基本确定该学生的状况为小腿的肌肉痉挛。就在此时，另一名女生也发生了类似情况，严老师立即安排一名体育骨干继续按压该男生，自己则迅速处理女生的抽筋情况。

当日，严老师未安排发生肌肉痉挛的学生继续练习，第二日，两位学生不再发生任何肌肉痉挛情况。

二、案例剖析

（一）运动项目介绍

游泳 1200 米项目，作为竞技游泳中的一颗璀璨明珠，以其独特的耐力与技巧考验，吸引着全球运动员进行挑战。这一项目通常在标准 50 米的游泳池内举行，池中设有8条泳道，每条泳道宽度为2.5米，由直径介于5—10厘米的浮标串联而成的分道线清晰划分。每位运动员站在高出水面50—75厘米的出发台上，准备跃入水中，展开激烈的角逐，出发台面积紧凑，为50×50厘米，为运动员提供了稳固的出发点。

在这场长达1200米的耐力之旅中，运动员需完成24个来回，每个来回50米，全程无间歇地在水中穿梭。他们必须保持泳姿的连贯性，避免触碰池壁或分道线，任何违规行为都可能被裁判判定为犯规。1200米游泳不仅考验着运动员的体能极限，更在技术层面提出了极高的要求。运动员必须精通呼吸技巧、身体姿势和划水动作，以优化每一次划水的效率，减少不必要的体力消耗。

游泳作为一项历史悠久的奥运会项目，自1896年首届奥运会起便成为正式比赛项目的一部分。随着时间的推移和游泳运动的蓬勃发展，项目设置不断丰富和完善，长距离项目，如1200米游泳逐渐在竞技舞台上占据了重要位置。这些项目不仅展现了运动员对速度与耐力的极致追求，更是对人类身体极限的一次次探索和挑战。

（二）损伤原因

游泳是一项需要在水中完成的运动，泳池中的水温低于人体体温，较易发生各种痉挛情况。本次游泳训练课两人发生肌肉痉挛主要有以下两个原因：

1. 准备活动不充分，肌肉突然受到冷刺激。本次课中虽然进行了热身活动，但给学生适应水中相对冷环境的时间不充分，学生下水后未完全适应即开始了一定强度的练习。

2. 肌肉疲劳，用力不当。本节课为游泳中考前最后一期课程的第一节课，发生肌肉痉挛的两位学生均很长时间没有下过水，且假期阶段缺乏体育锻炼。在第一节课1200米游量的情况下，两位学生为了跟上其他学生的步伐，出现了一定的疲劳，从而导致肌肉痉挛。

三、课堂紧急处理办法

肌肉痉挛是游泳中较常见的运动损伤，发生这种情况时教师应做好以下“三步骤”。

（一）控制伤员，确保安全

迅速来到伤员附近，让伤员手抓池壁或自行缓慢上岸，避免发生二次损伤。如伤者在水池中心位置，可向水中抛扔漂浮物或手抓泳道线引导伤者移动至岸边。必要时，教师可进入水中拖带伤者至岸边，保证伤员在自己可控范围之内。

停止其他学生的课堂练习，让其在一定范围内靠池边休息，安排1—2名体育骨干进行管理，要求这部分学生做到“三禁”：禁止嬉水打闹，禁止离开休息区域，禁止将头埋入水中。在处理伤员伤情时，教师也应确保其他学生都在自己的视线范围内，保证其他学生的课堂安全。

（二）判断伤情，合理救治

对于伤者进行询问，确定肌肉痉挛的部位，初步判定痉挛的严重性。肌肉痉挛是由于肌肉的强直收缩所引起的，处理的原则是向强直收缩的肌肉施加反向的牵拉力，使肌肉放松和伸长，从而达到缓解和消除肌肉痉挛的目的。游泳中常见的痉挛及处理方法主要包括以下几种：

1. 小腿肌肉痉挛：立即找到就近支撑物或移动至泳池边沿，用痉挛肢体同侧手扶支撑物，保持身体平衡，用异侧手握住痉挛肢体的前脚掌，在尽可能地伸直腿的条件下，用力向身体方向拉。如有学生两小腿肌肉同时痉挛或需要他人协助，教师或其他协助同学应让伤者背对池壁，同时抓紧其手腕，垂直向上用力，先将伤者提拉至岸边，再对伤者进行肌肉痉挛的处理，处理方式为施救者一手按住膝盖，一手推压伤者前脚掌往其身体方向用力，一段时间后，症状即可消失。

2. 大腿肌肉痉挛：与小腿肌肉痉挛处理方式相似，尽可能伸直腿，使痉挛肌肉拉长。

3. 脚掌及脚趾肌肉痉挛：多发生于初学者的自由泳（爬泳）练习，只需用力将脚踝和脚趾往身体方向屈。

4. 手掌及手指肌肉痉挛：将手握拳，然后用力张开，反复几次即可。

（三）适量运动，恢复为主

若有学生现在轻微的肌肉痉挛情况，在对伤者进行紧急处理后，可安排他进行一些低强度的训练，以达到积极性恢复的效果。课后，让受伤学生对其痉挛部位进行适当的按压，使其肌肉充分放松。轻微的肌肉痉挛一般在2小时后基本恢复。

发生严重的肌肉痉挛情况时，除牵拉肌肉的方式外，可进行一定程度的热敷，必要时，可局部喷洒、涂抹一些松筋止痛的药水或药膏。在处理完成后，安排学生休息，并做好保暖辅助工作，避免二次痉挛。在下一次练习课中依据学生具体情况安排不同程度的练习。

四、预防策略

1. 充分热身。游泳前应做好充分的热身，特别是四肢的热身，在天气较冷时，应慢跑至微微出汗后再进行热身。下水前提前淋浴，并向自己的身体泼洒池水，以使身体尽快适应水温。下水后不宜立即开始大强度游泳练习，应使全身进一步适应水温和环境。

2. 保证充足的睡眠时间和较高的睡眠质量。游泳是一项体能消耗较大的有氧运动，如睡眠不足，会造成过度疲劳，特别容易引起肌肉痉挛。

3. 补充热量。游泳者应适当摄入肉食、蛋类和糖分，在游泳前半小时补充一定的热量，不宜空腹游泳。

4. 增加食盐量及微量元素的摄入。游泳一般多于夏季进行，夏季出汗较多，体内的无机盐容易排出，一旦体内缺少无机盐，容易造成全身无力、痉挛等情况。同时，游泳者新陈代谢不易从毛孔中排出，导致只能通过增加排尿次数来代替，久而久之，导致体内钙、钾、钠等微量元素的流失。因此，游泳者应增加食盐和富含钙、钾、钠等微量元素的食品的摄入。

五、恢复性方法与建议

肌肉痉挛后，我们可以进行局部按摩和热敷。将热毛巾敷在患处，并轻柔地按摩肌肉，这有助于缓解肌肉紧张和疼痛。对于小腿后部肌肉痉挛状况，可以按压承山穴（小腿后面正中、腓肠肌两侧肌腹交界的下端）或委中穴（窝横纹的正中点），按摩这些穴位有助于恢复。拉伸运动也是有效的恢复方法，通过缓慢地延展肌肉来缓解肌肉紧张和僵硬。

蛙泳泳姿——下肢肌肉肌腱损伤

一、案例回顾

2018年7月某校的一堂游泳课上，学生们正在进行备战中考蛙泳长距离练习，小红同学慢慢地游向岸边，向老师打报告，说："老师，我的右腿膝盖后侧的筋特别痛，收腿的时候胀痛，蹬腿的时候刺痛，腿一伸直就痛。"于是，这位教师连忙拖扶小红同学上岸，并搀扶着她走了几步，发现其落地没有问题，但是抬脚离地时膝关节后侧与大腿部分疼痛明显。老师随即联系小红家长说明情况并通知其来泳池带小红去医院进一步检查。其余同学则继续跟着各小组组长有条不紊地进行跟队训练。

中段休息结束，老师组织了一次50米快速游练习，小刚同学作为领头羊第一个蹬壁出发，"扑腾"一声，他停了下来，踮着一条腿跳向老师说："老师，刚才出发蹬腿过猛，我的左腿膝盖后侧的筋疼得不行，需要上岸休息。"老师再一次拖扶住小刚同学，让其撑卧在一旁，双脚弯曲，并向其他同学强调，游泳时不要盲目大力蹬腿，要在动作标准的前提下合理发挥自身力量。随后老师联系小刚家长带小刚去医院检查。

二、案例剖析

（一）运动项目介绍

蛙泳，作为游泳四大竞技泳姿之一，起源于模仿青蛙的自然游动方式。这种泳姿以其水平的身体姿势、协调的手臂和腿部动作，以及在划水过程中的呼吸技巧而著称。蛙泳比赛要求运动员严格遵守出发、泳姿、转身和终点触壁规则。在蛙泳的专项训练中，运动员需要将核心聚焦于力量的锤炼、技术的精进、呼吸的调控及耐力的培养，力求在每一个细微的动作中都能体现出协调与效率的高度统一。蛙泳不仅是奥运会等国际赛事的重要组成部分，也是一项基本的生存技能。它不仅考验运动员的全面能力，也为游泳爱好者带来乐趣和健康。通过不断练习，每个人都能领略到蛙泳的魅力并享受蛙泳带来的益处。

（二）损伤原因

1. 缺乏积极的热身准备。在没有做准备活动的情况下下水进行游泳练习，此时关节之间的滑液分泌量少，神经活跃度不高，容易发生肌肉肌腱拉伤、抽筋等运动损伤。

2. 动作结构与膝关节生理结构之间的作用。膝关节的主要功能是屈伸运动，在半屈或屈 90° 时，有轻微的旋转运动，此时膝关节周围的肌肉和肌腱、内外侧副韧带、前后十字韧带及内外侧半月板共同维持膝关节的稳定性。膝关节屈曲，小腿突然内收内旋或大腿突然外展外旋会发生外侧副韧带损伤（起于股骨外上髁，止于腓骨头）。膝关节屈曲，小腿突然外旋或足与小腿固定，大腿突然内收内旋，都可能使内侧副韧带损伤（起于股骨内上髁，止于胫骨内侧踝）。这两侧韧带在膝关节伸直时被拉紧，起固定作用，此时小腿不能做内旋与外旋动作。当屈膝时，这两侧韧带松弛，小腿可做小幅度的内、外旋动作。因此，当膝关节处于屈曲状态且小腿处于内旋或外旋状态时，如果突然伸直则易导致两侧副韧带损伤。[1]

3. 采用了错误的动作技术。后跟蹬水、甩小腿、猛收腿、剪刀腿等错误动作的反复大幅度练习易引起肌肉肌腱拉伤和关节的损伤。

4. 运动疲劳引起运动损伤。长时间反复训练会引起肌肉疲劳，若没有及时进行有效放松与调整，神经肌肉系统将持续处于疲劳状态，进而使得肌肉的伸展性和弹性下降，导致肌肉韧带的慢性损伤。若此时进行高强度练习，会出现韧带撕裂、肌肉拉伤、关节软组织撕裂等严重的运动损伤。

5. 过度紧张的心理。过度紧张的心理会影响神经肌肉系统，导致动作变形、肌肉生理状态不佳，进而可能引起肌肉肌腱损伤。

6. 自身韧带差，韧带伸展幅度小，每进行一次动作练习，韧带都会被动拉长一次，反复进行会造成韧带与肌肉的慢性损伤。

---

[1] 胡来东，陈鑫朋．东北地区高校游泳选项课学生常见运动损伤调查与分析 [J]. 体育世界（学术版），2014（11）：127-128.

三、课堂紧急处理办法

当紧急情况发生时，学生应立刻停止游动，手扶泳道线并向老师或周围救生员寻求帮助。教师或周围同学将该生扶上岸后，让其将伤腿弯曲双手仰撑坐于地上，同时联系其监护人。

老师指导该生用一旁的冷水不停地浇淋患处，冷却患处，抑制出血肿胀情况。随后，向其余同学布置练习内容，组织学生进行练习，请助理教练员和救生员进行监督指导。

老师立即陪同该生前往医院检查或将其交接给家长，让家长带学生前往医院进行检查。

四、预防策略

1. 做好充分的热身准备。课前做好热身活动能提高肌肉活性，充分调动神经肌肉系统。下水前，进行水温适应性练习，把身体泼湿，下水后积极地进行换气练习，促进神经肌肉与心肺的水下适应能力。或以抱膝浮体、伸展漂浮等练习形式积极促进自身平缓状态向运动状态转型。

2. 重视运动后的积极放松。运动后积极进行肌肉放松与韧带拉伸，促进血液循环，促进肌肉的再生修复，减轻肌肉酸痛。此外，我们还应该进行放松按摩。放松按摩可以使肌肉被动收缩，调整纤维的排列顺序，促使肌肉恢复生理功能和物理特性，改善肌肉间的协调关系，降低关节周围的紧张度，消除因紧张引起的肌肉、筋膜对骨骼的不平衡牵拉，恢复正常的生物力学关系。[1]

3. 纠正自身错误动作。错误的动作带给肌肉韧带关节的损伤是巨大的，相比于标准动作而言，不仅事倍功半还费力伤身。纠正自身的错误动作，提高协调性是预防肌肉韧带损伤的方法之一。学生应及时向老师和同学请教并努力改正。可进行岸上蛙泳腿或半陆半水腿部动作练习，增强肌肉记忆，强化专项性运动肌肉群。入水后，多进行分解腿部动作练习，以基础动作练习为主，稳扎

[1]　冉令军，牛立匀．优秀游泳运动员膝关节损伤康复个案研究 [J]. 运动，2013（19）：31-32+39.

稳打，熟练后可适当加大力度，提高速度。

4. 下肢肌肉力量训练。在空余时间，可以进行下肢肌肉力量训练，如原地深蹲起、弓步交换跳、后踢腿跑、自重提踵练习等。针对下肢肌肉的力量练习可以有效提高关节参与运动时的稳定性和高效性，促进各相关肌肉的协调运动能力的提升，提高肌肉的代偿能力从而降低关节的损伤程度。此外，也可以进行全身协调性练习，如开合跳、前后交叉触踝练习、韵律操等，缓解全身压力，提高肌肉间的协调和配合能力。

5. 积极的自我心理调节。感到紧张时，应多与老师、同学、家人沟通交流，寻找释放内心压力、舒缓紧张情绪的方法。

五、恢复性方法与建议

伤势较为严重的情况下，不宜进行剧烈运动。可以在岸边进行腰背部的肌肉力量练习或者是手臂力量的练习，还可以进行半陆半水的蛙泳手与换气配合练习。

在恢复阶段可进行低强度的力量练习，如在弹力带作用下的腿后屈练习、岸上慢动作的蛙泳腿的练习、浮板蛙泳腿练习、自重蹲起练习等，在热身后可以慢慢拉伸肌肉与韧带，增强自身的柔韧性。坚持进行运动后的放松练习，积极调整生理状态与心理状态，积极进行恢复性训练可以有效促进肌肉韧带的修复再生，让伤者尽快回归到日常的生活、学习、训练当中去。

游泳下水——结膜炎

一、案例回顾

2018 年 7 月，小刚同学像往常一样前往游泳馆进行游泳练习。在练习过程当中，老师发现他时常起身用手揉眼睛，于是就请他上岸，询问情况。当小刚摘下泳镜的时候，老师发现他的左眼已经红肿，泪水不停地从眼眶中流出来。

老师问其情况时，小刚答道："今天来游泳之前眼睛就又痒又难受，眼睛胀得疼，揉完之后会流很多眼泪。刚才游泳的时候，泳镜歪掉了，蹭到了眼睛，于是我停下来休整了一下后继续游，但是游一会儿就痒，一痒就想用手去揉，这样反复了好几次。现在是又痛又痒，实在是太难受了。"

得知情况后，老师用纸巾拭干小刚同学脸部的水，并叮嘱道："不要用手去揉眼睛，越揉就会越难受，眼泪流下来的话，要用干净的纸巾去轻轻擦拭。"接着老师先联系了小刚父母说明情况，随后让小刚同学擦干身体，穿好衣服，同父母前往附近医院进行检查与治疗。

在医院的检查中，小刚同学被诊断出患有结膜炎。医生分析了可能的诱因，指出主要有两个方面：一是小刚经常用手揉眼睛，这个习惯可能让手上的细菌趁机侵入眼睛，引发炎症；二是泳镜存在问题，无法有效隔绝眼睛与泳池中的水的接触，而泳池中的水中含有的化学物质和细菌都可能加剧眼部的炎症。

二、案例剖析

（一）运动项目介绍

游泳项目是中考项目之一，该项目包括仰泳、蛙泳、自由泳和蝶泳四种泳姿，在一般情况下以蛙泳为主。蛙泳的动作结构主要由蛙泳手、身体位置和蛙泳腿三个部分构成，其中身体位置是游好蛙泳的重要因素之一。在蛙泳中，头部的出水吸气和入水吐气动作是协调手臂划水、衔接腿部蹬水的关键点。在蛙泳练习中，由于头部运动的特殊性，时常会引起泳镜的一系列问题，如渗水、起雾等。这就难免会让游泳者反复拨弄眼镜，从而使眼睛多次接触泳池内的水引起炎症。

（二）损伤原因

1. 蛙泳动作结构的特殊性。蛙泳时，头部位置的改变具有规律性，在游进时，头会反复地进行出水与入水，每一次的高起前落动作难免会对泳镜造成冲击，导致泳镜渗水或者是泳镜移位等情况，而眼部长时间与池水接触会引发眼部炎症。

2. 游泳场所的卫生条件、管理水平、结构设计存在问题。一方面，游泳池内的水质要达到相关卫生部门的合格标准。泳池内的水含有大量的细菌、其他杂质和余氯等,长时间浸泡其中会伤害人的组织器官。若水质不达标,可能会引起皮肤病、呼吸道疾病等传染性疾病。另一方面,泳池的管理措施要严格到位。若没有进行严格的进出入人员检查,则会有带有传染病的人员入池游泳,污染池水的同时危害他人健康。若没有认真进行日常的清洁与消毒工作,馆内的水和其他器具等各类设施将存在较大的安全问题,游泳者的安全也随之失去了保障。

3. 游泳者的自我防护措施没做到位。游泳者在进行游泳前要先穿戴好泳衣或泳裤、质量过关的游泳眼镜等。若泳镜存在问题,则会使池水不断渗入,对眼部造成伤害。患处应提前做好消毒与隔水工作。起水后,应及时对自身进行清洗消毒与干燥保温处理,否则会使病毒、细菌等通过手等媒介不断进入口、眼、鼻中,引起一系列病症的发生,危害我们人体的健康。

4. 游泳者本身的不良生活习惯。在日常生活中,有些人常会用手去揉眼睛,导致细菌通过手直接进入人的眼部引发炎症,反反复复致使病症加重。

5. 眼部的特殊性。眼睛是十分脆弱的,它不像皮肤那样具有较强的抵御外界杂质的能力。眼睛长时间暴露于外界环境中非常容易受损,长时间地看手机、看书或者遭受烟雾、阳光的刺激,都会对眼部造成巨大的伤害。眼睛直接接触带有大量细菌杂质的池水,会引起眼部的感染导致炎症,用手揉眼睛非常容易使细菌侵入眼球,引发红肿流泪等眼部不适状况,造成眼部炎症加剧。

案例中,小刚同学爱揉眼睛的习惯导致其眼部细菌感染,再加上泳镜不合适,使眼睛接触到泳池中的水,从而加剧了眼部感染,导致了结膜炎的发作。

三、课堂紧急处理办法

当发生游泳性结膜炎时,在场教师首先应迅速协助该生上岸,让他闭紧双眼,防止污染物的再次进入。同时,让该生利用自身的眼泪将部分有害进入物排出眼部。接着,帮助受伤同学擦干身体、穿好衣物,做好保温工作。随后,老师应拿起干净的纸巾或棉球对其眼部周围进行拭干与消毒处理。处理结束后,告知学生不要用手揉眼睛或者是让水或其他杂质进入眼部,要保证眼部清洁。

通知学生家长陪同学生前往附近医院进行检查与治疗。

四、预防策略

1. 养成好的卫生习惯。游泳结束后做好个人卫生处理，上岸后立马对自身进行清洗消毒与干燥保温处理。做到勤洗手、勤消毒，不用手揉眼睛。

2. 选择一个合格正规的游泳场所进行游泳练习。不去野外的池塘或者是大型水库游泳，此类场所既没有生命安全的保证，也没有健康的保证，容易受到外界不明因素的侵害。

3. 掌握正确的游泳姿势与节奏，合理地进行动作发力。在游泳时，头部入水要主动连贯，入水时缓入水，后积极前伸，不要用力向前、向下猛砸头。出现泳镜渗水或者是移位等情况时，可选择闭眼游至安全区停下来，整理好泳镜后再继续游进。

4. 佩戴质量过关的游泳装备，避免因装备问题导致眼部感染发炎或受伤。在进行游泳前，要对佩戴的装备进行检查，可通过泼水、换气等方式进行检查，检查无误后方可进行游泳。

五、恢复性方法与建议

眼睛发炎期间，多吃蔬菜、水果，补充维生素，有助于身体恢复。在治疗过程中，不要遮盖患眼，因为眼部分泌物多时遮盖眼部可能导致细菌繁殖，症状加剧。避免接触过敏原，注意眼部卫生，不和他人使用同一条毛巾，以减少传染风险。不建议进行水下游泳练习，可在岸上进行动作练习或者是身体素质练习。

康复后，要佩戴质量合格的防水眼镜进行游泳练习，运动强度和运动量要严格控制，不宜过大。游泳结束后，要及时对自身进行清洗消毒与干燥保温处理，做好个人防护与卫生工作。

原地憋气——中耳炎

一、案例回顾

2018 年 7 月的某一天，某游泳馆内正在进行蛙泳的课堂教学。小天同学是一名游泳爱好者，同时也是班里的游泳带队先锋。他的游泳技术水平和体能都非常突出，在组间休息时，时常喜欢和同学比原地憋气和水下潜泳。这天在基本训练开始前的热身游当中却发生了意外，小天捂着耳朵表情痛苦地游到岸边向老师报告："老师，我的耳朵好痛，里面好像充满了水，一动起来就有'咕咚咕咚'的声音，听外面的声音既闷沉又模糊。"于是，教师立马扶小天同学上岸，给他披上干浴巾后又拿来些许纸巾和棉签。教师先让小天同学把头往患侧倾斜，然后小跳几下，不一会儿，小天说："水出来，但还是很痛。"教师一看，出来的堵塞物中除了水还带些脓水。随后，教师用纸巾擦拭小天耳郭周围的水，接着用棉签对中耳附近区域做了简单的消毒处理。正当此时，在窗外观望的小天妈妈着急地问："老师，小天怎么样了，情况还好吗？"老师扶着小天走到窗边和小天妈妈说："小天妈妈，小天可能犯了中耳炎，我现在让小天穿好衣服出来，您带他去医院做个检查，路上用纸巾捂一下小天的耳朵。"

第二天，小天同学依旧过来上课了。老师向小天了解了一下详细情况，接下来的一段时间，老师指导小天同学进行了岸上动作练习与素质练习，在此期间没有进行水下训练。据了解，小天同学的发病原因是水下练习耳朵进水后没有及时地对耳朵进行卫生处理，日积月累引发了炎症，而小天掏耳朵的习惯导致了炎症加剧。

二、案例剖析

（一）运动项目介绍

游泳原地憋气，也被称为静态憋气或呼吸控制练习，是一种在水下不进行任何移动，仅通过控制呼吸来延长憋气时间的技巧。这项技能对于提高游泳者在水中的耐力和舒适度非常重要，同时也是一种很好的放松和减压方式。憋气练习不仅可以提高游泳技能，还有助于增强心肺功能和提高身体对压力的适应能力。但一定要在专业教练的指导下进行练习，以确保安全。

（二）损伤原因

1. 曾患中耳炎等耳部疾病。在学习游泳前，耳朵曾因某种原因导致了中耳炎，且此时患处正处于康复保养期，游泳时尚未愈合的伤口受到水流的不断冲击，且在游泳后没有进行严格的消毒处理，导致耳道一直处于潮湿的环境，细菌迅速滋生，导致了二次感染，加重了伤势。

2. 游泳过程中或生活中的不良习惯。很多人在游泳结束后，没有及时清理耳道，导致泳池的水在耳道内长时间地滞留，滋生细菌，加上个人对于卫生的不正当处理，如猛挖耳朵，导致了伤患处的伤势与炎症加剧，从最初的耳道炎症一步步变成了游泳性中耳炎。

3. 游泳池的管理监控不当。监管力度较差的游泳池中的水质往往不过关，水中的杂质、细菌含量较高，对人体存在较高的危害性，此时进行游泳不仅会引发中耳炎，甚至会引起皮肤病、结膜炎、鼻炎等一系列病症。

4. 没有进行入水前的自我检查与保护。在学习游泳前，应对自身情况进行全面的检查，对存在的病症或隐患进行及时的治疗与处理。存在中耳炎的游泳者，首先应及时进行治疗，不宜进行水下运动。

本案例中，小天由于个人习惯等原因一直患有中耳炎，在他患有中耳炎的情况下，还继续下水，从而导致了中耳炎症状的加重。

三、课堂紧急处理办法

1. 当紧急情况发生时，学生应随即向老师报告情况。老师应先对学生进行出水后的保温与干燥处理，即擦干身体上的水分，用浴巾或外衣进行保暖。

2. 对耳部进行除水处理，如指导学生进行侧头小跳等方法倒出滞留在耳道内的水。随后，教师对该生进行下一步处理，即用棉签或纸巾对耳道进行简单的轻拭与消毒处理。

3. 处理完成后，教师应及时联系该生的父母迅速至游泳馆陪同学生前往附近医院进行进一步的检查与治疗。

四、预防策略

1. 及时对自身情况进行全面的检查与保护处理。若有类似于中耳炎的情况，应先进行治疗，不宜进行下水活动。若中耳炎是刚康复的情况，如果要进行下水运动，必须要做好自我防护。可以对耳道进行消毒与隔水处理，佩戴好橡皮耳塞等游泳专用隔水器具，后戴泳帽时盖住耳朵防止水的进入。

2. 游泳结束后的自我保护处理。出水后迅速用毛巾擦干身体上的水分，穿好衣服保持体温，以免受凉感冒。之后，用棉签清理耳道。

3. 选择正规的游泳馆。在进行游泳学习或日常进行游泳娱乐时，首先要选择一个合格的游泳场所。全面了解情况之后，方可进行游泳练习。若发现游泳馆存在问题，如准许皮肤病等传染性疾病人员入场游泳的或水质明显存在问题的，应第一时间离开场所，随即向有关部门进行投诉和举报。

4. 游泳时的自我安全防范。入水前检查好游泳装备，在游泳过程当中不可进行水下潜泳、翻滚，此类动作容易引起耳道渗水，诱发感染。在进行跳水练习时，要注意动作的准确性和练习的方式、方法。

5. 及时清洁耳朵。耳朵进水是在游泳过程中经常发生的，若是不及时将水排出耳朵，容易导致中耳炎。此外，还应让学生掌握排水方法。以下是几种常见的方法：（1）单足跳跃法，将进水的耳朵朝下，单脚连续跳跃，借用水的重力作用，使水从外耳道流出；（2）外耳道清理法，用棉棒或纸巾探入耳内，将水分吸干；（3）侧卧法，晚上睡觉时侧卧躺下，使进水的耳朵朝下。

五、恢复性方法与建议

（一）恢复性方法

在急性期可以用冷敷的方法收缩血管，缓解不适症状；而在脓性期则可以用热敷的方法促进血液循环，加速炎症消退。

（二）恢复后注意事项

刚康复者在进行游泳学习前，应先对耳部进行专门隔水处理。随后游泳时，头部的位置可以处于半入水状态以减少水的冲击。训练时的强度应比平时略低，速度也应保持平缓，以掌握节奏和恢复体能为主。

若患中耳炎未完全康复，则可以进行岸上身体素质练习，如深蹲、平板支撑、仰卧起坐等；也可以进行水下的抬头练习，如漂浮辅助工具蛙泳腿练习等；还可以进行半陆半水练习，如岸边蛙泳腿练习、岸边划手换气练习等。注意避免耳部与水接触，在进行以上练习时需要先对耳部进行专门的防水处理。

蛙泳蹬腿——割伤

一、案例回顾

严老师正在进行某节游泳课的教学，有一名男生大叫一声，停止了练习，并面露痛苦之色。严老师急忙过去询问，该男生告诉老师，他在练习蛙泳蹬腿的过程中，脚趾踢到了硬物，现在脚趾很疼。严老师将其拉上岸后检查了伤口，发现其大脚趾处有一道将近 2 厘米长的半弧形伤口，并且伴有少量的渗血，初步判定为蹬腿时脚趾踢到泳道线所致。

二、案例剖析

（一）运动项目介绍

蛙泳蹬腿是蛙泳技术中的关键动作之一。蛙泳蹬腿动作分为收腿、翻脚、蹬夹腿和滑行四个阶段。在收腿阶段，小腿应缓慢向大腿靠拢，将大腿与身体形成大约 130° 的夹角，为接下来的动作打下基础。翻脚技巧至关重要，它要求游泳者将脚掌向外翻转，确保小腿内侧和脚掌正对水流的后方，为蹬水提供最佳角度。当进入蹬夹腿阶段，游泳者需要用力向后推水，同时双腿向内夹紧，以产生强大的向前推进力。这一动作不仅要求力量，更要求精准的控制，以确保每一次蹬腿都能转化为有效的前进动力。蛙泳蹬腿的效果取决于动作的准确性、协调性和力量的运用。正确的蛙泳蹬腿技术能够有效地提高游泳速度,减少阻力,节省体力。它对于初学者掌握蛙泳技巧及提高蛙泳水平都具有至关重要的作用。

（二）损伤原因

1. 蛙泳在收腿和蹬腿过程中,身体与水平面是存在一定角度的,而泳道线基本与水平面处在同一空间位,如蛙泳技术动作正确,蹬腿时较难触碰到泳道线,更不可能出现割伤等受伤情况。案例中受伤者为初学者,刚学会蛙泳不久,对技术动作的掌握程度不够熟练,在练习中,错误判断了身体姿态,致使身体与水平面在同一位置,踢到了泳道线。

2. 由于泳道数量的限制,同时保障练习的密度,教师安排了在同一泳道来回游的练习方式,导致学生在转身处,会出现两人重叠的情况。学生为了避免蹬到身边的同学,本能性地会往泳道线靠,导致踢到泳道线后的各类损伤出现。

三、课堂紧急处理办法

踢或蹬到泳道线所致的割伤为开放性损伤,一般伴有血液的流出,需要对其进行止血和加压包扎。其紧急处理办法有以下几个步骤:

1. 安慰受伤者,使其保持冷静。同时,检查伤口是否有异物,如有,用干净的镊子或其他物件取出。

2. 用生理盐水或冷开水冲洗伤口,减少感染的可能性。

3. 用碘酊或酒精对伤口及其周围皮肤进行消毒。

4. 用敷料紧贴伤口,按压一段时间(可更换敷料),起到止血效果。

5. 简单加压包扎伤口,送至医院做进一步检查和处理,如遇铁质物品割伤,及时跟医生阐述。

四、预防策略

1. 做好课前安全教育。向学生明确蛙泳来回行进方向,在没有条件扩大练习区域时,要求学生在交会时,降低游速,减轻蹬腿的力量,确保自身安全。

2. 加强安全提醒，强调行为规范。组织练习过程中，教师应提醒学生注意泳道线和池壁的位置，并提示学生不能坐、压泳道线。

3. 规范技术动作。以蛙泳腿的一个周期为例，蛙泳腿分为收、翻、蹬、夹、漂五个过程。在这五个过程中，只有漂时需要身体尽可能地呈流线型，其他四个过程均有一定程度的身体倾斜。那么在教学过程中，可增加一个体会身体倾斜角度练习，分别体会不同过程中身体与水平面所处的角度，从而降低触碰到泳道线的可能性。

4. 泳池分块状或减少泳道线。对于初学者，可将泳池分块状，形成“井”字形，教学区域不再是条状而是方形，减少接触泳道线的机会；对于基本掌握游泳技能但未熟练的学生，在进行来回游练习时，可扩大练习区域，将两条甚至三条泳道合并为一条，减少泳道线。

五、恢复性方法与建议

（一）恢复性训练

1. 休息与静养。在伤口恢复初期，应充分休息，避免剧烈运动，尤其是蛙泳等可能加重伤口负担的运动。根据伤口的愈合情况，在医生的指导下逐步进行恢复性训练。

2. 轻度活动。当伤口开始愈合，疼痛减轻时，可以进行一些轻度的活动，如散步、慢跑等，以促进血液循环和肌肉恢复，但要注意避免过度用力或使伤口受到牵拉。

3. 加强肌肉力量训练。在伤口完全愈合后，可以逐步进行肌肉力量训练，特别是针对大腿和臀部的肌肉。这有助于增强肌肉力量，提高游泳时的稳定性和耐力。训练可以包括深蹲、硬拉、腿举等动作，但要根据个人体质和训练水平制订合理的训练计划。

4. 加强柔韧性训练。蛙泳需要良好的柔韧性，因此在恢复期间也可以进行柔韧性训练。通过拉伸、练瑜伽等方式增加关节的灵活性，从而降低游泳时的受伤风险。

5. 进行技术训练。在恢复性训练中，也要注重蛙泳技术的训练。通过正确的蹬腿、划手和呼吸配合技术，减少游泳时的能量消耗和受伤风险。同时，也要注意保持身体平衡和流线型姿势，提高游泳效率。

（二）注意事项

1. 遵循医嘱。在整个恢复过程中，要遵循医生的指导和建议，按时服药、换药和复查。

2. 避免过度训练。在恢复性训练中，要避免过度训练导致身体疲劳和受伤风险增加。要根据个人体质和训练水平制订合理的训练计划，并适时调整训练强度和频率。

3. 保持营养均衡。在恢复期间，要保持营养均衡，摄入足够的蛋白质、维生素和矿物质等营养素，这有助于促进伤口愈合和肌肉恢复。

地方特色项目

轮　滑　　滑　雪

蹦　床　　射　击

举　重

轮　滑

轮滑——大腿内侧肌肉拉伤

一、案例回顾

一年级的亮亮同学是个早产儿，体质不太好，吃东西也特别慢，所以他的家长希望他可以通过练习轮滑来提高体质。平时上轮滑课，亮亮爷爷会带亮亮提前来学校，并辅助亮亮穿装备。有一次，由于下雨堵车，爷爷来晚了。其他同学都上了 10 分钟的课了，亮亮才换好装备。亮亮怕被教练批评，偷偷地加入了练习队伍，而两位教练也都没看见。为了赶上其他同学，亮亮拼命地用力。由于没有热身，也没有控制好平衡，亮亮直接飞出了跑道，接着就哇哇地哭了起来。教练和爷爷飞奔过去，爷爷正准备把他搀起来时，教练马上制止了，并提醒亮亮爷爷在没有弄清楚伤情时，不要贸然将他扶起来，避免二次受伤。教练先安抚了亮亮，之后请来保健医生察看具体情况。保健医生问亮亮哪里痛，亮亮说他大腿内侧痛。保健医生进一步察看后，初步诊断亮亮为大腿内侧肌肉拉伤。

二、案例剖析

（一）运动项目介绍

轮滑运动是一项融健身、竞技、娱乐、技巧、休闲、惊险于一体的运动项目。由于它摆脱了冰雪场地的束缚，不受地域和季节的限制，只需一块平整的场地就可以体验风驰电掣的感觉。轮滑现已成为强身健体、休闲娱乐、丰富生活的全民健身运动，它能有效地改善和增强运动者中枢神经系统功能，增强呼吸系统、消化系统、血液循环系统等内脏器官的功能，全面提高和综合发展人体的速度、力量、耐力、灵敏、柔韧、协调和平衡能力等各方面素质。轮滑运动对学生的生长发育有很好的辅助作用，但由于它是刚进入学校的新项目，学生对此还比较陌生，从事轮滑运动的专业老师也很少，因而在教学中经常出现一些运动损伤。如何顺利地进行教学工作，减少运动中的损伤，使初学者尽快掌握技术动作，成为广大体育教师面临和亟须解决的问题。

（二）损伤原因

1. 教练多关注教学，对安全事故考虑得不够周全，没有严格按照制订的教学计划执行。教练对学生偶尔开小差、没有遵守纪律的行为多睁一只眼，闭一只眼，出现了自我放松的现象，从而导致了学生安全事故的发生。

2. 保护措施没做到位。轮滑训练过程中，摔伤、肌肉拉伤等损伤是时有发生的，所以保护措施必须做到位。如果学习者没有佩戴护具或场地周围安全措施没有一点布置都可能导致损伤发生。

3. 教练没有关注学生的个体差异。个体差异是客观存在的事实，前期经验不同，兴趣需求不同，能力水平也不同，他们之间的发展水平也不一样。由于上课人数较多，教练对学生的个体差异关注不够，往往在满足大部分学生的同时忽略了个别学生的发展需求。教练在教学过程中，对大部分学生的教学是没有问题的，但对于特殊学生往往束手无策。如果课前把几个能力有差异的学生放在一起，更多关注这些学生，就不会发生类似现象。

三、课堂紧急处理办法

当轮滑课上有学生发生意外损伤时，可以按照以下方法进行紧急处理：

1. 立即让学生停止运动，避免二次损伤。

2. 立即用毛巾包裹冰袋冷敷，每次冷敷 15—20 分钟，每 2—3 小时冷敷一次，48 小时内需冷敷多次。

3. 用弹力绷带对受伤部位进行加压包扎，防止肿胀，注意不要包裹太紧。

4. 抬高受伤的肢体，且要高过心脏，这样可以减轻肿胀。如学生受伤严重，疼痛不止，需尽快就医，以免加重病情。

四、预防策略

1. 教师要进行课前场地设施检查，消除安全隐患，加强轮滑场地、器材的管理和维修工作。教师应确保轮滑场地的平整，消除场地四周容易引发损伤事故的物体。对用于轮滑教学的物质器材，应有专人负责管理，要经常维修、定期检查。对不合格的器材设备应做出有效处理，以保证轮滑教学的顺利完成，防止运动损伤的发生。

2. 在教学中运动损伤不可预料，所以教师要引导学生树立高度的安全意识，加强安全教育。

3. 课前准备活动要充分。教师要亲自带领学生做准备活动，使学生掌握进行准备活动的正确方法，培养学生穿轮滑鞋前先做好准备活动的良好习惯。准备活动要根据轮滑运动的特点，结合本节课程的教学内容做到一般性准备活动和专项准备活动相结合，重点做好脚踝、膝盖、大腿关节与腰部的热身，避免轮滑过程中出现碰伤、扭伤问题。

4. 教练（教师）在轮滑教学前，带领学生一起对轮滑鞋进行检查，确认轮滑鞋无恙方可进行教学。初学轮滑易摔倒，因此教师要教授学生防摔倒技巧和摔倒时的自我保护技巧。

5. 轮滑教学结束后，根据学生的表现组织学生进行总结，说说自己为什么摔倒和摔倒之后是如何处理的，让学生互相学习、互相讨论，树立安全意识，养成好习惯。

五、恢复性方法与建议

若肌肉拉伤较为严重，在医生建议下进行药物和手术的治疗。当腿部急性疼痛和肿胀消退之后，能完成简单的动作时，就可以逐步进行康复训练，训练内容有小幅度压腿练习，弓步走伸膝运动，借助弹力带进行大腿、小腿的抗阻力牵拉运动等。训练时，动作幅度和运动强度不宜过大，训练应循序渐进。

轮滑——骶尾骨骨折

一、案例回顾

在一个阳光明媚的周末，某小学的四年级学生小明满怀期待地参加了学校组织的课外体育活动——轮滑俱乐部。小明对轮滑一直充满兴趣，但由于平时课业繁忙，很少有机会系统学习。这次学校提供的免费轮滑课程让他兴奋不已。

活动当天，教练先带领学生们在学校的轮滑场地进行了热身运动，并详细讲解了轮滑的基本技巧和安全注意事项。然而，小明由于过于兴奋，对教练的讲解和安全示范只是匆匆地听了一遍，便迫不及待地穿上了轮滑鞋，开始在场地上自由滑行。起初，小明小心翼翼地滑行，逐渐找到了平衡感，速度也慢慢地快了起来。他兴奋地穿梭在同学们之间，享受着风驰电掣般的感觉。然而，在一次尝试转弯时，由于速度过快且技术掌握不熟练，小明突然失去了平衡，身体向后重重摔去。不幸的是，由于小明没有佩戴专业的护具，特别是没有保护尾部的装备，他的骶尾部直接撞击在了坚硬的地面上。顿时，一阵剧烈的疼痛让小明无法动弹，周围的同学们见状立刻围了上来，并迅速通知了教练和学校医务人员。医务人员到达现场后，初步检查发现，小明的骶尾骨可能骨折了。医务人员随即联系了救护车将他送往医院做进一步检查和治疗。在医院，通过X光片确认，小明确实发生了骶尾骨骨折，需要卧床休息一段时间，并配合药物和物理治疗来促进骨折愈合。

二、案例剖析

（一）运动项目介绍

轮滑运动是一项集健身、娱乐和实用功能于一体的新兴运动项目，分为双排轮滑和单排轮滑两种类型。它具有简便易行、娱乐性强、难易可因人而异等特点，能够有效提升人体的协调性、柔韧性、爆发力和耐力。此外，轮滑运动还结合了健身、休闲、技巧和艺术等元素，对学生的身心发展有诸多益处。

（二）骶尾骨骨折

骶尾骨，也就是骶骨和尾骨，是人体脊椎的一部分，位于脊椎的最下端，靠近骨盆的后部。骶骨是由5块骶椎融合而成的，它们在成年后形成一个坚固的整体。尾骨通常由4或5节退化的尾椎融合而成，这些尾椎在我们出生时是分开的，但随着我们年龄的增长，通常它们会逐渐融合。骶尾骨在人体中起到支撑和保护的作用。它们为骨盆提供支撑，帮助维持身体的平衡和稳定。同时，骶骨和尾骨还参与保护脊椎末端的神经和血管。骶尾骨骨折是一种常见的损伤，通常是由于摔倒或跌坐在地上造成的。这种骨折可能会导致严重的疼痛和活动受限，需要及时就医和治疗。

（三）损伤原因

小明在轮滑活动中发生骶尾骨骨折的原因可以归结为以下几点：

1. 技术不熟练。小明虽然对轮滑充满兴趣，但由于平时练习机会较少，且在教练讲解时他也没有认真听讲，因此导致其技术掌握得并不熟练。在尝试转弯等复杂动作时，由于技能不足，无法有效控制身体平衡，导致摔倒。

2. 速度过快。小明在滑行过程中逐渐加快了速度，而速度过快会大大增加失去平衡的风险。特别是在进行转弯等需要精确控制的动作时，速度过快往往导致反应不及时，从而发生意外。

3. 缺乏专业护具。轮滑是一项高风险运动，佩戴专业的护具可以显著降低受伤的风险。然而，小明在这次活动中没有佩戴保护尾部的装备，如尾骨保护垫或全包裹式的护臀装备。这使得他在摔倒时，其骶尾部直接暴露在冲击之下，无法得到有效缓冲。

4. 安全意识不足。虽然教练在活动前进行了安全教育和示范，但小明可能由于过于兴奋或自信，没有充分重视安全提示。他没有意识到自己的行为可能带来的严重后果，从而没有采取足够的预防措施。

5. 地面较硬。轮滑活动通常在硬质地面上进行，如操场或溜冰场。这种地面在摔倒时无法提供足够的缓冲作用，容易对身体造成冲击伤害。小明在摔倒时，骶尾部直接撞击在坚硬的地面上，加剧了骨折的风险。

三、课堂紧急处理办法

在课堂上或类似的教学活动中，如果出现学生受伤的情况，如小明轮滑时骶尾骨骨折的情况，教师应该迅速地采取以下措施：

1. 立即停止活动。一旦发现学生受伤，首要任务是立即停止正在进行的活动，确保受伤学生不再受到进一步的伤害。

2. 检查伤情。迅速检查学生的伤情，评估伤势。在这个过程中，注意不要让受伤学生移动，以免加重伤势。

3. 通知医务人员。立即联系学校的医务人员或校医，报告学生的伤情，并请求他们前来处理。医务人员应观察疼痛部位、性质与程度，程度较轻的一般不需要特别治疗，在受伤部位进行冷敷，可以减轻疼痛和肿胀。使用冰袋或冷毛巾敷在受伤部位，每次15—20分钟，每隔2—3小时重复一次。后续可以外敷药物，让受伤部位自行缓慢愈合。如果情况严重，需要立即拨打急救电话，如120，将受伤学生送往医院。

4. 安抚学生情绪。在学生受伤时，他们可能会感到害怕、疼痛或焦虑。教师应该用温和的语气安抚学生，缓解他们的紧张情绪，并鼓励他们保持冷静。

5. 通知家长。及时与家长取得联系，告知学生受伤的情况，并告知已经采取的措施。如果需要家长协助处理后续事宜，也应提前与家长沟通好。

6. 保护现场。在医务人员或急救人员到达之前，尽量保持现场的原状，不要随意移动受伤学生或相关物品，以便医务人员能够准确判断伤情和进行救治。

7. 记录事件。对于此次事件，教师应该进行详细的记录，包括发生的时间、地点、经过、学生的伤情及已经采取的措施等。这些记录对于后续的处理和可能的责任追究都具有重要意义。

以上措施的实施，可以有效地应对课堂上学生受伤的情况，最大限度地降低损伤程度，并为学生提供一个安全、健康的学习环境。

四、预防策略

1. 准备全套保护装备。为了在轮滑运动摔倒时保护好学生的身体关节，建议使用轮滑运动全套护具，其中包括头盔、护肘、护膝与护掌。优质的护具强调包覆性、透气性、吸震效果及坚固等要求，特别是学生还需增加护臀垫。教师在课前需进行装备的检查。

2. 教师在课前应进行场地安全检查，活动场所要选择平滑的广场，避开水坑、沙砾、铁栅栏、尖锐物等。

3. 教师需与家长随时保持沟通，在学习轮滑的过程中，无论是在家里、户外还是培训中心，监护人一定要陪护到底。

4. 教师应当注意规范学生运动姿势。正确的轮滑姿势不仅可以提高轮滑的效率和表现，还可以显著降低受伤的风险。

5. 教师应教授学生自我保护的方法。初学者在学习轮滑时不可避免会摔倒。因此，教师应向学生传授摔倒时的保护方法，降低学生损伤风险。提醒学生在滑行过程中感到重心不稳要摔倒时，尽可能地降低重心，腹部和背部放松，膝关节、肘关节和手掌护具触地。

五、恢复性方法与建议

对于没有严重临床症状的患者，可以采取卧床休息的保守治疗措施。在卧床期间，可以在臀下放置气垫或其他软的衬垫以减轻疼痛和肿胀，此外，要经常转换体位，以防并发症的发生，如肛裂、习惯性便秘、痔疮等。在骨折完全愈合之前，应避免坐姿，并在骶尾部垫气圈以减少压力。

在骨折后的几周内，可以进行一些物理治疗，如热敷、按摩、超声波等，以促进血液循环和骨折愈合。

早期可以进行直腿抬高锻炼、四肢肌肉等长收缩及关节、腕部和足部的屈伸锻炼。后期可以进行腰骶部肌肉功能的锻炼，包括三点支撑、五点支撑、小飞燕锻炼。

滑 雪

滑雪——上肢及肩关节损伤

一、案例回顾

2018年12月，某校正式引进了越野（滑轮）滑雪项目，并开始培养第一批学生。其中有个别学生各方面身体素质都非常优秀，掌握技术的能力也明显比别的同学要好，自然而然，这几位学生非常自信，老师也时常让这几位学生来做示范。

2019年1月初的一次训练课照常进行，当天气温比较低，在老师的带领下，同学们按步骤进行了常规的准备活动及专项的热身活动（300米操场用传统式试滑2圈）。紧接着老师对学生进行异质分组，让水平高一些的同学当小组长开展游戏和训练，让各小组相互竞争，从而缩小组间差距。由于初次采用异质分组教学，学生们的参与积极性都非常高，各个小组长更是热情高涨。大家在训练中表现得非常努力，富有激情，当天训练高质量结束。

次日，有8位学生向教师反映，他们的上肢肌肉和肩关节很疼，胳膊无法提起来。由于教师对该项目没有经验，便请教了几位越野（滑轮）滑雪的专家，最后得出结论：这几位学生是因为上肢肌肉核心力量不足造成的上肢及肩关节损伤。

二、案例剖析

（一）运动项目介绍

滑雪运动是运动员把滑雪板装在靴底在雪地上进行速度、跳跃和滑降的竞赛运动。滑雪运动有多种分类和形式，主要包括高山滑雪、北欧滑雪、自由式滑雪、冬季两项、单板滑雪等。在滑雪的过程中，需要身体各个关节的配合，才能在滑行中取得最好的平衡效果。因此，在滑雪时几乎所有的关节都能得到锻炼，从而激活僵硬的身体，增强身体的柔韧性。初学者需要掌握一些基本的滑雪技巧，包括站姿、移动、滑行和转弯等。在进行滑雪运动时，安全是最重要的。滑雪前要确保所有装备都适合自己的体型和技术水平，务必进行充分的热身活动。滑雪期间，务必遵守雪场的安全规则和指示标志。

（二）损伤原因

本案例造成学生上肢及肩关节损伤的主要原因是学生上肢肌肉力量和耐力素质较差。本次受伤的队员都是 10—11 岁的学生，他们正处于刚要发育或者还没有发育的时期。这个年龄段的学生的肌肉力量和耐力素质都不是非常好。以往的耐力训练大多只注重发展腿部力量耐力和心肺功能，却忽视了在越野（滑轮）滑雪运动中起相当大作用的上肢力量耐力。特别是本次的训练器材和地面的摩擦力非常小，滑行速度相对较快，导致上肢动作速度明显要快于下肢动作速度，这就对运动员的上肢力量耐力及动作速度提出了更高的要求。

三、课堂紧急处理办法

当遇到案例中的损伤时，教师可以采取的紧急处理方法有以下几种：

1. 要求学生停止运动，避免损伤加重。

2. 进行局部冷敷处理，冷敷具有镇痛和避免受损关节内小血管出血与组织液渗出的作用，所以，在损伤 24 小时之内，我们应该要进行冷敷处理，这样可以促进关节内渗出液与致痛物质的吸收，加快损伤关节的修复。

3. 如学生受伤严重，则需及时送学生前往医院进行治疗。

四、预防策略

1. 教师一定要先让学生熟悉场地内的主要设施，指导学生熟悉各种滑雪器械。

2. 在教学过程中，遵循循序渐进的原则，先让学生学习简单、基础的动作，之后再逐渐加大难度。此外，要让学生反复练习基础滑雪动作与正确的跌倒动作，避免造成不必要的损伤。

3. 运动前一定要进行充分的准备活动。准备活动可使体温升高，参加活动的肌肉得到伸展，肌肉韧带的弹性得到增强，从而有效防止滑雪时肌肉、韧带和关节的损伤。

4. 加强力量训练。滑雪运动在很大程度上依赖于滑雪者的肌肉力量。力量训练可以显著提升滑雪者的肌肉力量、平衡力、爆发力和耐力，从而提高其滑雪表现并降低受伤风险。因此，要加强对学生的力量训练。

（1）对于青春期之前的学生，教师应该指导学生利用自己的体重进行力量训练，同时通过训练和游戏相结合的方式，重点培养正确的锻炼技巧。锻炼应具有普遍适用性，同时要考虑速度、耐力、技术、协调性等多方面的发展，以促进学生身体素质的全面提升。

（2）对于青春期学生，应该利用学生自己的体重或在带有砝码的外部负载（如医疗球）的帮助下进行力量训练。

5. 教师应指导学生掌握正确的自我保护方法。提醒学生准备向下滑行前，应先观察即将滑行方向的情况，最好在前方无人或人少的情况下滑行，以免由于自控能力差而冲撞他人。滑行中一旦跌倒，应迅速站起，继续滑行，或立刻脱掉滑雪板尽快走到雪场边缘，以防被后来者撞伤。当我们要摔倒的时候，可以向下蹲或者向身边两侧倒，摔倒后不要挣扎，任其滑动。待不再滑动，轻微活动一下身体，检查是否受伤。随后确认滚落线方向。将板举向空中后向下侧放置，双板平行并与滚落线垂直。屈身后用手支撑身体，向侧面站起即可。

五、恢复性方法与建议

（一）早期处理

1. 在损伤初期，应充分休息，避免使用受伤的上肢，以减轻疼痛和促进愈合。

2. 损伤 24 小时之内，进行冷敷处理。损伤发生 24 小时后，可以由最初的冷敷改用热敷，促进血液循环，加速恢复。

（二）药物治疗与物理疗法

1. 根据医嘱，可以使用消炎止痛药、活血化瘀药等，以缓解疼痛、减轻炎症和促进损伤修复。

2. 可以通过上肢精细化按摩，促进肢体血液循环、缓解疼痛和肌肉痉挛。上肢精细化康复按摩包括点揉神门穴、点按合谷穴、点按劳宫穴等。

（三）恢复性训练

恢复性训练是上肢及肩关节损伤后恢复的重要环节，以下是一些常见的恢复性训练方法。

1. 关节活动度训练

主动运动：如肩关节的内外旋、前屈后伸等，逐渐扩大活动范围。

被动运动：在专业康复师的帮助下，进行关节的被动牵拉，以恢复关节的灵活性。

2. 肌力训练

等长肌肉收缩训练：在不改变肌肉长度的前提下，进行肌肉收缩训练，以增强肌肉力量。

等长肌肉放松训练：与等长肌肉收缩训练相反，通过放松肌肉来减轻紧张和疼痛。

抗阻力训练：使用弹力带、哑铃等器械进行抗阻力训练，以增强肌肉力量和耐力。

3. 功能性训练

日常生活活动训练：如穿衣、吃饭、洗漱等，以恢复上肢及肩关节的日常生活功能。

工作相关训练：根据患者的工作需求，进行针对性的工作相关训练，以提高工作效率和减少再次损伤的风险。

（四）注意事项

1. 在进行恢复性训练时，应遵循循序渐进的原则，避免过度训练导致损伤加重。

2. 恢复过程可能需要较长时间，患者应保持耐心和积极配合治疗。

3. 在治疗过程中，应定期复查以评估恢复效果并调整治疗方案。

蹦　床

蹦床——划伤

一、案例回顾

二年级学生活泼好动，尤其是到了上蹦床课的时候，会异常兴奋。在学生的内心世界里，这就是来玩的，跟外面很多蹦床娱乐设施一样。在上课之前，总有学生会说："老师，忘记带体操鞋了！"某一次上课亦是如此，有几个孩子没有带替换的体操鞋，看着孩子们可爱的面孔，渴望的眼神，教师心软妥协，答应没有带替换鞋子的孩子赤脚上课。意外就这样发生了。训练时，突然有一组学生大声呼叫："老师，不好了……"教师赶紧跑过去，看到一个男生抱着脚躺在地上。当旁边两个学生正准备把他搀起来时，教师立马制止了他们，并疏散了周围的学生，之后教师便上前察看受伤学生情况。发现学生只是脚底划伤后，教师才将受伤的学生扶到场地边上，叫来班长，去校医室拿来碘酊、棉花和绷带，给受伤学生进行消毒包扎。慢慢地，受伤学生的疼痛缓解，他又恢复了平时嘻嘻哈哈的状态。

二、案例剖析

（一）运动项目介绍

蹦床运动是一种在蹦床上按技术要求完成各种弹起并进行空中翻转的竞技运动。它属于体操运动的一种，有"空中芭蕾"的美称。大众蹦床运动在全民健身活动中有着不可替代的作用,近几年在我国蓬勃发展,深受人民群众,特别是青少年的喜爱。然而,蹦床项目在充满趣味性、娱乐性的同时,还存在着一定的安全隐患。因此,我们在进行蹦床运动时,一定要注意安全。

(二)损伤原因

以上案例中学生损伤的原因主要包括安全意识不足、装备准备不充分、教师管理与监督不到位、学生行为控制不当及场地与设施条件不佳等多个方面。

1. 安全意识不足。二年级学生正处于活泼好动、好奇心强的年龄阶段,他们往往将体育课视为纯粹的娱乐活动,忽视了潜在的安全风险。在蹦床这种高强度、高风险的活动中,缺乏足够的安全意识是导致损伤产生的重要原因之一。

2. 装备准备不充分。体操鞋是蹦床活动中必不可少的装备,它能为学生的脚部提供必要的保护和支撑。然而,学生们经常因为忘记带体操鞋而赤脚上课,这大大增加了受伤的风险。赤脚在蹦床上运动,不仅容易因地面摩擦导致划伤、擦伤,还可能因为缺乏缓冲而增加关节和韧带的损伤风险。

3. 教师管理与监督不到位。虽然教师在发现学生受伤后迅速采取了应对措施,但在此之前,教师对学生装备的检查和课前安全教育的不足也是导致损伤的原因之一。教师应该在课前严格检查学生的装备情况,确保每位学生都穿戴了合适的运动装备,并对学生进行充分的安全教育,增强他们的安全意识。

4. 学生行为失控。在蹦床活动中,学生的行为控制也是预防损伤的关键。由于学生活泼好动,容易在运动中失去控制,如跳跃过高、落地不稳等,这些都可能导致损伤。因此,教师需要密切关注学生的行为,及时纠正不规范的动作,并引导学生保持适当的运动强度和节奏。

5. 场地与设施条件不佳。蹦床场地的硬度和蹦床的弹性等条件也可能影响学生的运动安全。如果场地过硬或蹦床弹性不足,都可能增加学生受伤的风险。因此,学校应该定期对场地和设施进行检查和维护,确保其符合安全标准。

三、课堂紧急处理办法

在课堂中碰到脚底等部位划伤的事故,教师应先将学生带离场地,去校医室用 75% 的酒精或碘酊对创面进行消毒,然后用无菌的纱布进行包扎。如果我们没有这样的条件要尽可能地保持创面清洁,可以临时用一些衣物或纱布进行包扎止血。

如果被铁或者硬物划伤,教师要及时通知家长,将学生带去医院就诊。通过医生的查体及相关的检查来明确具体损伤情况,并注射破伤风抗毒素来预防破伤风的发生,口服一些抗生素预防感染。

四、预防策略

1. 时时加强安全意识,从思想上重视。体育课上,教师必须时时有安全意识。本案例中,学生损伤的发生便是由于教师缺乏安全意识导致的。所以,体育老师不能有丝毫懈怠的思想,要把安全意识牢记于心,这样才可能减少运动伤害事故的发生。

2. 经常检查场地设施,消除安全隐患。体育教师要有一双慧眼,经常检查学校的场地设施是否存在安全隐患。安全隐患的检查内容包括场地是否平整、是否有石块、体育器材设施是否牢固等。发现隐患后及时采取相应的措施,避免损伤事故的发生。

3. 蹦床训练前,要进行充分的热身及蹦床的安全保护方法的学习。运动前的热身,有助于学生放松肌肉,提高身体温度和扩大关节活动范围,从而提升的身体协调性和柔韧性,减少运动损伤。蹦床的安全保护方法可以让学生在遇到危急情况时,合理保护自己,减少运动损伤。

五、恢复性方法与建议

脚底或者身体部位的划伤较为常见,这种外伤康复起来较快,划伤的部位不能触水。如划伤较为严重,不能下地,谨防伤口二次破裂,根据医生建议服用消炎镇痛的药物进行治疗,待伤口结痂后,方可进行缓慢的移动和轻微的运动。

射　击

射击——肩颈劳损

一、案例回顾

射击运动的初学者首先需要掌握的关键技能便是正确的射击姿势。在射击姿势学习过程中，他们需要长时间保持举枪的姿势，而枪支的重量往往是导致初学者受伤的主要因素。在一次射击教学中，学生小张在练习手枪姿势时，由于力量不足，经过一周的举枪训练后，他的肱桡肌肉群开始抽筋。他非常痛苦地跟教练说："教练，我感觉手臂仿佛断了一般，疼痛难忍。"于是教练便暂停了他的训练。此外，随着训练周期的延长，一些学生也出现了肩颈疼痛，难以举枪的情况。

二、案例剖析

（一）运动项目介绍

射击运动是一种使用规定枪支、采用规定姿势射击预置目标，以命中环数或靶数计算成绩的竞技运动。其起源于军事和狩猎活动。射击竞赛项目按其使用的枪支和射击方法的不同，可分为四种类型：步枪项目、手枪项目、移动靶项目和飞碟项目。在射击运动的训练中，因为运动员需要长时间持枪控制，所以他们常出现肌肉劳损的情况。

（二）损伤原因

1. 训练一年以上的学生会开始出现不同程度的单边肩颈劳损或是腰肌劳损，这是因为运动员在训练的 1 小时左右的时间里，不断重复一种举枪姿势动作，且在每次举枪时需要保持 1 分钟的枪支稳定，每次举枪间隔 1 分钟，在重复又重复的过程中，慢慢地堆积了劳损。

2. 训练结束后没有进行针对性放松。放松对于关节肌肉劳损至关重要，学生训练时间有限，往往在射击训练后无法充分地放松肌肉群，而且还要背着沉重的书包回家，从而对肌肉造成二次损伤。

三、课堂紧急处理办法

让学生停止训练，并进行相应的热敷和按摩。在出现肩颈劳损之后，我们可以通过热敷的方法来调节，将热毛巾敷在患处可以加快局部血液循环，减轻由于肩颈劳损带来的疼痛感。按摩同样可以帮助受伤学生缓解肩颈劳损，因为按摩具有疏通经络、放松紧张肌肉的作用，对于由肩颈劳损带来的不适具有十分好的治疗效果。常见治疗肩颈劳损的穴位有大椎穴、肩井穴等。

四、预防策略

1. 在训练前，教师应当带领学生针对性地活动肩颈关节，保证肌肉韧带得到充分的拉伸。

2. 在训练中途设置缓冲放松时间，针对动作进行纠正，以防错误动作引发肌肉劳损。

3. 在训练结束后，给学生留够拉伸和放松的时间，针对肩颈部位进行按摩和放松，避免肌肉劳损。

4. 要避免让学生突然使用过重的枪支进行动作训练。训练要做到循序渐进。为初学者定制木质的仿真枪支，减轻学生持重，从而帮助他们逐步锻炼手臂肌肉。

5. 教师应指导学生熟练掌握射击的技术动作，避免肩膀角度出现 180°，导致手臂完全临空持枪。指导学生尽量多借用身体腰部和肩部，将肩部与手臂的夹角缩小到 75° 左右，从而使持枪力度均衡到肩部。

6. 运动前做好预防措施。运动前必须进行表象训练，通过表象训练让运动员大脑提前刺激肌肉，进入训练状态。针对学生的身体特点，安排训练时间与训练内容。

五、恢复性方法与建议

肩颈劳损可以从多个方面进行综合治疗，包括物理治疗、药物治疗、手法按摩和针刺治疗、运动康复等。

（一）物理治疗

红外线烤灯和中频脉冲电疗可以促进局部血液循环，缓解疼痛；超声波、干扰电和深层肌筋膜冲击枪等设备也可以用于缓解肌肉紧张和疼痛。

（二）药物治疗

可以使用非甾体抗炎药，如塞来昔布等来缓解炎症和疼痛；针对肌肉痉挛的情况，可以使用乙哌立松等药物。

（三）手法按摩和针刺治疗

手法按摩可以放松颈部肌肉，减轻疼痛；针刺治疗能够缓解颈椎椎体关节炎性疼痛。

（四）运动康复

针对性地进行运动康复训练，如颈椎牵引、颈部肌肉及肩部肌肉的锻炼，有助于恢复颈椎生理曲度和肩关节功能。具体的康复动作包括胸大肌牵伸、头部后仰望天空、左右旋转脖子等轻柔的动作 。

举 重

举重——膝关节积液

一、案例回顾

在一次训练中，某中学的举重队员小张突然感到膝盖疼痛，并伴随着明显肿胀。这种不适感逐渐影响了他的训练表现，让他感到力不从心。尽管如此，小张并没有立即寻求医疗帮助。直到膝盖的肿胀程度严重到影响他正常行走时，他才不得不前往医院接受检查。结果，医生诊断其为膝关节损伤导致的膝关节积液，这一结果让他不得不暂时中断训练，开始接受治疗。

二、案例剖析

（一）运动项目介绍

举重项目是通过多种方式和方法举起重物，以增强体质，特别是以发展力量为目的的运动项目，是一项有益的体育活动，是其他运动项目发展力量的有效手段，也是国内外运动竞赛的主要项目之一，其技术特点为“近”“快”“低”“稳”。1891 年，首届世界举重锦标赛于英国伦敦举行。1896 年，举重被列入奥运会正式比赛项目。

（二）损伤原因

在举重训练过程中，引发案例中小张产生膝盖积液损伤的原因包括以下几个方面：

1. 过度负荷。举重时，膝关节承受了巨大的压力和重量。长期反复的过度负荷会导致关节软骨、半月板和韧带等结构的损伤，进而引发炎症反应，产生积液。

2. 错误的姿势和动作。不正确的举重姿势或动作技巧，可能会使膝关节的受力不均匀，增加某些部位的压力和磨损，引发关节损伤和积液。

3. 肌肉力量不平衡。举重需要全身肌肉的协调配合，如果腿部肌肉力量不平衡，尤其是股四头肌和腘绳肌力量失衡，会影响膝关节的稳定性，增加受伤和积液的风险。

4. 缺乏充分的热身和拉伸。如果训练前没有进行充分的热身准备，或者训练后没有做好拉伸放松，关节和肌肉没有得到适当的准备和恢复，学生就容易在训练中受伤。

5. 举重训练中的急性损伤。在举重过程中，如果突然发生意外，如膝关节扭伤、拉伤等急性损伤，会引起关节内出血、组织水肿，导致积液的产生。

以上案例中，小张可能在这次训练前已经积累了一定程度的疲劳和微小损伤，而这次训练强度过大，超过了膝关节的承受能力，导致关节损伤加重，产生积液。

三、课堂紧急处理办法

如果在训练时学生出现膝关节发软、疼痛，肿胀持续不退的情况，建议教师立即让受伤学生停止训练，并安排受伤学生休息。休息时，尽可能让其仰卧并抬高其患肢。若肿胀特别明显的，可进行加压包扎。这里需要注意，急性运动损伤是禁止热敷的，热敷会加重病情。有条件的，建议对学生的膝关节进行冷敷，收缩局部的血管，缓解疼痛感。冷敷时间根据学生实际情况自行调节，一般一次 15—20 分钟。使用冰袋冷敷时，在冰袋外包一条毛巾，避免冻伤。

除此之外，教师应观察受伤学生的情况。如果短时间内膝关节出现大量积液，或疼痛较为严重，可用手指轻压膝关节。如果膝关节特别硬，说明积液量较大。遇到这些情况，应立即将学生送到医院进行治疗。情况稳定时，及时告知班主任和学生家长。

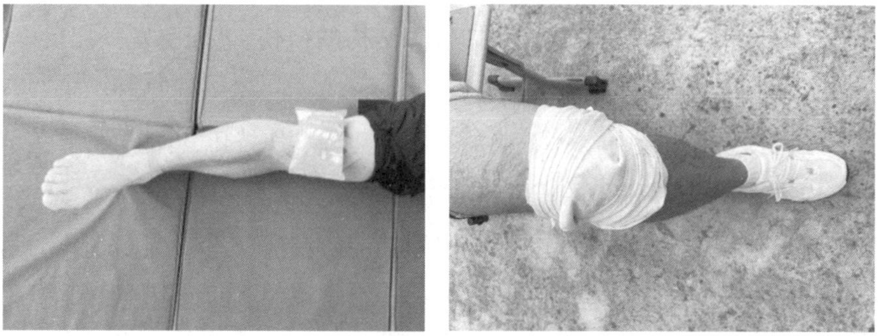

图 11　膝关节积液紧急处理办法(冷敷、加压包扎)

四、预防策略

(一)运动前

1. 在举重训练前,教师应对教学场地与所需的器材进行检查,保障场地、器材的安全性,排除因场地、器材问题导致的运动损伤。

2. 学生的心理状态是导致运动损伤的重要因素,教师要在训练过程中多注意观察学生,若发现学生有异常情况应及时地与学生与进行沟通,了解学生的心理状态。这样才能使学生更加积极地进行比赛和训练。当学生心理状态不好的时候要及时地更改运动训练计划或停止训练,用一些其他的方式对其心理进行调整。

3. 准备活动要做好。运动损伤多发生在冬天或天气比较寒冷的时候,所以在冬天进行训练和比赛的时候,一定要把准备活动做充分,避免形成不必要的损伤。

4. 教师在讲解示范时要有耐心,使学生明确课程的重点以及难点,明确练习的正确方法。

(二)运动中

1. 加强运动时的稳固性。学生的膝盖损伤普遍比较严重,所以在日常的训练中要加强对学生膝盖的保护,增强其下肢的肌肉力量,从而使其膝关节更加稳定。建议佩戴合适的护膝进行保护。

2. 合理安排运动量。教师应为学生制订一份合理的运动计划。当运动员身体素质下降时，必须要降低训练的强度。如果为了成绩一味地追求大运动量，只要求强度忽略了训练节奏，那么学生在练习过程中受伤的概率就会大大增加。所以当学生身体出现不适的状况时，安排学生休息或调整训练计划，安排低强度训练。在训练时要遵循循序渐进的训练原则。此外，要加强医务监督，让学生定期地进行身体机能测试，这样才能更好地降低运动损伤风险。

3. 课堂上，教师要密切关注学生的训练状态，一旦发现学生有不适或者疲劳的迹象，应立即给予提醒和关怀。课后要求学生进行腿部的放松，使他们养成良好的习惯。此外，教师应当提高安全防范意识，做好每个学生的训练任务完成度审查，确保练习过程循序渐进、科学合理。

（三）运动后

1. 在举重练习结束后，教师应组织学生做好放松活动，帮助学生尽快恢复身体机能。此外，还应安排针对膝盖的专门性肌肉拉伸和放松练习，以促进学生的整体恢复。

2. 教师在课后总结时，应再次强调运动技巧和损伤预防方法，避免学生在自行训练时产生损伤。

五、恢复性方法与建议

若是轻度积液不建议大家动不动就抽取积液，这往往治标不治本并且容易形成依赖。如果抽取积液时，伤口卫生处理不当则容易引发二次感染，加重病情。若膝关节积液严重，疼痛感明显，影响到正常生活，此时非常有必要抽取积液。想要彻底康复，不仅要治标更要讲究治本，因此我们可以利用外敷按摩疗法作为辅助治疗手段，同时配合适当的康复性功能锻炼，以促进身体的全面恢复。

（一）外敷按摩疗法

在家中，我们可以通过敷药和按摩的方式来辅助治疗膝关节积液，这些方法有助于促进血液循环。在医生的指导下，选择合适的物理治疗方法也能显著增强治疗效果。目前，有许多物理治疗方式可供选择，如电磁疗法、超声波治疗、红外线照射等，它们应用声波、光线、电流、热量等作用于人体，旨在帮助患者缓解肌肉紧张和促进血液循环。

按摩是一种应用广泛且操作简便的治疗方法。例如，通过按摩鹤顶穴和阳陵泉穴，可以有效缓解膝盖积液的症状。鹤顶穴位于膝盖上方，髌底中点上方的凹陷处，是一个经外奇穴。建议每天按摩 3—5 分钟，这有助于祛除风湿，促进关节活动，缓解疼痛。阳陵泉穴位于腓骨小头前下方凹陷处，是足少阳胆经的合穴，具有舒筋活络、活血散寒、疏利关节的功效，同样建议每天按摩 3—5 分钟。

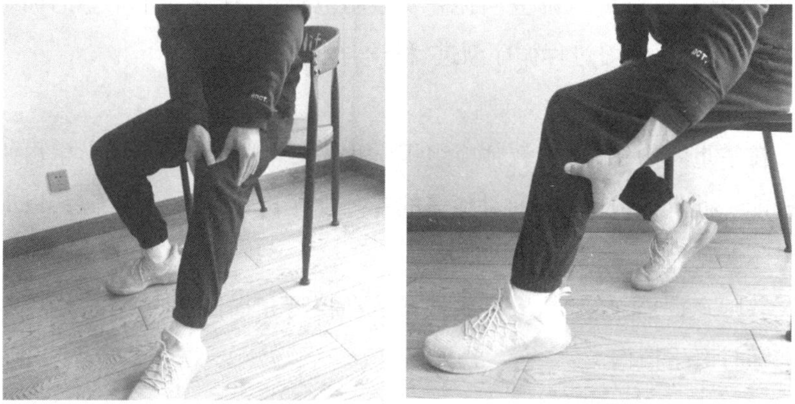

图 12　膝关节积液按摩疗法（鹤顶穴、阳陵泉穴）

（二）适当的康复性功能锻炼

在进行膝关节积液治疗的过程中，除了按揉穴位，加强膝关节周围肌肉的锻炼也是非常重要的。适当的肌肉锻炼可以帮助患者加速康复。锻炼时应遵循循序渐进的原则，避免过于激烈的动作，建议从缓慢而温和的动作开始，这样可以更有效地缓解症状。此外，进行一些恢复性练习，如膝盖折叠下压和膝盖伸展下压等，也是有益的。这些练习可以增强膝关节的稳定性和灵活性，从而更加有效地促进膝关节的康复。

膝盖折叠下压：取一块毛巾，放于膝盖下方委中穴，做折叠下压动作，下压的程度与时间根据患者具体情况而定。

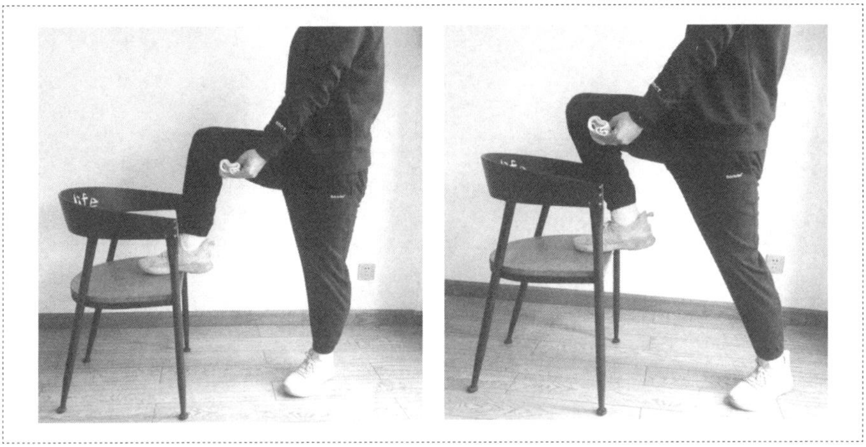

图 13　膝盖折叠下压示意图

膝盖伸展下压：手扶固定物，单腿站立，受伤的那条腿的脚尖自然放松，做伸膝、屈膝运动。练习的时间与次数应根据患者的具体情况来确定。

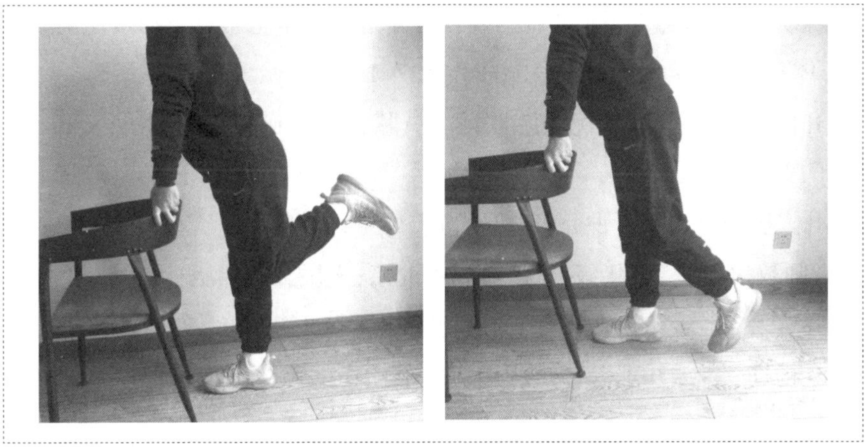

图 14　膝盖伸展下压示意图

参考文献

[1] 冯大志,沈雁飞 . 高校内发生运动猝死的原因调查及预防对策 [J]. 北京体育大学学报,2012,35（11）：93-96.

[2] 胡来东,陈鑫朋 . 东北地区高校游泳选项课学生常见运动损伤调查与分析 [J]. 体育世界(学术版),2014（11）：127-128.

[3] 冉令军,牛立匀 . 优秀游泳运动员膝关节损伤康复个案研究 [J]. 运动,2013（19）：31-32+39.

[4] 人民教育出版社课程教材研究所,体育课程教材研究开发中心 . 体育与健康教师教学用书 . 九年级:全一册 [M]. 北京:人民教育出版社,2014.

[5] 唐培 . 运动与猝死 [J]. 中国运动医学杂志,1990（1）：31-34.

[6] 杨桦 . 排球扣球教学过程中肩关节损伤的预防 [J]. 高师理科学刊,2003（03）：91-93.

[7] 张彩山 . 家庭急诊自救全书 [M]. 天津:天津科学技术出版社,2014.

[8] 中国红十字会总会 . 救护员 [M]. 北京:人民卫生出版社,2015.